地图中的战争史

［英］杰里米·布莱克 著
（Jeremy Black）
陈蔚 译

陆战篇

MAPS of WAR

CTS 岳麓書社 博集天卷 CS-BOOKY
· 长沙 ·
海南出版社
· 海口 ·

谨以此书，献给我

最好的邻居迈克尔·乔伊（Michael Joy）

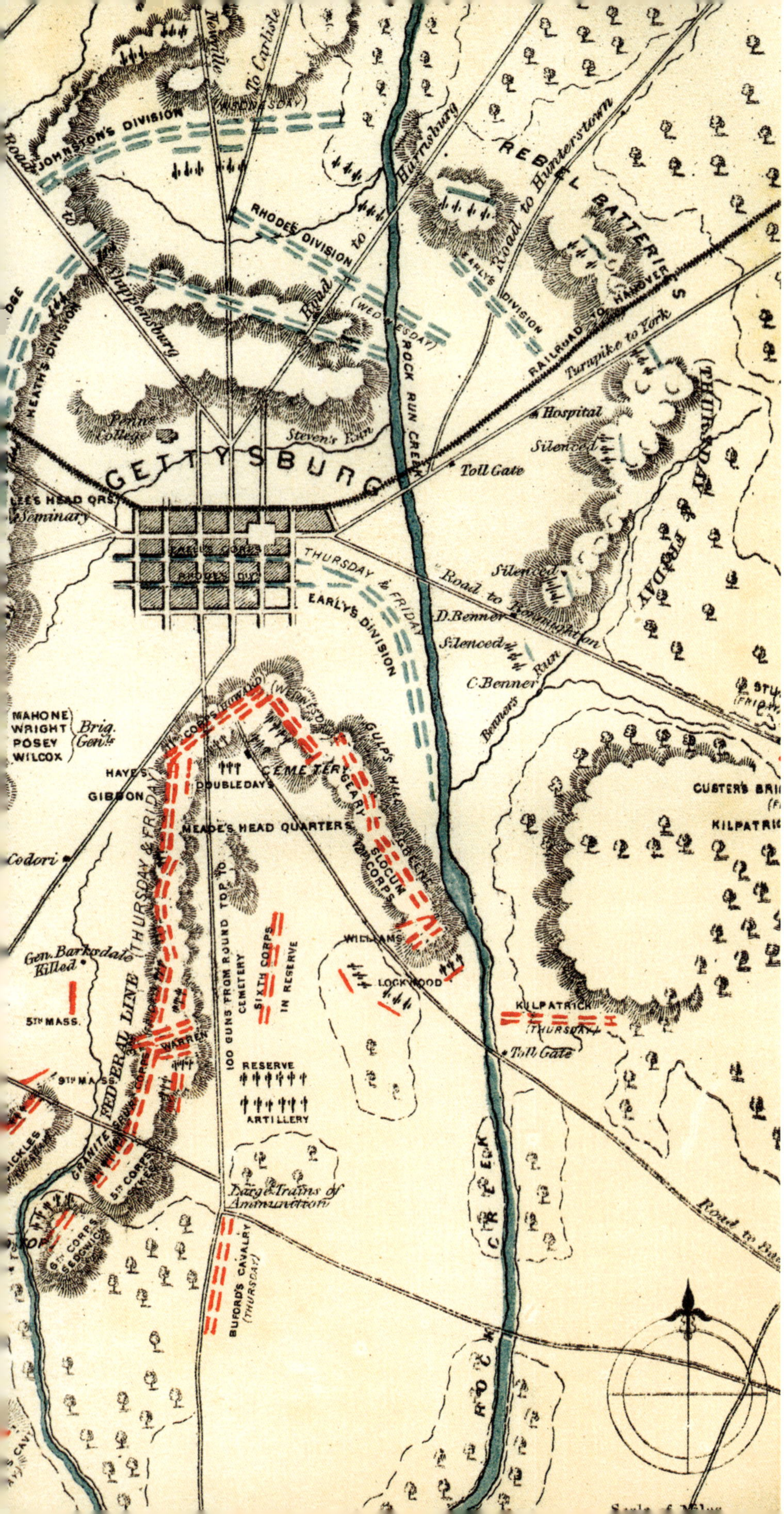

目　录

CONTENTS

第一章　16 世纪

军事测绘的最初概念

古典世界的地图……………05

早期亚洲地图……………10

奥斯曼帝国……………12

15 世纪的发展……………12

16 世纪的扩张……………13

印制的地图……………16

热兵器与防御工事……………19

宗教的维度……………23

第二章　17 世纪

攻城图

地图与绘画……………33

为法国政府绘制的地图……………34

设置堡垒与围攻战……………35

瑞典人与俄国人的行动……………39

更高的精确度……………40

军事改革而非军事革命……………42

◀

1863 年 7 月 1 日至 3 日葛底斯堡（Gettysburg）战役地图

这是来自罗伯特·托姆斯和本杰明·G. 史密斯编著的《与南方的战争：叛乱后期的历史》系列图书第三册中的一幅地图。该系列共有三册，由纽约美德与约斯顿出版社于 1862—1867 年出版。

（本书图片均为外版原图，仅供读者理解参考）

第三章　18 世纪
专业军事计划

新的高度……………57
跨越大洋……………58
路线图……………61
战略与计划……………65
大众的关注……………71
北美洲……………74
知识和信息……………81
战争冲突的方式……………87

第四章　19 世纪
帝国主义时代的地图绘制

地形测量……………102
地形学……………102
政府征用……………106
拿破仑之后……………108
制度框架……………109
区域性利益……………118
技术进步……………120
参谋系统……………124
美国内战……………130
战争的本质……………139

第五章　第一次世界大战
综合性大战

地缘政治学……………156
堑壕战……………160
航空器的使用……………163
协调作战……………164
战时地图制作……………165
信息情报与政治宣传……………165

第六章　第二次世界大战
全球性冲突

史无前例的测绘范围……………182
三个维度……………186
媒体与控制……………189
美国民众的参与……………193

第七章　现代战争：1945 年至今
从第二次世界大战到现今

地图投影……………208
调查与测绘……………213
人造卫星系统……………216
地方层面……………218
现代挑战……………219

致谢……………223
图片出处说明……………224

第一章 16世纪

THE SIXTEENTH CENTURY

军事测绘的最初概念

◀前页

1565年马耳他（Malta）大围攻的细节〔马泰奥·佩雷斯·迪阿莱西奥（Matteo Perez D'Aleccio，1547—1616）〕

这是瓦莱塔（Valletta）的大王宫（又称骑士团首领宫）正殿13张系列装饰壁画中的其中一幅，这幅壁画向我们展示了奥斯曼帝国的军队当时在岛上的位置以及军队里的许多细节。

▶

1167年之前佛兰德斯人（Flemish）绘制的十字军东征耶路撒冷（Jerusalem）地图

佛兰德斯人的地图描绘的城市通常是防御要塞，同时也是宗教和政治中心。耶路撒冷在1099年7月的第一次十字军远征中受到了猛烈袭击，造成了防御部队和城市平民的严重伤亡。在1187年的哈丁（Hattin）战役中，耶路撒冷王国的军队被击败之后，耶路撒冷和阿卡（Acre）两座城市相继失守。野战军覆灭后，耶路撒冷王国驻守的各个要塞和堡垒的状态都十分虚弱。当敌人损毁并突破了耶路撒冷的城墙后，该城投降。耶路撒冷的悲惨命运告诉我们，防御工事的弱点不仅在于驻守部队为了补充野战军而离开后导致的防线脆弱易损，还在于野战军被击败后给人们带来的心理影响，这些都是关键的因素。耶路撒冷的失守并不在于同轴防御计划的失败，相反，这是个技巧成熟的防御计划。

谋划一场战争不但要求军师们具备时间感，空间上的意识和概念也同样重要。在战术层面上，一场战斗要求军队对地点和地形之间的关系有着细致的了解，尤其是高地、坡地和湿地（如河流和沼泽等）地形。不论是在古代或是现今，上述每一种地形对于参与军事行动的单位的任务设置都具有重要意义，还会进一步影响到军队执行任务时的相对效率。而在实战操作层面，即在战役中，指挥一场战斗需要全面了解作战路线，以及战役区域内的战略地点和地形间的具体关系。这些必不可少的概念有助于高效地规划进军路线和提供补给。最后，在战略层面，为了及时把握作战机会、抢夺先机、判断任务缓急，对于地缘政治信息的把握和理解同样也是很有必要的。

上述几个层面均涉及军事力量和空间的有机结合，且每一层面都需要使用地图来展示战场、交流战术，以及发布命令。本书涵盖了各种不同形式的军事地图，它们的诞生方式多种多样，有的是出于地缘政治考量、战略规划设计、期望实现特定实战目标、进行战术把握等作战目的，也有一些地图是为了进行战时宣传和获取前线情报而特别制作的。在制作这些地图的过程中，人们全面考量着一场战争的不同阶段：从备战到策划，从形成作战动机到发动军队，最后到清点作战成果和回顾战斗过程。同时由于地图可以让地图使用者在不同尺度上形成对战争的特定视角，由此也区分了军事战略家和战术家、军人和大众、战场内人员和远程指挥等不同的角色。地图技术在和平时期的应用发展和它在战时的实际应用一样重要，近几个世纪以来，地图技术的整体发展形势是充满活力的，人们不断抓住各种机遇，在实际应用和检验中使军事地图测绘技术得到了充分发展。

在人类漫长的历史中，甚至直到今天为止，地图

◀
伊莫拉（Imola）地图（莱昂纳多・达・芬奇，1502 年）

1494 年意大利战争爆发后，整顿、加强防御工事的军备力量就成了重中之重。同年法国成功地使用加农炮入侵了那不勒斯，从此开启了一段烽火连天的时期。而这一时期战争频繁的主要诱因便是教皇亚历山大六世（Alexander Ⅵ）迫切希望扩大教皇辖境。为此，他派出二儿子切萨雷・波吉亚（Cesare Borgia）征服了意大利东部的罗马尼亚地区。从 1499 年对伊莫拉镇的占领开始，切萨雷的征程一路高歌猛进，一直持续到 1503 年他的父亲去世，继位的新教皇尤利乌斯二世（Julius Ⅱ）迅速下令将他逮捕为止。达・芬奇受雇调查了伊莫拉镇，并提出了如何最好地提高该镇防御能力的建议。在达・芬奇的这幅空中俯瞰图中，伊莫拉城的防御系统完整而清晰地呈现了出来，其中护城河的重要性显而易见。这种绘制地图的方法呈现出的效果要优于采用倾斜视角或立面呈现等其他方法。

▶
1535 年奥斯曼土耳其人对阵查理五世（Charles V）〔弗朗兹·霍根伯格（Franz Hogenberg），版画〕

1534 年，奥斯曼帝国的海军将领，同时也是阿尔及尔（Algiers）地区的关键性军事人物巴巴罗萨·海雷丁·帕夏（Barbarossa Hayreddin Pasha），从西班牙统治者穆雷·哈桑（Mulay Hasan）手中夺过了突尼斯（Tunis）的统治权。这是在 1517 年征服埃及之后，奥斯曼帝国试图巩固其在北非势力而发起的战役之一。作为应战方，查理五世（同时也是当时西班牙和西西里的统治者）于 1535 年派出了一支由 82 艘战船和 3 万多兵力组成的大型远征军。这支反映了西班牙兵力投送能力的军队在很大程度上是由从南美掠夺来的印加黄金支持的（在偿付了热那亚银行家们的贷款之后）。在炎热的天气条件下，这次远征显现了西班牙军队的两栖作战能力和陆上作战策略的成功。位于突尼斯湾入口处的拉古莱特（La Goletta）要塞虽由一支庞大的奥斯曼帝国卫戍部队保护，但还是在 7 月 14 日由西班牙军队发起的一次成功的围城战中沦陷了。一周后，突尼斯城被西班牙人占领。成千上万的基督教徒被从奴隶制度中解放出来。同时，数以万计的当地居民遭到屠杀，还有大量居民被以奴隶身份贩卖出城。查理五世还在突尼斯安插了一个亲西班牙的穆斯林统治者。这是西班牙试图将其领土连接至地中海西部的国力巅峰期，尽管那个时代的人并不承认地中海西部有西班牙的国界。

的相关概念依然是抽象的、非实物的，是我们脑海中对于位置关系的抽象理解。但我们可以借助这些概念来考虑问题及对其进行展示。例如，进行一次伏击或搭建一个堡垒的计划可以简单到仅用一根木棍或手指在泥地、沙子里画出来，甚至可以仅通过文字描述，或凭空比画出来。类似这样绘制地图的方法并没有给我们留下任何记录，仅是在历史书中留下了保存至今的几段零碎文字，而这就是我们观察军事地图的历史的一个关键切入点。对于近代战争来说，这一点显得尤为重要。近代战争中的武装部队在执行复杂的作战任务前，需要预先了解作战地形，然而他们是如何传达这些地形知识的，已经没有清晰的历史纪录，但口头报告显然是当时的主要手段。例如，在罗马的相关史料中，虽然没有在战役中使用地图的详细记载，但仍然可以读到多条罗马人派遣侦察兵去了解战场情况的记录。这就说明了罗马

1565 年围攻马耳他（Malta）
（意大利学院派作品，版画）

这幅史诗般的画卷作品是在基督教欧洲时期完成的，那些复杂的战役由于持续了许多年，因而较难在区区一幅画面中再现。在围攻马耳他之战中，苏莱曼一世（Suleiman）派出了一支由 140 艘桨帆船和 3 万士兵组成的大型远征军去攻打马耳他。马耳他城是地中海地区主要的基督教私掠巡航基地，对奥斯曼帝国的海上贸易构成了威胁。马耳他的守卫者是圣约翰骑士团的大将军让·德·拉瓦莱特（Jean de la Valette），他手下只有 2 500 名训练有素的士兵和一些在当地征召的士兵。然而，奥斯曼帝国于 5 月 18 日发起的进攻却失败了，这不仅是因为防御方的英勇善战和坚韧不拔，还因为奥斯曼的陆军和海军指挥官未能协调一致地进行有效指挥和策划。夏季高温造成的后勤补给困难，尤其是饮用水供应不足，也是重要影响因素。尽管奥斯曼人占领了他们的最初目标——位于瓦莱塔的圣埃尔莫（St Elmo）堡垒，但在那里他们遇到了守卫部队的拼死抵抗。守卫军大多英勇牺牲，只有森格莱阿（Senglea）和比尔古（Birgu）的军队坚持到了最后。圣埃尔莫捍卫者的顽强抵抗使得奥斯曼人的主要进攻推迟了两周，也给他们带来了后勤补给的难题，并且还给西班牙人的救援行动留出了更多的时间。西班牙的救援部队于 9 月 7 日登陆，并在奥斯曼人未能击破防御的情况下，起到了决定性的作用。由于不愿正面应对新的敌人，奥斯曼人在失去了大约 2.4 万兵力（防御方兵力仅有 5 000 人）之后，就撤退了。此后，他们再也没有袭击过马耳他。

人的“地图”更多的是听觉和视觉上的传达，而不是一个书面系统。

古典世界的地图

仅在战略层面上描绘空间远不够清晰明朗，古代地图的参考作用有时并非服务于特定的军事目的，其中，那些已知地域的地图之所以能在早期文明中幸存下来，是因为它们在某种程度上反映了战争的成果，特别是通过征战取得的领土扩张的战果。而领土扩张通常也是战争的主要诱因和成果，这也确保了更多的地理资料能幸运地留存至今。那些古典评论家熟知的古代世界的主要领土扩张战争（感谢亚历山大大帝及后来的罗马人的常年征战），为像埃拉托色尼（Eratosthenes）和斯特拉波（Strabo）这样的地理学家提供了许多新鲜

DESCRIPTIO EXPEDITIONIS TVRCICAE CONTRA CHRISTIANOS
Scotiæ.
Angliæ.
Portugaliæ.
Poloniæ.
Daciæ.
Franciæ.
Imp. Carol.
Mechelburg
Pomerania.
Thorn.
Prussia.
Saxonia.
Berlin.
BOhemia.
Schlesia.
Franconia.
Nurmberg
Amberg
VNGARIA.
Austria.
FRANCIA.
VIENNA
Prespurg.
Helvetia.
Algauia
Limosin.
Borbonia.
Querceno
Cascona
Delphinatus
Gallia.
Mediolanű.
Lombardia.
Verona
VENETIE.
Liguria.
Italia.
Croatia.
Narbonensis prouincia.
Maiorica.
Minorica.
Barbaria.
Deserta Libiæ.
Aethiopia.
Regnű Mili
Rhinoceros.
Neapolis regnum.
SICILIA regnum.
Sud Vuest.
Vuest nord.
Vuest sud w.

1529 年土耳其战役的绘画地图〔约翰·哈兹尔伯格（Johann Haselberg）、克里斯琴·泽尔（Christian Zell），1530 年〕

从这幅奥斯曼军队进军巴尔干半岛（Balkans）的地图中，我们能感受到战时的紧张感。曾在 1526 年的莫哈奇（Mohacs）战役中镇压了匈牙利军队的奥斯曼帝国苏丹苏莱曼一世（1520—1566 年在位）于 1529 年向维也纳（Vienna）进军，并在途中攻下了布达城（Buda）。然而，奥斯曼帝国的扩张也止步于维也纳之战。苏莱曼直到 9 月 27 日才到达维也纳，而这座城市强大的防御能力使它可以坚持抵抗，直到 10 月 14 日奥斯曼人决定撤退。奥斯曼人在离基地如此之远的地方战斗造成了较大的后勤难题，因为后备军和补给需要走上好几个月才能到达战场，而即将到来的冬季也缩短了军队持续作战的时间。在战役中，奥斯曼掠夺者们到达了雷根斯堡（Regensburg，现代德国境内）和布尔诺（Brno，现代捷克共和国境内）。直到一百多年后的 1683 年，维也纳才被奥斯曼人再一次围攻。但与 1683 年不同的是，奥斯曼帝国在 1529 年的失败并不完全是由于基督教救援力量的及时到来。本图是 1530 年出版的，图后还附有一个小本子，主要是为了号召十字军远征。

Kerner thurn
statgraben
B. ander quartir
s. Cara
angustiner
her Abel von holneck
C. drit quartir
s. Jeronimus
s. Jorg
s. peter
s. Niclas
Pfaltzgraff Philips obrister vber das kriegßuolck der stat
S. Steffans thumkirchē mit dem hohen thurn / auff welchem man schein barlich gesehen hat / die gantz belegerung des Turcken geringß vm die stat zu wasser vñ landt / Vñ also auff dem thurn / dise visirung abgemacht vñ verzeichent ist worden in zeit solcher belegerung
die wien wasser

◀ 1529 年奥斯曼帝国围攻期间的维也纳鸟瞰图〔汉斯·西博尔德·贝哈姆（Hans Sebald Beham），1538 年〕

1538 年，汉斯·西博尔德·贝哈姆绘制的这幅环形地图由尼克拉斯·麦德门（Niklas Meldemann）在纽伦堡（Nuremberg）以木刻版画的形式出版。这幅色彩斑斓、线条细致的版画地图充分体现了当时的人们对这场围攻战的浓厚兴趣。图画以圣斯蒂芬大教堂的塔尖为中心开始绘制，所以我们看到的是环形的画面呈放射状围绕中心点发散开来。有着 300 年历史的城墙在画面里被放倒了，成了一圈平面图形。这么做是为了展示城墙内部结构，以及更细致地描绘城墙上的防御性武器装备。当时的防御指挥官尼克拉斯·冯·扎尔姆（Niklas von Salm）为这座城市布置了一系列有力的防卫措施，这和 1521 年时贝尔格莱德市（Belgrade）脆弱的防御线形成鲜明对比，后者只设了一个小要塞，并在战斗打响后被迅速攻下。扎尔姆封锁了城市的大门，用土制堡垒和内墙加固了整个城墙，并将那些对防御体系有阻碍的建筑都夷为平地。1529 年的战役显然没能震慑住这些彪悍的哈布斯堡人，他们反而在 1530 年发起反击，围攻奥斯曼人的布达城。

的史料和概念。这两位地理学家的名字经常被人们同时提到。

罗马帝国的领土扩张，以及随之而来的守卫罗马统治疆域的需要，带来了古典世界关于领土的地理信息的大幅增长，也提高了当时地图的准确性。古典地图同时也服务于当时的皇权统治，因为地图不仅是展示力量和权威的方式，还能记录军事上的功绩。在发动战争和制作地图的过程中，统治者的权威都是一个关键性的因素。这大概就是为什么后来恺撒（Julius Caesar）大帝坚持下令对已知领土进行调查的原因。早期的地理学大师托勒密（Ptolemy）研究的史料中可能就包含了军事地图，可惜这些地图并没有被保存下来。

空间信息在某种程度上很可能是以列表的形式产生的。在公元 4 世纪的《兵法简述》（*Epitoma Rei Militaris*，此书总结了战争的艺术，同时也影响了 15 世纪欧洲的文艺复兴）中，作者韦格蒂乌斯（Vegetius）指出，一位指挥作战的将军必须有“包含战场详细信息的表格，这些信息不仅应展示出作战距离的远近，还应记录道路的质量好坏、能抄的近路、在哪可以扎营，以及附近的山川河流等信息”。最广为流传的古罗马地图是著名的《波伊廷格古地图》（*The Tabula Peutingeriana*），这是一幅公元 335 年至 366 年间的古地图的仿版地图。和当代地图相比，这幅地图

右页►
1542年佩皮尼昂城（Perpignan）围攻战（法国学院派16世纪作品）

鲁西永（Roussillon）地区是导致法国和西班牙两国皇室之间关系紧张的主要根源。鲁西永的统治权属于西班牙，然而它却位于比利牛斯山（Pyrenees）法国境内的一侧，并且缺乏明确的边界。法国的弗朗索瓦一世（Francis Ⅰ，1515—1547年在位）经常与神圣罗马帝国皇帝查理五世，也就是西班牙国王卡洛斯一世（Charles Ⅰ）发生冲突。在1541年卡洛斯一世对阿尔及尔地区的远征失败后，法国人乘虚而入，于1542年向西班牙开战。在储君亨利〔后来的亨利二世（Henry Ⅱ）〕的带领下，法国军队突袭了鲁西永地区。然而在佩皮尼昂城的围攻战中，法国人的作战计划失败并被击退。此外，法军对阿图瓦（Artois）和卢森堡（Luxembourg）的进攻也没有持续下去。直到1642年，佩皮尼昂才被法国攻下并保持占领。1659年，鲁西永地区被割让给法国。

仅记录了相对的位置，而不是精确的定位。它标注了当时的主要道路及其他如山川、河流、森林、补给站等要素的地形特征和空间方位。这样的地图对策划军队的行进路径是很有用的，这是一种典型的以目的为主导的地图绘制方法。更广泛地说，早期地图的很大一部分都是以线性行程的形式来绘制的，因此较为缺乏我们现今在测绘地图时用到的精准的空间测量法和坐标几何学。

早期亚洲地图

古代中国有着类似的情况。中国古代各王朝都有专门的机构，负责搜集整理通过海外远征和边境战争得到的地理信息素材。这种独特的地图文化同样有着地图和列表两种表现形式。在汉朝（公元前206—公元220），政府设置了一位专门为战争做前期考察和准备的官员。中国北部和西北部的草原聚居地，是对抗游牧民族袭击的关键前沿防御地区，这个地区的防御工作主要依赖观察地形和预测敌人的入侵路线来进行。在宋朝时期（960—1279），北宋帝国积累了整个帝国的大量地理信息，并把它们绘制了出来。

然而，从11世纪后期开始，这样的政府地图机构走向了衰落，在很大程度上，地图绘制的工作转由当时的民间学者进行。12—13世纪，人们开始在地图小手册中传播宋朝地图的印刷版本，地图上显示出来的“蛮夷”入侵，给当时的人们带来了一种失落感，这点也体现在当时的中国古诗词中。至今我们仍无法具体考证地图是否在中国的军事策划中起到过关键性的作用，但根据已有的史实可以大胆推测，答案应是肯定的。

在古代朝鲜，地图的制作技艺并没有得到充分发展，但当时的朝鲜也已经有了地形图和战地地图。16世纪90年代，一名在朝鲜作战的日本士兵为南原之战制订了作战计划，并描绘了一幅草图，经过四天的围攻之后，南原于1597年被日军以雷霆之势占领了。这幅草图用的就是图解绘图法。

在东方文化中，地图的一个作用是帮助人们完成对空间的理解及利用，若将这种抽象的意义具体表现出来就是东方的占卜文化，又称为“风水”。在这种文化里，防御工事和其他建筑物一样，如何具体定位对它们的实际效用有着重要的影响。例如，防御工事可以像一座隐形的山丘一样，在防御系统中形成一个有效的“风水模式”，产生积极的抵御效果。利用自然环境防御和打击对手，是风水学和战争艺术的关键所在。山水地势同样是关键元素，充分利用它们可以确保拥有恰当的军事定位和足够的能量循环来达成作战目的。例如，在日本，人们普遍认为事先分析当地的风水结

PONENTE
MONTI PIRINEI
ADDA F.
PERPIGNIAN
CARCASONA
Guasconi
PATANO
PASSO
BERTUSO
PASSO
Lanzi
Borgognoni
VILLA FALFA
NERBONA
Italiani
SALSES
COLIBRI
LOCATA
PALUDI
LEVANTE
1542

构是成事的必要环节。与此相关的是，在古代中国，象征军队的标志是很重要的，它们尤其应当出现在处于防御位置的城墙上（其他国家的古代社会也有过类似情况，只是鲜有这方面的研究）。中国明朝（1368—1644）的地图上往往标示着独特的标志和符号，用来象征文化归属和军事权力之间的关系。例如，用棚屋的符号来代表土著居民，用城墙的标志来区分各个城市。

奥斯曼帝国

在奥斯曼帝国（后来的土耳其）的史料里，我们可以在不同的政治和文化层面看到许多地图绘制活动。1543年，这个大帝国的疆土就以君士坦丁堡（Constantinople）为中心，从伊拉克横向延伸到了匈牙利，从阿尔及尔纵向延伸到克里米亚，奥斯曼帝国一直统治着这片区域直到17世纪80年代左右。尽管没有拥有像古代中国那么稳定的绘图制度和传统，但奥斯曼人会对边境进行调查以提供关键区域的信息，并以此勉强维持他们多变的边界局势。奥斯曼人的第一次边境调查于1546年在布达省进行，这次调查行动反映了奥斯曼帝国与哈布斯堡（Habsburg）王朝之间对匈牙利边境的军事敏感性。各式地图，其中包括攻城地图，都成了奥斯曼帝国进行军事侦察和情报分析的工具。

15世纪的发展

从15世纪开始，地图绘制在基督教欧洲就有了显著的发展，尤其是数学比例知识的应用及印刷业的发展，都对地图绘制产生了深远影响。在15世纪的西方绘画中，线性透视法变得举足轻重，反映在制图学中，便使得地图视角变得更加稳定和真实。不论是在绘画还是制图学中，这种方法都强调肉眼视觉上的准确率和能忠实地再现观察场景。利用数学方法来排列空间关系提供了被测量空间的视觉记录，人们不再理想化、公式化地描绘地形，取而代之的是用具体数字去描绘地形的特性，简而言之就是对地形差异进行数据上的理解和展示。

西方在三角学等数学研究方面的进步，以及对实践和感知学习法的大范围宣传，再结合对地图的正确使用，使得人们不需要看到物理对象就能理解空间维度。更广泛地说，人类会受到启发去学习和想象更多的东西，在这种学习过程中，人们可以结合书本和地图，建立一个强化自我意识的体系。这与知识的应用息息相关，并且是一个对不断变化的信息流作出响应的过程——人们愿意用新知识去挑战传统的框架，尤其是挑战那些古典的、传统的强大威望。此外，一幅地图用固定的形式展示出了远距离外的另一空间的信息，而这些信息可以跨越时间的限制被多个观察者轻

◀
1558 年加来（Calais）围攻战（法国学院派 16 世纪作品）

作为法国境内的最后一个英国基地，加来城是在 1347 年的一次漫长的围攻战后被英国占领的。英国当时之所以与法国开战，是因为法国人与玛丽一世（Mary Tudor）的丈夫——西班牙国王腓力二世（Philip Ⅱ）之间发生了冲突。1558 年 1 月，法国武装力量在一次冬季战役中轰炸了加来，并迫使其投降。这次战役的亮点是法军将领的勇猛进攻和极其出乎意料的突袭。在西班牙武装力量的巨大压力下，法军经验丰富的指挥官，第二代吉斯（Guise）公爵弗朗索瓦（François），带给了法国人一次急需的胜利。

易获取和理解。

从 15 世纪开始，探险之旅对基督教欧洲的发展起到了重要的作用，从葡萄牙人沿着非洲西海岸的冒险开始，欧洲人通过不断探索未知地域获得了巨大的财富和强大的权力。这一过程带来了官方制图信息的激增和不断积累，其中需要注意的是，葡萄牙里斯本当局试图对这些信息保密。在当时，持有未经批准的海图和地球仪是违法的。

16 世纪的扩张

在这一时期，为扩张战争绘制的那一张张地图，把欧洲的势力带到了他们此前从未听说过的领土上。事实上，16 世纪欧洲能够维持海上霸权经久不衰的重要原因之一正是欧洲制图业的繁荣发展，当时的地图已经能在平面上描绘已知世界的表面地理特征，从而促进了有计划的军事部署和武装力量的移动。因

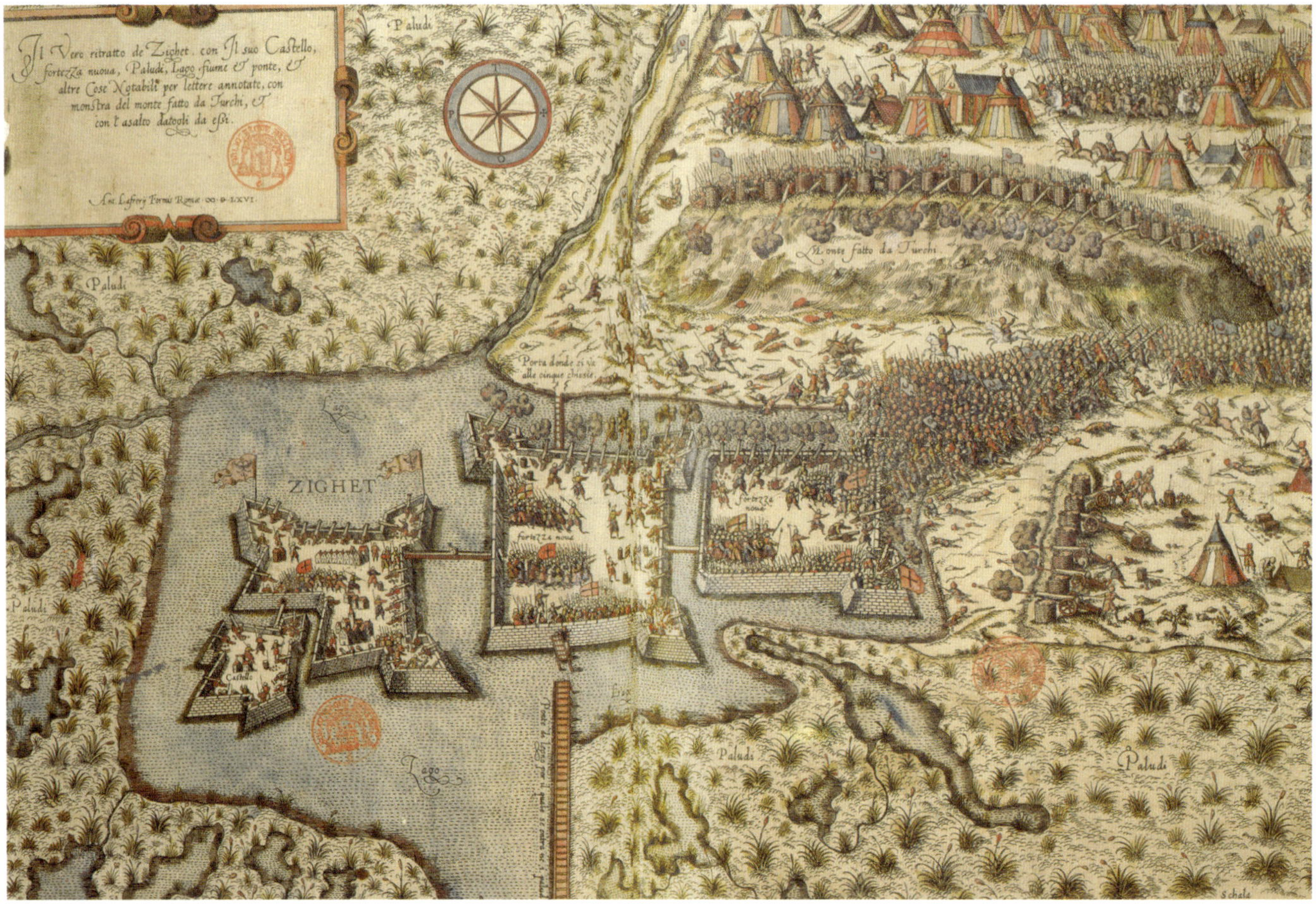
Il Vero ritratto de Zighet. con Il suo Castello, fortezza nuoua, Paludi, Lago fiume & ponte, & altre Cose Notabili per lettere annotate, con monstra del monte fatto da Turchi, & con l'asalto datogli da essi.
Ant. Lafrerj Formis Romae ∞·D·LXVI
Paludi
Monte fatto da Turchi
ZIGHET
Lago
Paludi

▶ 1566 年锡盖特堡（Szigetvár）围攻战（意大利学院派 16 世纪作品）

1566 年，苏莱曼大帝（1494—1566）在他的最后一场战役中包围了外多瑙（Transdanubia）地区南部（匈牙利西部）的要塞锡盖特，这个要塞在 10 年前的围攻战里也没能被顺利拿下。与苏莱曼最初的目标维也纳相比，锡盖特无疑是一个较小的要塞。但苏莱曼被米克洛什·兹林斯基伯爵（Count Miklós Zrinyi，1508—1566）对奥斯曼军队侧翼的攻击激怒了，所以决定攻击伯爵统治下的这个堡垒。然而，苏莱曼大帝遭遇了兹林斯基伯爵方面的顽强抵抗，尽管兹林斯基的兵力远不及苏莱曼，但他依然坚守要塞长达一个多月（8 月 5 日到 9 月 8 日）。一个月后，兹林斯基的部队弹尽粮绝，他在 9 月 8 日指挥了最后一次突围战，然后在领军作战时光荣牺牲。苏莱曼大帝也于两天前在营地里过世。这一次战役并没有为奥斯曼帝国带来足够的战果，然而这也暴露了哈布斯堡皇室在边境的防御实力。此外，苏莱曼生前最后几年统治下的奥斯曼帝国依然有顽强的生命力，这和腓力二世治下的西班牙形成鲜明对比，后者于 1566 年对抗荷兰人的反叛武装时举步维艰。

此，为了将那些对欧洲霸权至关重要的信息进行综合处理、传播、使用和复制，地图学变得举足轻重。计划和预测船只的移动路线不仅促进了贸易发展，还可助益两栖作战的成功。例如，1565 年，西班牙从奥斯曼帝国的袭击中解救了马耳他城就是一次成功的海战行动。这一时代的地图致力于记录和复制那些欧洲人感兴趣的地域的信息，并使欧洲成为当时万众瞩目的权力中心。

地图对于炮兵来说尤为重要，这并不是战术层面的问题，而是因为初期阶段的加农炮射程十分有限，且记录和描绘炮击高度都是难题。此外，当时的射击距离和路线是用肉眼目测的，因此，地图在作战层面上显得更为重要，因为它明确标记出了火炮应布置的位置。当时的地图对道路的描述可能不够充分，但在 16 世纪 30 年代，人们已充分意识到需要地理信息来协助军队运输物资，于是许多迎合这种需求的地图应运而生。在英国，托马斯·埃利奥特（Thomas Elyot）在《行政官之书》（*The book named the Governor*，1531）中赞扬了地图在实战中的作用。更普遍的情况是，随着战争规模不断扩大，军方对加农炮布置地点等信息的需求与日俱增。为了保持炮兵的机动性，这些信息是必不可少的。在一场战争里，对路线的解析是至关重要的，所以地图便成了其中的关键。

更具体来讲，某些地区的地图测绘是有着军事上的目的的，尤其是出于防御的目的。军队里炮兵的角色越来越重要，这就更加需要对防御基地的位置进行合理规划，还需要更好地围绕敌人的进攻来全方位地部署最优火力。能远距离射击的热兵器导致对防御工事的投资相应增加，这是以科学知识为驱动的一种投资。例如，教皇亚历山大六世的私生子切萨雷·波吉亚（1476—1507）是一位于1499年至1502年间威名远播、令人生畏的教皇军队将领，他邀请了一位天才的自然地理学家——莱昂纳多·达·芬奇来对教皇堡垒进行地形调查。博学多才的达·芬奇有着熟练的调查测量技巧，他为教皇军队提供了若干张精确的地图，其中包括1502年的伊莫拉地图，这种类型的地图对于规划防御来说是极其有用的工具。

类似的是，英国的地图制作者们按比例绘制的第一批地图可以追溯到1540年左右，而他们绘制这批地图的目的是改善吉讷（Guines）的防御线。这条防线是包括加来城在内的英国防御系统的一部分。英国在1347年的围城战中攻下了加来，并一直统治这个城市直至1558年法国人通过一次突袭将它占领。

防御工事特有的几何图案适合使用平面图和比例绘图来展示。15世纪40年代，意大利建筑师的多边形堡垒设计开始在欧洲各地广泛流传。这是一种被称为“意大利式要塞”（又名“星形要塞”）的新型防御系统。要塞的城墙边沿按照固定间隔安置有四边形的、有棱有角的堡垒，这种堡垒可以提供十分有效的侧翼火力攻击。意大利作家巴蒂斯塔·德拉瓦莱（Battista della Valle）专门写了一本著作来研究星形要塞——《不筑堡垒的城市》，这本书在1524年至1558年共印有11个版本。

然而，大多数阵地都不是按防守最为严密之处的规模（等级）和成本来构筑的。此外，除了这种与中国风水类似的对完美几何形状的追求，设置要塞的技术方面还要考虑到能适应当地的地形和地势。军队为了达到上述目的投入了可观的建筑成本，于是实现了对该类项目的尺度精确的制作，这同时也是一项重要的制作技术。伽利略的第一本出版物《几何和军事用之比例规的操作法》（1606），就专注于研究这方面的军事工程学，并强调了应用数学规则的重要性。

火力射击线和弹道成了核心的问题，在莎士比亚的戏剧《奥赛罗》（*Othello*，1604）中，伊阿古（Iago）抱怨说，他的竞争对手凯西奥（Cassio）有着数学家的才能，导致自己失去了一次晋升机会。这与当时的威尼斯对这种技能的需求有关：奥赛罗将军被派往塞浦路斯（Cyprus）以保卫这个威尼斯的殖民地，抵御

右页 ▶
在凯奥港(Porto Kaio)筑起的堡垒〔弗兰多(Ferrando)与(或)多纳托・贝尔泰利(Donato Bertelli),1575 年〕

伯罗奔尼撒(Peloponnese)半岛的最南端是山脉起伏的马尼(Mani)半岛,这座位于半岛上的堡垒是奥斯曼人在 1568 年镇压当地叛乱后建造的。1570 年 6 月,在马可・奎里尼(Marco Querini)海军上校的指挥下,威尼斯海湾地区的克里特中队派出一队火枪手,占领了一个可以俯瞰这座堡垒的位置。奎里尼海军上校随后派遣军舰进行支援。随着堡垒中的火力点被高处的火枪手们一一击破,守军投降了。这充分显现了威尼斯人的两栖作战能力——吃水较浅的军舰可以在近海岸处进行攻击,部队登陆变得轻而易举。这座堡垒就这样被摧毁了,堡垒的遗址在 1573 年的和平时期归还给了马尼人。马尼半岛的北面有群山作为天然屏障,但来自海上的进攻就会使该岛变得不堪一击。同样的道理也适用于地中海周围的诸多海上防御阵地。

奥斯曼帝国的进攻,而在制订防御计划和绘制路线图时就需要用到数学人才。实际上,塞浦路斯在 1570 年至 1571 年间已经遭受过奥斯曼人的入侵,尼科西亚(Nicosia)和法马古斯塔(Famagusta)的围攻战便是文学作品的史实来源。塞浦路斯的尼科洛・丹多洛(Niocolo Dandolo)中将最终在尼科西亚城被斩首,与此同时,坚守阵线 11 个月的法马古斯塔城不得不弃械投降。

地图同时也被用来计划、协助及说明军事单位的行动。在 16 世纪 40 年代英格兰人对苏格兰的入侵中,就使用了军队行进路线图,但这次入侵最终以失败收场;16 世纪晚期,人们用同样的技术绘制出了位于现今法国东部的弗朗什-孔泰(Franche-Comte)地区的地图,这幅地图的诞生是为了规划西班牙军队途经热那亚(Genoa)、米兰(Milan)和布鲁塞尔(Brussels)等地,从意大利最终到达低地国家的行进路线。地图中标明了在这条"西班牙进军之路"的部分路径上出现的那些会影响到路程和时间安排的战略地点。鉴于西班牙军队是基督教欧洲时期最骁勇善战、所向披靡的军队,可想而知这些地图技术已经在实战中得到了最佳应用。

在 16 世纪 40 年代晚期,托马斯・西摩(Thomas Seymour)为了说服他的朋友助他一起反抗他的哥哥——护国公、萨默塞特公爵爱德华(Edward),他用一幅英格兰地图的手稿展示了自己的势力范围和野心所在,这一企图最终导致他走上了刑场。

为了应对 1585 年至 1604 年对战西班牙的危机,另一幅英国地图——《兰开夏郡地图》诞生了,图中标出了该区域内天主教贵族和新教贵族的具体势力位置。这幅属于伊丽莎白一世的得力手下——国务大臣伯利勋爵威廉・塞西尔的《兰开夏郡地图》,清楚地展示出天主教贵族叛变可能导致的安全问题。

从幸存下来的这些地图稿件中我们可以推断出,更多当时被使用过的地图最终没有能保存下来。

印制的地图

有着特定操作目的的地图通常是手工制作的,而那些仅用于提供地区背景信息和传达空间方位感的地图则相继被印制了出来。事实上,地图印刷业最早是在 15 世纪 70 年代的欧洲出现的,尽管当时人们仍在制作手工地图,而手工图也依旧是军事地图的重要形式,但是印刷逐渐变成了地图的主要生产方式。这一变化确保了地图供给量的大幅增加,地图版本也能及时得到更新。因此,印刷术助推了对制图业来说相当关键的复制和修订工作,也促进了地图的发展。

在生产技术方面,从 16 世纪中叶开始,铜版雕刻

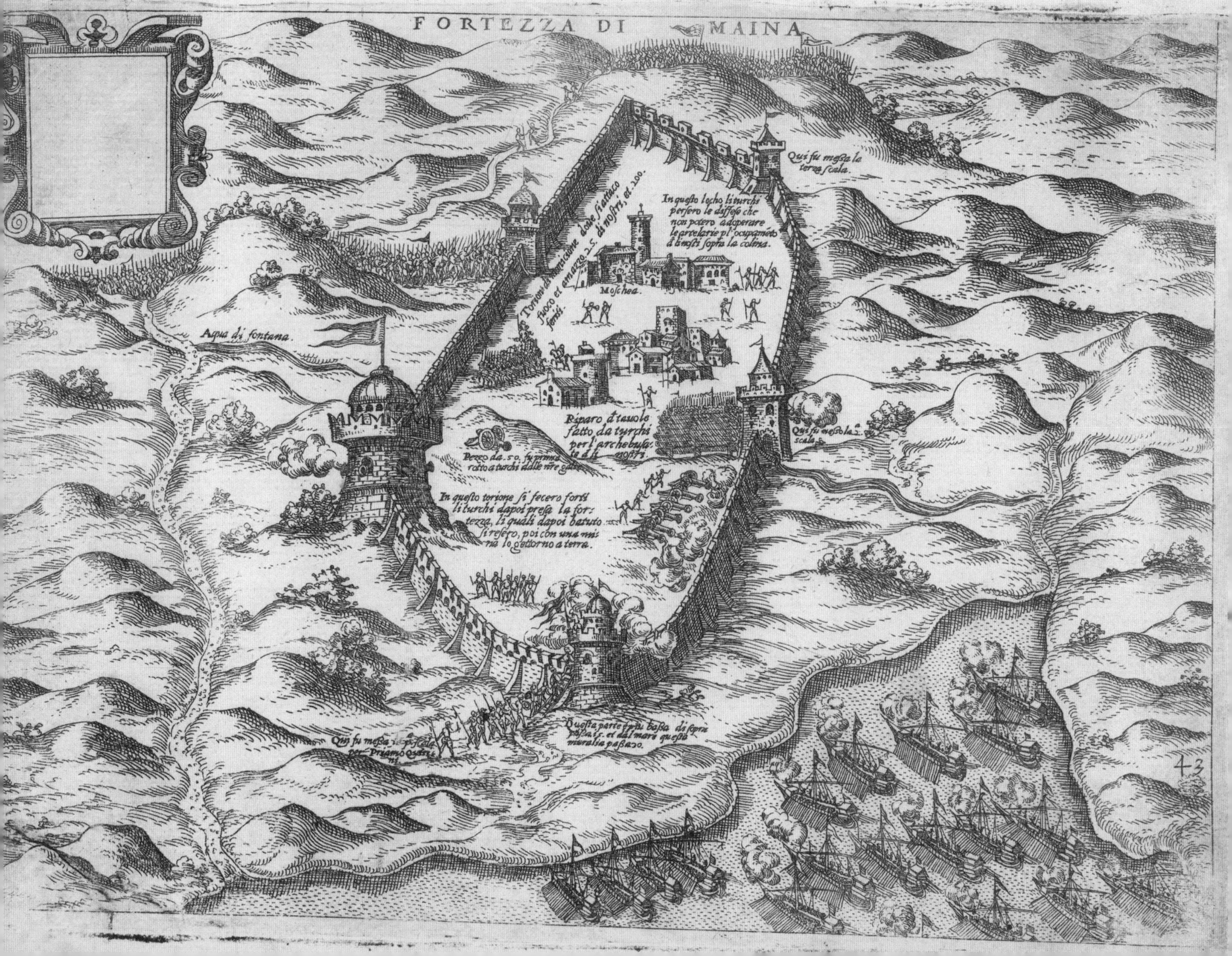
FORTEZZA DI MAINA
Qui fu messa la terza scala.
In questo locho li turchi persero le diffese che non potero adoperare le artelarie p l' ocupamēto d i nostri sopra la colina.
Moschea.
Aqua di fontana
Riparo d'tauole fatto da turchi per l'archebusate d i nostri
In questo torione si fecero forti li turchi dapoi presa la forteza, li quali dapoi batuto si resero, poi con una mina lo gettorno a terra.
43

IACTA EST ALEA
S. Pietro in uincula bad.
S. Zaccaria
Casa murata
Mensa
Pieue di Quanco
Massa
Montiano
Lonza
Donogaglia
CAESENA
M. nouo
Carpineta
Molino della Cuolta
Barsigiano C uinato
S. Mª di Forno
Torre di caua de colli
V. Emilia
Villa Franca
Montone F.
Sorriuolo
Rouersciano
M. Aguto
Ridolfo
VALE DI SAVIO
M uecchio
S Mª di Lizzano
Bagnola
Forlinpopoli
Formignano
Bora
M. Giusto
FORVM LIVII
Ronco V
Bortinoro
Casal buono
Solfarino
Falcino
M Ghiotone
Paderno Vª
Biancano C. ruinato
Lugena
Zuola
Fisello V.
Polenta
Cuandlo V.
Pianola
Linari
S. Mart° V.
Maiano V.
Toderano
Medola
Val di noce
S. Amb° Badia
Rancio
S. Pietro in arco
S. Lor°
Fiumana F.
Dogaria
M. del Vesc°
M ol° uecchio C
Aquilano
Citta del Sole.
Castrocaro
Fiumana Badia
Caminate
Fontana Fredd
Ghiazzno
Voltore
S Agost°
Rauale
Ciuitella
Mercorio
C astagnolo
Via Emilia
FAVENTIA
Rocca di Enis
Pondi
Oriolo
Boualdola
Valdoppio
S. Sofia
Canale
Marzeno F.
Rio della dell
Pietra di Appio
Rocca di S. Casciano
VALLE
Amone F.
Bocano

印刷逐渐取代了木版印刷，机械印刷中使用的螺旋压力机也发展为滚压机，这些变化意味着地图的制作速度变得更快，格式也更加统一。技术上的发展反映并促进了当时插画文化的萌芽，这为 17 世纪时地图使用范围的扩展开辟了道路。

热兵器与防御工事

16 世纪时战争技术的发展变化表现在武器上，就是新兴火药技术的大范围使用。火药的使用在中国已经存在了很长一段时间，古代中国在 9 世纪左右就已经研制出制造火药的配方。14 世纪的基督教国家也已经开始使用加农炮，尽管如此，最早配备火器的步兵军队直到 16 世纪初期才开始出现。火药技术的改进和应用与地图制作一样，需要许多因素的推动，其中包括药方成分的配比和制作工艺的逐渐改良，以及生产加农炮时使用到的金属铸造技术的发展进步。使用铁炮球来代替石头，加农炮运输工作的改进，以及使变换射击角度更加容易的耳轴（为倾斜炮管而装在其支承上的枢轴）技术的发展，都提高了火炮技术的效能。但火炮的运用也给军队后勤带来了巨大的挑战——后勤部队不仅要运送火炮，还要将加农炮的炮弹和火药运输到战场上。

与此同时，热兵器武装力量被整合到了一支兼具进攻和防守能力的武装部队中。这支武装部队里还包括了装备冷钢武器的部队，他们最常见的兵器是钢制长矛。冷兵器和火器的整合使用对指挥能力提出了更高的要求，而这也使指挥官的空间感知能力变得更为重要。

在规划防御工事时，对使用视觉图像的强调，以及这些图像在几何学和弹道学综合应用中起到的特殊作用，都使图解的形式变得更加普遍。随着出版物越来越图文并茂，图表也变得越来越重要。同时，这些出版物记录并推动了欧洲对战争和武器的研究讨论的进程。在这一时期的讨论中，理性分析法开始被普遍应用。图解和图表的使用也进一步推动了地图的使用。

理性分析法的最佳实例是用最优方式去组织防御和使用加农炮。吉罗拉莫·卡塔内奥（Girolamo Cattaneo，？—1584）在这个话题上是一位高产的作家，他是一名军事教官，1550 年时在威尼斯的布雷西亚（Brescia）定居。他的作品《攻防城堡新作》（1564）和《制造优势的新推理——正在形成的理论》（1571）不断被重新印刷和出版，韦斯帕西亚诺·贡扎加（Vespasiano Gonzaga）还曾向他咨询过关于如何把萨比奥内塔（Sabbioneta）堡垒改建成一个城镇的问题。

在其他著作里，我们也可以读到对防御工事的关注和研究。例如，建筑师和数学家皮埃特罗·卡

◀左页

尤利乌斯·恺撒大帝穿越卢比孔河（Rubicon）〔伊尼亚齐奥·丹蒂（Egnazio Danti，1536—1586）〕

古典世界是独立的和不同的，这在文艺复兴时期并不突出。相反，现代战争和古代战争则被认为是相似的，并在很多场合被同时提起。梵蒂冈的古地图馆里展示有伊尼亚齐奥·丹蒂绘制的教皇辖域系列地图，这些华丽的画作里就包含了这一幅描绘恺撒大帝横穿卢比孔河的实景地图。本图所绘场景发生在恺撒大帝掌权之后的公元前 49 年。图中，我们可以看到恺撒的军队几乎被呈现为一支现代化军队，而恺撒本人也被普遍认为是当代将领们学习的楷模。例如，安德烈亚·曼特尼亚（Andrea Mantegna）的系列画作《恺撒的胜利》（*The Triumphs of Caesar*, 1482—1492）被陈列在曼托瓦侯爵弗朗西斯科二世（Francesco Ⅱ）家中，用来和侯爵家族里的军事历史呼应。恺撒的《高卢战记》（*Commentarii de Bello Gallico*）于 1513 年出版了阿尔定版，并于 1543 年在巴黎出版了拉丁文版。更广泛地来说，古典世界被认为是知识的重要储备库。佛罗伦萨思想家尼科洛·马基雅维里（Nicolò Machiavelli）在他的著作《战争艺术》（*Art of War*, 1521）中，试图更新韦格蒂乌斯（Vegetius）的《兵法简述》（4 至 5 世纪作品）中的学说，他集中讨论了冷兵器长矛，并把这种武器和当代热兵器相互比较。

▶ 伯利（Burghley）勋爵的兰开夏郡（Lancashire）地图〔克里斯托弗·萨克斯顿（Christopher Saxton）〕

英国伊丽莎白一世（Elizabeth Ⅰ）时期最杰出的国务大臣——伯利勋爵威廉·塞西尔（William Cecil），是制图学的重要支持者。作为地图发展文化中的杰出人物，他不停地定制、使用和展示着各类地图。1591 年，伯利勋爵在西奥博尔德（Theobalds）乡间别墅的画廊里陈列着一幅巨大的壁画地图，上面有“这个国家所有的城市、乡镇、村庄、山脉和河流；此外还绘有每一位勋爵、领主、骑士和贵族的领地，以及独属的纹章。无论拥有多少土地，地主或领主们都能在上面找到自己的领地”。伯利勋爵是当时英国著名制图师克里斯托弗·萨克斯顿的主要赞助人，并收集了他制作的所有乡镇地图。作为拥有最多天主教徒的兰开夏郡，暴乱问题使其成为政府的重点关注地区，为了评估当地的政治局势，伯利勋爵发掘了这幅地图的巨大利用价值。自从 1569 年该地区以北〔诺森伯兰郡（Northumberland）和威斯特摩兰郡（Westmorland）〕爆发的起义失败后，兰开夏郡地区就再也没有发生过起义。

塔内奥（Pietro Cataneo）著的《建筑四书》（1554 年于威尼斯出版）；卡洛·泰蒂（Carlo Teti）著的《衍射对话》（1569 年于罗马出版），他曾向巴伐利亚（Bavaria）的马克西米连（Maximilan）讲授战争的艺术；费拉拉（Ferrara）公爵麾下的建筑师加拉索·阿尔吉斯（Galasso Alghisi）著的《关于防御》（1570 年于威尼斯出版）；军事建筑师及工程师安东尼奥·鲁普西尼（Antonio Lupicini）也于 1582 年在佛罗伦萨出版了《军事建筑》一书。当时的印刷界偏爱使用插图，这也推动了地图的更广泛应用，

▲

巴黎围攻战（弗朗兹·霍根伯格，1590 年）

1590 年，在伊夫里（Ivry）之战中，亨利四世（Henry Ⅳ）战胜了马耶纳（Mayenne）公爵领导的天主教联盟，取得了作战主动权。尽管缺乏足够强大的兵力来控制局势，但作为觊觎法国皇权的新教领导人，他仍然发起了巴黎围攻战。这场战争战况惨烈，最终巴黎还是被天才军事家帕尔马公爵亚历桑德罗·法尔内塞（Alessandro Farnese）率领的佛兰德斯军解救了。帕尔马公爵率领着 1.4 万名士兵从尼德兰（Netherlands）来到法国，加入了天主教联盟的势力。亨利试图与帕尔马公爵交战，但被后者智取了。帕尔马公爵的强项是统率步兵部队，他利用堑壕来遏制亨利使用骑兵作战的优势，迫使亨利不得不转用步兵作战。于是，亨利的围攻计划戛然而止。直到 1594 年，亨利四世才成功进军巴黎，而这在很大程度上还是因为他最后皈依了天主教。

▶

帕尔马公爵救援鲁昂（Rouen）

（弗朗兹·霍根伯格，1592年）

觊觎法国王位的新教徒领导者亨利四世在1591年11月围攻了鲁昂城。考虑到鲁昂城的位置接近英吉利海峡，可以作为对抗西班牙“无敌舰队”的基地，伊丽莎白一世的爱将、第二代埃塞克斯伯爵罗伯特（Robert）率领一支英国军队加入了亨利的势力。然而这次袭击却被击退了。帕尔马公爵亚历桑德罗·法尔内塞带领的西班牙佛兰德斯军驱逐了入侵力量，解救了这座城市。在这次行动中，西班牙军在塞纳河上用船只建起了一座船桥，充分展示了佛兰德斯军队严谨有序的组织结构带来的强大凝聚力，也体现了士兵们训练有素的良好素质。然而，亨利却得到了原敌对政治派别的帮助，并在1593年皈依了天主教。在亨利得到了天主教的支持后，鲁昂市的防线最终在1596年崩溃了。

Entſeſtzunng vonn Rouan durch denn Prince
P. v. parma
Koudebeck
ROVAN
Der konig
Der konig (zu erquickung) hatt
Erlaubt ſein adel von der Stadt
Zuzihen, er auch folgen thutt,
Vermeint alls ſey in gutter hutt
Parma deſs nun gewahr bricht auff
Fur Rue, nach Rouan nimt ſein lauff
Der konig eylentz widerkehrt,
Doch zu ſchwach, deſs Parma paſſiert,

使其既可作为教学示意图，也可用作插图提高出版物的吸引力。在此期间，欧洲频发的战争及实践家们对出版行业的热忱，对印刷业和地图的共同发展也起到了不小的促进作用。因此，1596 年，一位曾为威尼斯、法国和西班牙设计过防御工事的佛罗伦萨设计师博纳尤托·洛里尼（Buonaiuto Lorini）在威尼斯出版了他的著作——《关于防御》。印刷出版行业的商业性质是防御工事著作得以相继出版的重要原因，同时也促使了越来越多形式多样的图表、表格和地图面世。

宗教的维度

在和地图、战争相关的主题里，宗教往往是一个被低估了的元素，因为现实主义的地图制作往往被认为和宗教联系不大。但在宗教的概念中，真实世界是一个由人类的精神力量创造并定义的世界，这和地图学中“抽象参数必然有真实的物质对照”的概念不谋而合。用这样的概念来解读天堂和地狱，正义的天使和邪恶的恶魔就是真实存在的两派对手，并有着各自的基地。他们之间不断的对抗就像一场关键性的战役一样，也正是这场战役造成了人类之间的斗争和对立。因此，这种存在主义角度的善与恶之间的斗

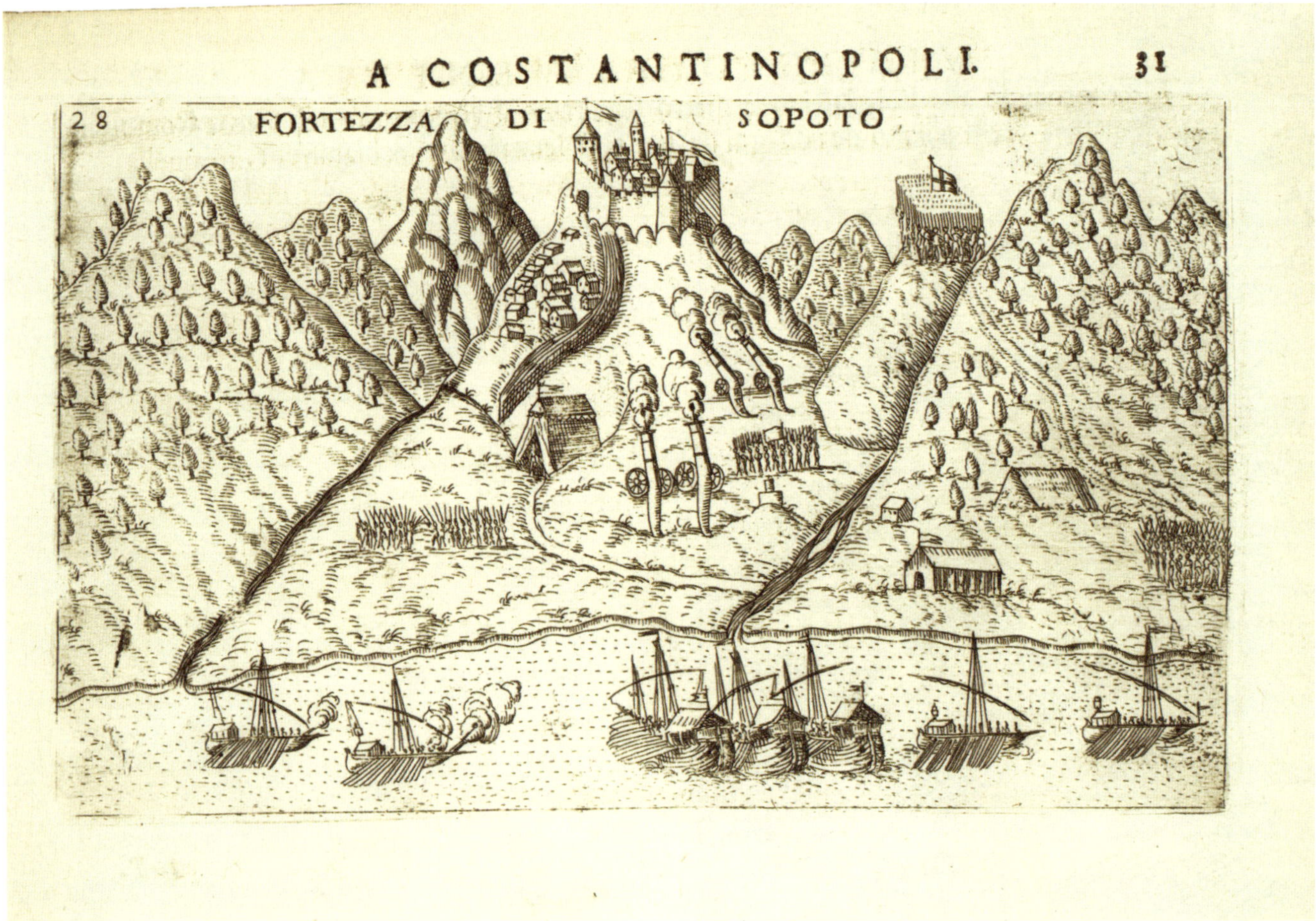

►
围攻索波特（Sopot）〔贾科莫·佛朗哥（Giacomo Franco），1598 年〕

威尼斯人在 1570 年 6 月占领了索波特城，这个城市恰好位于威尼斯殖民地科孚岛（Corfu）的北部。这个中世纪堡垒曾于 16 世纪中期被奥斯曼人做过加固工作，它的城墙据说有两个平摊的手掌那么厚。1566 年前，它一直是抵抗当地叛乱的主要堡垒，这也意味着那些还没按照新式规格进行强化的其他堡垒可能具有巨大的潜力。在 1570 年被威尼斯人袭击之后，奥斯曼帝国的守备军从索波特逃走了。1571 年，索波特被奥斯曼帝国的舰队重新夺回。同年年底，奥斯曼舰队被一支由威尼斯人和西班牙人联盟组成的教皇舰队击败，索波特再次失守，并被威尼斯人占领了。1573 年，根据和平条约，索波特归还给了奥斯曼帝国。但由于阿尔巴尼亚人对这一结果感到愤怒，索波特堡垒于 1576 年被拆毁。这幅插图描绘了索波特城大致的地形特征。

右页 ►
1592 年朝鲜战争绘图

日本侵略军在经过 4 天的围攻战之后占领了这个要塞。战争中，朝鲜和中国的守军有的惨遭杀害，有的逃跑了。这是战后描绘这场战争的一幅图画。

争，也同样可以反映在地图制作上。此外，我们还可以看到这一斗争在传统艺术品中被加工成经典绘画场景《最后的审判》（*Last Judgment*）。在那些画卷中，正义善良的人最终去往了天堂，而恶魔则被拖下了地狱。对于新教徒来说，他们强调的是文学讨论，而不是视觉描绘，他们在早期的布道中也有关于基督教徒如何做出选择，并按照特定路径寻求救赎的诫文。这种形式的描述方法和现代地图的概念不太一样，但这些文学作品将冲突和空间概念化并传达了出来，所以在早期尝试表述空间的各类作品里有着一席之地。无论如何，图片元素仍是这个领域里不可或缺的重要部分。

43
44
45
30
31
32
33
34
35
18
21
22

第二章 17世纪

THE SEVENTEENTH CENTURY

攻城图

◀ 前页

1620 年白山战役〔彼得 · 斯奈尔斯（Pieter Snayers，1592—1667）〕

这场战争发生在布拉格（Prague）附近，时间是 1620 年 11 月 7 日至 8 日。

▶

攻打一个戒备森严的城镇〔出自《围攻进程》（*Traite des Sieges*），塞巴斯蒂安 · 勒普雷斯特雷 · 德 · 沃邦（Sébastien le Prestre de Vauban）〕

塞巴斯蒂安 · 勒普雷斯特雷 · 德 · 沃邦是一名设计防御工事和围攻工事的大师，他的作品在 18 世纪享誉法国内外。在《围攻进程》一书中，沃邦指出：修建的堡垒越来越多，这使人们愈发重视围城战术。在防御中，沃邦对堡垒和纵向射击的巧妙利用，标志着当时的防守技术已经得到比较全面且深入的发展。技术进步的关键还在于，法国为这一庞大的防守计划提供了资金和实施的条件。从实战攻击方面来说，在 1673 年攻占荷兰马斯特里赫特城的那次成功的围攻战中，沃邦展示了如何以连续平行或 Z 字形的路线将战壕向前推进。这种推进方式旨在确保己方攻击部队最低程度地暴露在敌军的火炮和突击队的火力下，并能及时移动防线，离开可能遭遇轰炸和攻击的位置。其他成功的围攻战包括了 1677 年的瓦朗谢讷之战，1678 年的伊普尔之战，1691 年的蒙斯之战，1692 年的那慕尔（Namur）之战和 1697 年的阿特（Ath）之战。这些战役的胜利奠定了围攻战在各类战术中的重要地位。

在 17 世纪的基督教欧洲，地图不论在实际作战还是在对战争的讨论中，都开始扮演前所未有的重要角色。这种变化一定程度上是由于印刷出版行业开始偏好出版战争知识类的书籍导致的。此外，印刷业在传承欧洲独特的传统军事思想方面也起到了重要作用，尤其是在那些关于射击、战术、训练、攻城战和防御战的印制小手册陆续出版后。相比以往的口头叙述、手稿誊抄等方式，印刷品更加快速高效，也更加准确可靠。印制小手册还实现了在标准化的语境下分享知识，至少从长远来看，这十分有助于提高军事作战效率，而且对整合和利用军事资源来说也很有助益。

地图是这种知识积累与分享过程的重要组成部分。随着印刷业和文学的发展，地图促进了关于军事结构及其组织方法的讨论，使得军事知识更加系统化，从文化建构的角度反映和影响了军事知识系统的发展。地图在这一时期的艺术作品中也经常出现。例如，在格拉尔德 · 特鲍赫（Gerard ter Borch，1617—1681）的画作《读报纸的男人》（*A Man Reading a Coranto*, 1675）中，室内的桌面上就放着一本展开的书籍或地图集，上面是一幅双页地图；在扬 · 范德 · 海顿（Jan van der Heyden, 1637—1712）的画作《书房》（*Interior of a Study*, 1710—1712）中，也出现了一个地球仪和一本展示着双页地图的地图册或书籍。

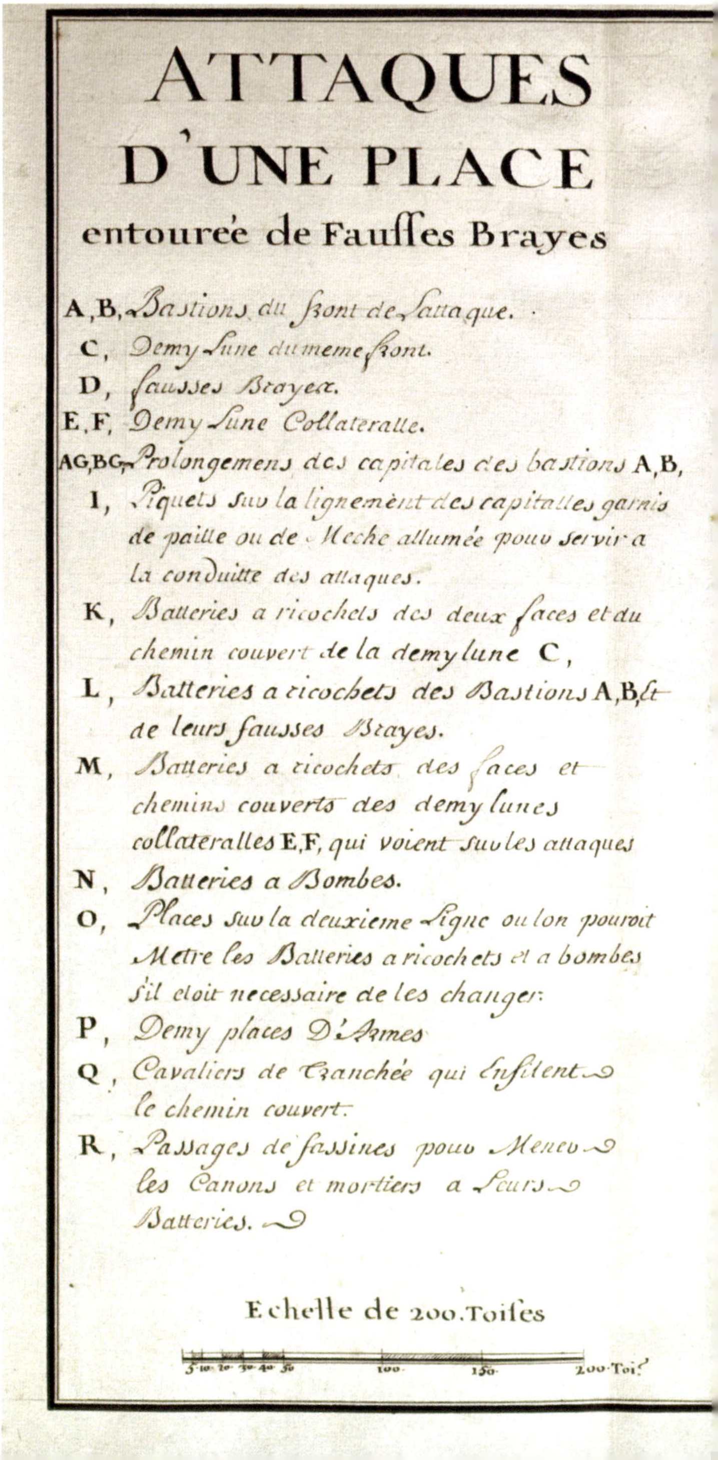
ATTAQUES
D'UNE PLACE
entourée de Fausses Brayes
A,B, Bastions du front de l'attaque.
C, Demy Lune du meme front.
D, fausses Brayes.
E,F, Demy Lune Collateralle.
AG,BG, Prolongemens des capitales des bastions A,B,
I, Piquets sur la lignement des capitalles garnis de paille ou de Meche allumée pour servir a la conduitte des attaques.
K, Batteries a ricochets des deux faces et du chemin couvert de la demy lune C,
L, Batteries a ricochets des Bastions A,B, et de leurs fausses Brayes.
M, Batteries a ricochets des faces et chemins couverts des demy lunes collateralles E,F, qui voient sur les attaques
N, Batteries a Bombes.
O, Places sur la deuxieme Ligne ou l'on pourroit Metre les Batteries a ricochets et a bombes s'il etoit necessaire de les changer.
P, Demy places D'Armes
Q, Cavaliers de Tranchée qui Enfilent le chemin couvert.
R, Passages de fassines pour Mener les Canons et mortiers a Leurs Batteries.
Echelle de 200 Toises
100
150
200 Toi.

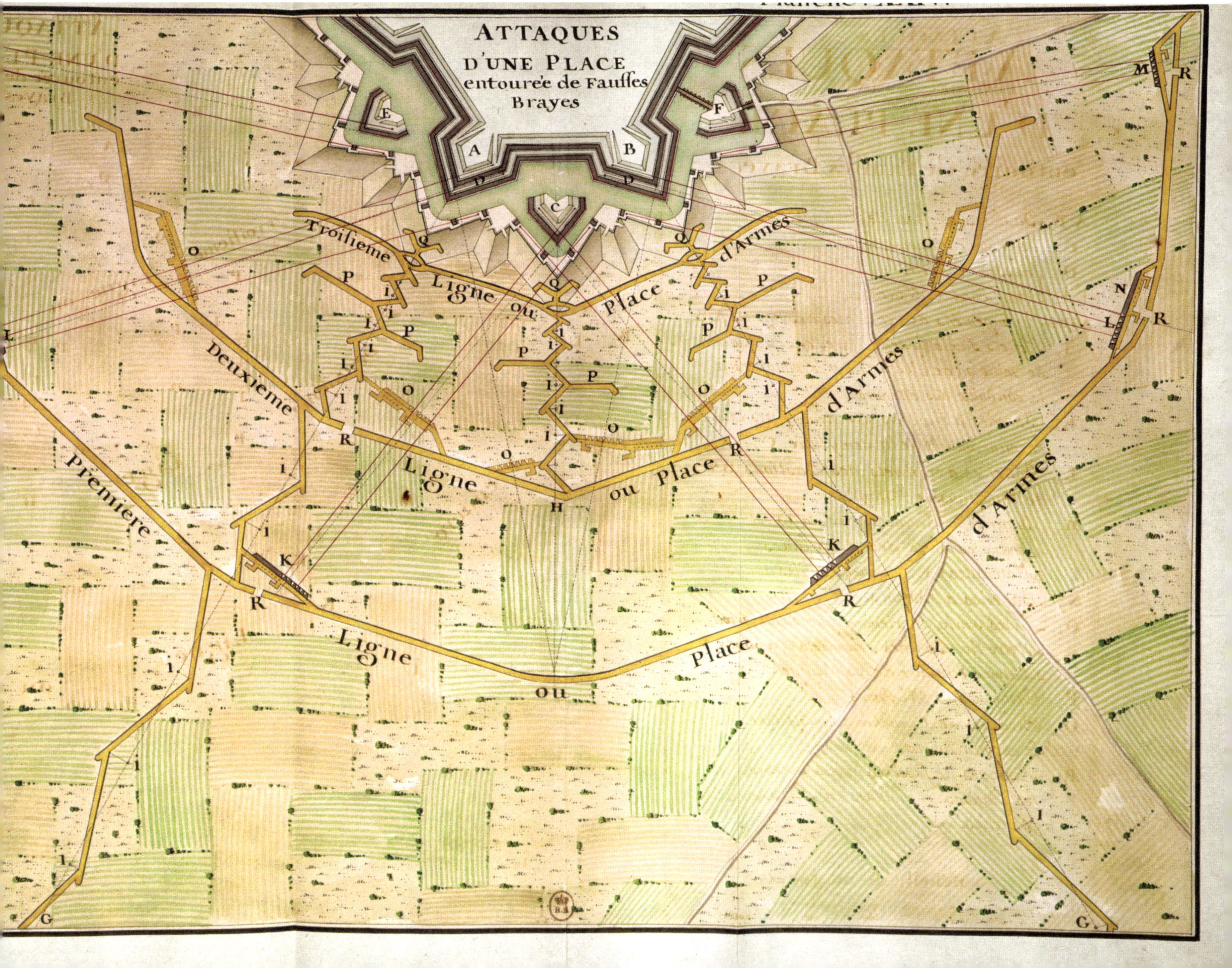
Attaques
d'une Place
entourée de Fausses
Brayes
Troisieme Ligne ou Place d'Armes
Deuxieme Ligne ou Place d'Armes
Premiere Ligne ou Place d'Armes

▲

1600 年的纽波特（Nieuport）战役（17 世纪英国学院派作品）

这幅插画也是一张攻城部署图。拿骚（Nassau）的莫里斯（Maurice）王子统帅着12 000兵力的荷兰军队在去往荷兰的主要私掠巡航基地奥斯坦德（Ostend）的途中，于纽波特遭到拥有11 500兵力的西班牙军队〔由奥地利大公艾伯特（Albert）带领〕的阻击。艾伯特是伊莎贝拉（Isabella）公主的丈夫，他们是西班牙和荷兰的共同统治者。在做出诸多承诺之后，艾伯特顺利说服了他那些桀骜不驯的老兵重返战斗岗位。西班牙陆军部队里人心不稳的情况也一直是莫里斯王子企图冒险分裂政权的主要动因之一。出乎莫里斯王子意料的是，西班牙军队迅速恢复了元气并做好了战斗准备。当然，这也说明艾伯特的领导能力十分出色。在击退西班牙的攻势后，荷兰人发起了一场骑兵攻击，击败了对方的步兵部队。然而，荷兰人的损失使得这次胜利的价值大打折扣，因为队伍里经验丰富的老兵是难以替代的。由于西班牙援军的到来，莫里斯王子只好选择退出战场。尽管如此，这场战役还是证明了西班牙军队在野外战场上是有可能被击败的。但地图无法显示这场战役的具体战况。

1625 年的布雷达（Breda）围攻战〔雅克·卡洛（Jacques Callot），1627—1628）〕

布雷达在 1590 年被莫里斯王子带领的荷兰军队占领，1625 年又被西班牙人占领。在 1637 年和荷兰人的拉锯战中，布雷达守卫部队在弹尽粮绝后无法忍受饥饿而投降，这个城市再次落入荷兰人的手中。它的这些殊途同归的命运是当时大环境发展下的必然结局，特别是在 1635 年，荷兰人坐收了法国与西班牙开战的渔翁之利。然而在攻城战的过程中，包围每一个阵地都需要的巨大工作量对荷兰人来说仍是一个较为沉重的负担。旷日持久的围攻战也吸引了其他国家的注意力。赫尔曼·雨果（Herman Hugo）是西班牙佛兰德斯军队的指挥官，同时还是安布罗吉奥·斯皮诺拉（Ambrogio Spinola）的牧师，他在 1625 年对布雷达发动了一次成功的围攻，然后在 1626 年发表了一份关于布雷达的报告。这份图文并茂的报告是拉丁文版的，并于 1629 年出版了第二版，后又被陆续翻译成英文（两次）、法文、意大利文，以及西班牙文。后来，雅克·卡洛受西班牙与荷兰的摄政王伊莎贝拉公主的委托，创作了纪念这场围攻战的地图和插画。创作期间，雨果的报告书深深影响了他。卡洛至少拜访了布雷达三次，并在他的《布雷达围攻战》系列版画的某幅插图里描绘了自己当时去布雷达进行调查的场景。这幅地图有着好几种视角，底部是一幅插画，中间有作战策略图，顶部还有一幅俯视图。布雷达在战后就成了公有地区，后来被划入荷兰领土。

尽管如此，我们还是很有必要避免使用“地图文化此时已经自动地完成了一个重大而成功的转变”这种必胜主义的说法。因为从开始印刷军事地图直到军事测绘地图的大规模使用，这期间并没有一个自动过渡的过程。此外，比起印刷术的发明地中国，印刷业的变化发展在欧洲更加迅猛、显著。而对于中国指挥官如何在战争中使用地图的史料是比较欠缺的。同样，在这一时期已得到广泛应用的印刷资料是否对实际军事行动产生了重大影响，这一点也是不明确的。当时的地图仍缺乏一个普遍的标准，特别是由于缺乏标准的坐标系统，导致人们难以与其他的地图使用者沟通地图所传递的空间信息。

这一问题不仅与地图测绘的局限性有关，同时还深受当时对指挥官的任命更多的是强调被选者的出身而不是受教育情况的影响。此外，当时的军事教育大多是在工作岗位上进行的，军事院校这样的机构也几乎是不存在的。因此，在地图的使用方面缺乏较为正规的系统性教育。而军事命令的特殊性、对口头命令的偏好，以及军事命令来源的有限性等原因，也导致地图的使用范围非常难以精确界定。这和 19 世纪后期

的情况截然不同，在那时，地图使用能力在参谋系统高级军官的训练中已是一门重要课程。

尽管有着局限性，地图的应用在 17 世纪的基督教欧洲还是逐渐发展了起来，《地图历史》（*Atlas Historique,* 1705）的前言曾称："地图是一种通过视觉来提供想象力的辅助工具。"地图慢慢地发挥了关键作用：一方面，在对公共事件作出反应时，地图是向公众提供信息的工具；另一方面，它还能以前瞻的方式为战争做准备。前者的一个典型例子是 1635 年在荷兰海牙出版的巴西地图，该地图详细描绘了荷兰军队征服葡萄牙的主要殖民地——巴西的过程。这幅地图不仅提供了殖民地各个城市的详细信息，如巴西东北部的大城市累西腓（Recife，于 1630 年被荷兰人占领），还在其中绘出了一幅大比例尺的巴西地图，目的是为后续的大战做好准备。当 1645 年荷兰军队在巴西失利之后，他们就再也不制作这样的地图了。荷兰人和葡萄牙人的战争一直持续到 1654 年荷兰军队被彻底击退为止。葡萄牙人重新夺得了累西腓的统治权，这也是 17 世纪中期葡萄牙东山再起的关键事件。

然而，大比例尺的战地规划图和绘有详细信息的特定地点地图通常是分开绘制的。1689 年，托马斯·菲利普斯（Thomas Phillips）绘制了北爱尔兰伦敦德里（Londonderry）的详图，当时詹姆斯二世（James Ⅱ）〔在苏格兰称为詹姆斯七世（James Ⅶ）〕包围并封锁了该城。在此次封锁中，英国舰队炮轰了港口的封锁线后，威廉三世（William Ⅲ）的英格兰军队冲破了包围圈。两年前乔凡尼·基亚雷洛（Giovanni Chiarello）在奥地利和匈牙利对土耳其人发起的奥地利战役留下了数量可观的战争地图，这场战役是从击败围攻维也纳的土耳其军队开始的。其中，在 1685 年奥地利军围攻纳海赛尔（Nayhaysel）的地图上，有着对各种堡垒、战壕、大炮和军队的详细描绘。这幅地图同时也为围攻时的阵型设计提供了很好的指导作用，尽管和其他攻城地图相比，这个进步乍一看不是那么明显，然而，它的优势和特点在于提供了大量实质性细节和信息。

地图与绘画

军事规划图是具有一定教育意义的早期插画图的变体，尽管在当时，插图仍然是记录事件和制订计划的主要形式。此外，地图的发展史上出现过一种重要的融合类型：含有战争地图的彩色插画。这种插画往往形态生动、活灵活现，非常吸引眼球，同时，它还可以对战斗地形进行诠释。而传统地图依然是地形诠释的权威工具。雅克·卡洛在 1627 年至 1628 年绘制的系列版画《布雷达围攻战》中详细描绘了 1624 年至 1625 年间西班牙围攻荷兰要镇布雷达，并取得胜利的场景，这也是 1621 年至 1648 年间西班牙与荷兰的战争中的一场关键性战役。赫尔曼·雨果也曾密切关注过这场战役，并于 1626 年写了拉丁文版的相关战役纪实。他的著作后来被陆续翻译成英文、法文、意大利文和西班牙文。《布雷达围攻战》将多种视角结合在了一起，地图的底部有一张实景插图，中间是战略计划，顶部还附有一幅俯视图。这些图片是为了服务公众视角而提供的，且这种视角对于地图的展示、观察和制作来说也很重要。在这一方面，地图和插画的作用几乎是一样的，两者将权威性和趣味性相结合，通过互补达到了更好的传递信息的效果。1637 年，布雷达被荷兰人重新夺回，这是因为法国在 1635 年加入了战争，成为荷兰的盟友，给西班牙带来了巨大压力。

地图和插画的结合有时会如此之统一和连续，以至于很难用现代的定义将这两种形式明确区分开来。例如，描述 1648 年威尼斯人征服斯普利特（Split，现代克罗地亚境内）附近奥斯曼人的克利萨〔Clissa，今

◀ 左页
1631 年葡萄牙人解放巴西萨尔瓦多城（Salvador）之战〔若昂·特谢拉·阿尔巴纳兹（João Teixeira Albanaz）〕

尽管荷兰人在这场战争中取得了初步的胜利，也做出了重大努力，但他们还是没能把葡萄牙人从巴西赶出去。巴西是当时欧洲主要的食糖产地，也是拉丁美洲主要的奴隶制经济体。1630 年，荷兰人在巴西建立了新荷兰，并覆盖了巴西东北部的大部分地区，但在 1645 年，荷兰人在这个地区的地位受到了大规模叛乱的挑战。随后荷兰人试图通过占领巴伊亚州（Bahia）首府萨尔瓦多来稳定局势，但这个尝试以失败告终。从 1652 年开始，荷兰人专心于同英国人的战争，无暇顾及巴西。1654 年，葡萄牙人在巴西重新建立了政权，他们还把荷兰人从葡萄牙的非洲殖民地上赶走了。

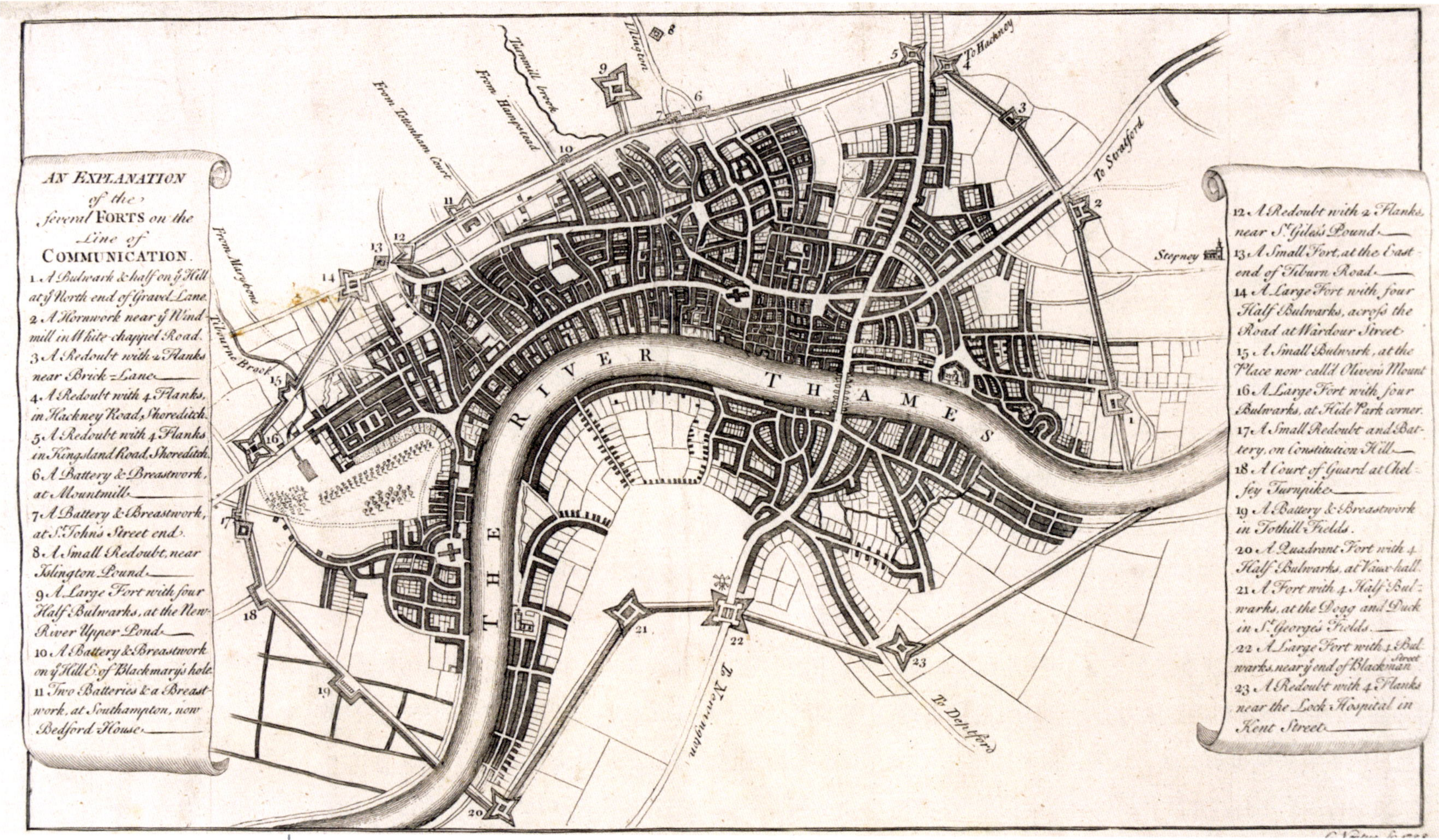

作克利斯（Klis）〕堡垒的系列彩色地图，被收录在献给莫利纳（Molina）家族的图集里。这些彩色地图同时包含了地图和插画两种元素，还有若干张描绘军队行进和射击的插图。

为法国政府绘制的地图

在 17 世纪，国家地图变得越来越重要。法国亨利四世（Henry Ⅳ，1589 年至 1610 年在位）将自己视为一个改革者，他同时也是活跃的社会活动家。亨利四世命令手下的工程师们绘制了多张细节丰富的主要边境省份的手稿地图，这些地图也很快被印刷了出来。绘制这些地图的目的是协助规划对西班牙及萨伏依－皮埃蒙特（Savoy–Piedmont）——两者都是亨利的敌人——的战争。

其中有一位名为让·德拜恩（Jean de Beins）的工程师，同时也是法国边境多菲内省（Dauphine）的防御专家，他根据自己对阿尔卑斯山不同山谷的地形调查绘制出了山谷地形图，并把这些地图附在了一张大地图上。这是一种建立地图框架的方法。这些调查揭示了位于作战路线上的各个山谷的不同价值所在，还展示了地形上的可突破点。例如，瓦尔泰利纳（Valtelline）山谷位于意大利和奥地利之间的关键路线上，西班牙和奥地利军队曾利用它的地形来掩护军事力量的移动，并成功地完成了任务。上述类型的地图测绘既可以用于本土地形测绘，也可以评估测绘远方的地形。

17 世纪法国人对地图的使用方法十分引人注目，这是因为当时的法国不论是在国家形象或是治理方式上，都已成了其他皇权统治国家争相学习的典范。到了亨利四世的孙子、“太阳王”路易十四（Louis XIV，1643 年至 1715 年在位）继位时，情况更是如此。在路易十四 1661 年独揽政权之前，军事测绘在法国已经成为一项基础技术。那个时期的一些优秀的军事草图和防御工事计划仍留存至今。这些草图大多是由军事工程师在现场绘制的，且多数只能使用一次，这是因为法国与西班牙在 1635 年至 1659 年间的围城战多是突发性的，并不属于系统性军事大计划的一部分。因此，这些地图的产生往往缺乏较为全面、系统的考察基础。事实上，除去早期的这些缺乏考察和预见性的地图绘制行为不说，法国的军事地图测绘大致上是从 17 世纪 60 年代开始发展起来的。

路易十四作为王权统治的典范是无法被忽视的，不论其他国家在他的威慑下是否选择与法国结盟。路易非常关注法国的地图绘制，他对战争规划兴致盎然，所以也很喜欢制作对战争有参考价值的地图。法国地图和法国战争地图有着千丝万缕的联系，对于一个国家来说，如果它需要加强自己的防备力量，并随时准备进行防御战的话，这两种地图都相当重要。随着地图越来越受到重视，1663 年，法国各地的地方官员奉命收集所有可用的地图和当地的地理信息送往巴黎。皇家地理学家尼古拉斯·桑松（Nicolas Sanson）随即使用这些素材设计出了一系列的法国地图。

为军事目的而建立的永久性地图库——战争仓库，是在 1688 年建成的。在这些对防御工事的记录里，包括了《国王广场计划纲要》，也就是著名的以法国军政大臣名字命名的《卢瓦地图集》（*Louvois Atlas*）。这个以堡垒地图为主的地图集是在 1683 年至 1688 年间编制的，它们是重要的边境保护措施和主权展示的集合。通过展示主权区域，地图集也成了国内和国际政治的关键工具。

设置堡垒与围攻战

地图为设置堡垒提供了实用性的工具和象征性的领地归属标志。在象征意义上，地图的作用是记录欧洲统治阶层的权力范围和战争胜利后的成果，它与绘画及各种硬币和勋章一起被制成华丽的配套装饰，用

◀左页

在英国内战中加强了防御的伦敦城〔乔治·弗图（George Vertue），1642 年〕

1642 年 11 月，激进的保皇派势力发起进攻，攻下了米德塞克斯（Middlesex）的布伦特福德城（Brentford），这就让他们的对手——国会议员势力加紧在伦敦建立了一个长达 11 英里（约 17.7 千米）的防御系统。这个堤岸状的土制防御系统拥有 28 个堡垒和两个外垒组成的壕沟。堡垒的地点选在了今天的老肯特路、大象与城堡地区、帝国战争博物馆、沃克斯豪尔区、米尔班克、海德公园角、大罗素街和大奥蒙德街等地。这个系统覆盖的区域比伦敦在中世纪时建起的城墙覆盖的区域要大得多。大部分建筑工作都是市民志愿者们完成的，威尼斯大使回忆道，当时有 2 万伦敦市民自愿进行无偿工作，但伦敦政府也不得不为其中的部分工作付出薪资，并提高了相应特殊税种的征收比例。伦敦是国会议员势力至关重要的政治、金融、制造业和海军部队中心。在这次事件中，保皇派的袭击并未如期而至，和 1643 年国会势力掌控下的布里斯托市（Bristol）相比，这是很幸运的，后者在保皇派的袭击中迅速沦陷。事件过后，这些防御工事被迅速拆除了，这就确保了伦敦后来的城市街道设计不会像维也纳那样受到过多市内防御城墙的限制。

▶

干地亚〔Candia，即伊拉克利翁城（Heraklion）〕营救计划

这是军事史上堪称史诗级重要战役的其中一场。1645年，奥斯曼人入侵了威尼斯的克里特岛（Crete）殖民地，这个岛屿横跨在从埃及亚历山大港到奥斯曼帝国首都伊斯坦布尔（君士坦丁堡）的主要粮食供应路线上。在此次战役中，易卜拉欣（Ibrahim）苏丹派遣了348艘船只和51 000名士兵出战，在1645年至1646年间，该岛大部分地区已被奥斯曼人侵占。然而，对首府干地亚城的围攻从1647年持续到了1669年。威尼斯人也派出了增援部队，其中包括33 000名德国雇佣兵。与此同时，内部政治环境的分裂破坏了奥斯曼帝国的军事实力，而且他们还面临着严重的后勤问题。17世纪40年代晚期直到50年代，威尼斯人对奥斯曼帝国后勤供应线的袭击成功牵制住了奥斯曼军队。然而奥斯曼帝国的首相法兹尔·艾哈迈德（Fazil Ahmed）亲自率领着重建后的军队，以惨重伤亡为代价在17世纪60年代末期占领了干地亚城。威尼斯人的海军部队人数太少以至于寡不敌众，而奥斯曼帝国舰队切断了其来自欧洲基督教会的海上增援路线。1669年，威尼斯人与他们的盟友在要塞中起了争执，导致盟友退出了战争，威尼斯人也被迫投降。这幅干地亚城的营救计划图现今仍在威尼斯的一座教堂中得以保存，它有着完整的地图体系与相关图标设置。

于陈列和展示。这些华丽的饰品至今仍在欧洲各大博物馆里陈列着。如果从更广泛的角度去说明和讨论防御工事，地图亦是其中的重要部分，然而，人们更倾向于讨论具体战役，尤其是具有“决定性”的战役，所以防御工事的讨论一直以来都被忽略了。在实践中，围攻战（围城战）是许多战役的核心，而“决定性围攻战”的概念事实上也是存在的，在欧洲之外的其他国家和地区亦是如此。如17世纪30年代和80年代印度德干高原（Deccan）上的莫卧儿（Mughal）战役，以及萨非王朝（Safavids）与莫卧儿王朝之间争夺坎大哈城（Kandahar）控制权的拉锯战等，都可以说是关键性战役。

基督教统治欧洲时期有过很多以防御工事为主题的出版物。1627年被法国国王路易十三（Louis XIII）任命为军事工程师的安东尼·德维尔（Antoine de Ville），著有《如何加固不同基地的防御工事》（1628）和《阿布里基的防御工事》（1639）。他的经验和著作都是以塞巴斯蒂安·勒普雷斯特雷·德·沃邦（Sebastien Le Prestre de Vauban）的工作为基础的，沃邦是路易十四手下法国防御工事的主要建造者。

沃邦不但是一名阵地战的大师，还是当时欧洲攻城战研究领域的顶尖专家。他的围攻策略被记录在许多地图中。在 1673 年法国对荷兰马斯特里赫特城（Maastricht）的成功的围攻中，沃邦展示了如何更安全地在火力掩护下，用平行和 Z 字形路径将战壕推进到敌方防御阵地附近。在不到一个月的围攻之后，这个要塞的守备部队就向法国投降了。同样的情况发生在 1677 年的瓦朗谢讷（Valenciennes）和 1678 年的伊普尔（Ypres）。战争中还有一些阵地是法军以闪电般的速度攻下的，例如 1676 年的林堡（Limbourg），在战壕被攻破后一个星期之内就投降了。

沃邦声名大噪后，他的作品也陆续得以出版，包括他的要塞地图，直到 18 世纪还在被反复印刷出版。除法国外的其他国家也同样热衷于出版他的作品。1748 年，他的《修建防御工事的新方法》（*New Method of Fortification*）第五版在伦敦出版；1771 年，他的著作集在阿姆斯特丹（Amsterdam）和莱比锡（Leipzig）出版。防御工事与围攻战是如此受到重视，以至于其他作家都在这一时期出版了许多关于这个主题的著作。随着这些著作被翻译成多国文字，防御战的知识也得到了传播。例如，托马索·莫雷蒂（Tomaso Moretti）的意大利语著作《宪章条约》于 1673 年和 1683 年出版了英文版，它的译者乔纳斯·摩尔（Jonas Moore）还出版了自己的著作《现代防御工事》（*Modern Fortification,* 1689）。随着标准测绘方法在各种特殊场景的广泛应用，在地形测绘领域，不同类型的堡垒和围攻战的独特性也为军事绘图技术的丰富和发展提供了许多重要的细节。

地图在更普遍的情况下涉及的问题是，在哪里能找到设置防御工事的最佳地点。这种探寻过程之所以困难并充满了不确定性，是因为地图的实地应用通常缺乏实时采集的地形数据。然而，这样的最佳位置显然还是需要地图来将它实体化，在这一点上，每个国家的国土总览图有着重要作用。这也意味着这些大地图在军事上有重要意义，尽管它们的制作并未带有明显的军事目的。

修筑堡垒的目的是形成防御系统，这个概念不仅适用于法国，同时也适用于西班牙统治下的伦巴第（Lombardy）：西班牙人在那里建起了一系列的堡垒——诺瓦拉（Novara）、亚历山德里亚（Alessandria）、托尔托纳（Tortona）和瓦伦扎（Valenza）。这些堡垒连在一起形成了一条抵御西方国家入侵的防御链。因此，1713 年西班牙将亚历山德里亚划给萨伏依 – 皮埃蒙特，就成了破坏这个防御系统的关键一步。

内战时期是另一个同样需要使用国土总览图的时期。16 世纪和 17 世纪的欧洲大部分地区，或早或晚地开始出现内战，有的内战甚至持续了很长时间。例如，法国有过三次有记载的内战，分别发生于 16 世纪

Plan de Roses, et de ses Attaques.
TABLE POVR LA VILLE.
A. Bastion S.t Iean.
B. Porte de la Mer.
C. Bastion S.te Marie.
D. Bastion S.t Iacques.
E. Bastion S.t André.
F. Porte de la Campagne.
G. Bastion S.t Georges.
H. Marais qui se remplit des Eaux de la Pluye.
I. Rauine dangereuse pour les aproches.
K. Contrescarpe au tour de la Place.
L. Les demi-lunes pour flanquer le fossé.
M. Palissade le long de la Mer et deuant la P. Porte.
N. Demy lune deuant la Porte de Campagne.
O. Rauelin deuant le Bastion S.t Iacques.
La Place est reuestue de pierre de taille, et les Bastions S.t Iean et de S.t George sont des Casemates, ou il y a flancs hauts et bas pour le Canon. Le fossé est plain d'eau depuis le Bastion S.t George jusques au bord de la Mer, ou elle se decharge a l'angle du Bastion S.te Marie; le reste est sec et sans Eaux: l'Ataque en est tres difficile, ainsy qu'il se voit par le Plan.
Sa Scituation est au regard du Ciel de 41. degrez 20. minutes de latitude, et 23. degrez 45. minute de longitude.
Eschelle de six cents Thoises.
A Paris par le Sieur de Beaulieu le Donjon Chevalier de l'Ordre du Roy Sergent de bataille dans ses Camps et Armées avec privilege de sa Majesté.
Carte
du Gouuernement de
Roses
Ch. du Col S. Genes
Fin des Pirenées
Roses
Golphe de R
Mer
Mediterann
baterie
Redoute
Baterie
Ruisseau
Infanterie
Vaubecourt
Lionnois
Catalan
Nauailles
Chausset
Normandie
Prouance
Cauallerie
Gens d'armes et Cheu legers
Chapelle
Terre
Q. du Roy
Parc de l'artillerie
Vantadour
Saulx
Feuquieres
Boissac
La Ferté
Terail
Gault
Marguerit
Catillan
Cauallerie Legere
Tranchée ou Attaque
Rocaberti
Junquera
Mer
Figueres
Castello
Roses
Cadaques
Cap de Creus
Golphe de Roses
Ampuries
Mediterranée

◀
1645 年围攻罗萨斯（Rosas）

罗萨斯，这个位于西班牙加泰罗尼亚（Catalan）海岸的港口城市，在 1645 年被法国军队包围。但围城期间，法国人不得不防范来自海上的救援部队，他们也成功阻止了西班牙海军的攻击。此时，哈考特（Harcourt）伯爵和法国军队的主力正在罗萨斯西部抵抗来自陆地方面的西班牙援军。4 月初，普莱西・普拉兰（Plessis-Praslin）的西班牙部队来到罗萨斯附近，他们在数日之后的一次法军围攻战中成功反击并突围，然后在战地附近驻扎下来，准备和法国围攻军队长期作战。一周后，连续的暴雨损坏了西班牙人的营地，军队内士气低落，作战委员会几乎就要决定放弃了。在暴雨终于停止后，西班牙人再次向前推进了战壕，并开始建立防御工事。在 17 世纪 30—40 年代，攻城部队一般只配备 10 门左右的加农炮，火力相对而言比较弱，攻击效果也较为有限，所以战壕的挖掘显得更为重要。4 月底，法军的一系列轰炸袭击成功摧毁了几个堡垒之后，这些防御工事就被破坏了。西班牙军队统帅最终同意在 5 月底投降，并表示在 5 月的最后一天西班牙人就会缴械认输，除非他届时已被撤职。至此，西班牙人战败。然而，法国人最终也没能顺利保住他们在加泰罗尼亚地区的这些来之不易的战果。

60 至 90 年代、17 世纪 20 年代，以及 1648 年至 1653 年。此外，法国于 1636 年、1639 年、1672 年、1675 年先后发生了一系列大规模的叛乱。在这样的冲突中，地图在了解事态发展和做出相关规划、报告等方面发挥了重要作用。

瑞典人与俄国人的行动

并不是只有法国政府致力于获取领土信息知识并将其国有化，瑞典军队作为这个时期欧洲最具有活力的军事力量之一，在军事制图方面也有明显的发展和进步。在 16 世纪到 17 世纪上半叶，瑞典军队通过搜集各类地图和培训专业制图师来使其军事地图制作能力始终位于欧洲前列。瑞典的战争档案里保存了一组“三十年战争”〔1618 年至 1648 年，正值古斯塔夫（Gustavus）大帝在位时期〕及后续阶段的系列地图，这些史料反映了瑞典军队在境外制订作战计划、获取军事信息时都离不开军事地图。此外，于 1628 年开始的瑞典全国土地调查不仅为瑞典的大部分国土绘制了地图，还深入调查了瑞典人战后占领和吞并的境外领地，如波美拉尼亚（Pomerania，位于现代德国东北部沿海地区和波兰西北部沿海地区）等地。这些土地测绘为军事上的防御规划奠定了极其重要的基础，附带

▶

1646 年占领阿默讷堡（Amōne-burg）

这幅精美的铜制版画非常细致地描绘了“三十年战争”期间德国黑森州（Hesse）阿默讷堡周边的情况。位于山顶上的阿默讷堡仅以素描的形式被勾勒了出来，在图中可以看到，它的周围有许多标有名字的村庄和居民点，还有一些排列整齐的军营和部队。奥地利帝国的营地位于图中右上角。印在图片顶部的一条铺开的装饰性丝带横幅上的是德语图注说明。1646 年，弗兰格尔（Wrangel）领导下的瑞典军队联合蒂雷纳（Turenne）率领的法国军队为了侵略奥地利人的世袭土地而向此地进军。在这次战役中，瑞典军队抵达了此图中黑森州的阿默讷堡附近。1646 年 6 月 16 日，尽管奥地利帝国军队就在附近，行动迅速的瑞典军队还是设法占领了这个城镇。

的功能就是展示了瑞典人的战争成果。

同样地，在 17 世纪末，俄国人也开始更加频繁地使用军事绘图。彼得（Peter）大帝同父异母的姐姐索菲娅（Sophia，1682 年至 1689 年当政）的情人戈利岑（Golitsyn）王子，曾利用原始的货运马车里程表编制了里程手册，旨在绘制出用于征战克里米亚汗国（Crimean Khanate）的军事地图。1689 年的这次最后以失败告终的征战，发生在俄罗斯与奥斯曼帝国交战期间。戈利岑王子的失败最终导致索菲娅在皇权斗争中输给了彼得大帝（1689 年至 1725 年在位）。

更高的精确度

普遍来说，随着对精确度的不断追求，可用的地图信息也会变得越来越丰富。然而在中世纪和文艺复兴早期的地图中，对形状特征的描绘方式是非常固化的（当时的制图者们首要考虑的是如何记录这些形状特征的存在，而不是如何精确地描绘它们的具体特征），之后才有了在刻画主要物理轮廓时追求精度的趋势，特别是对海岸线和河流的描绘力求细致。这反映了地理信息的本质特征，以及在概念标准方面发生的变化。与此同时，地图也从绘画式图像（注重对特性的描绘）变为了符号式图像。

Eigentliche DELINEATIO der SITUATION des Schwedischen Veldlägers bey AMOENEBURG wie auch die Einnehmung selbigen ohrts durch Ihr Exellentz Herrn Veld Marschaln Carol Gustau Wrangel, den 19. Iuny Anno 1646.
Kay: Reduten
Kayserisch Läger.
Moras
Schw: uorwacht
Rideckon
Kay: Reduten
Moras
Nider Ofelden
Mühl
Schweinberg
Mühl
Ohm flu:
Ombürg
Omenburg
Weg nach
Gundershausen
Erforthausen
Martorff
Nider Selheim
Roßtorff
Holshaußen
Weg nach Giessen
Wartturn
A. Das Haupt quartier.
B. Artelleria.
C. Infanteria.
D. Rechter Flügel sambt der Reserue.
E. Lincker Flügel sambt der Reserue.
F. Schwedisch Tranchement.
G. Königsmarckische Artelleria.
H. Königsm. Infanteria.
I. Königsm. Caualleria.
K. Hessische uölcker.
L. Heßische Wercke
M. Die Stuckh an dem Tranchement.
N. Die Batteria uor Omenburg.
O. Königsm. Batteria
P. Schloß so die Heßen uerlaßen und die Ky: besetzt.
Q. Der Damm uon der Statt zum Schloß.
R. Dise kirch haben die Schwedischen besetzt.
S. Die Rencontra bey der uerschantzten Mühl.
T. Schwedische Troppen.
V. Kayserische Troppen.
X. Königsm. Reuter
Y. Königsm. Fußuolckh.
Z. Königsm. werckh.
G. W. Kleinstratl fecit

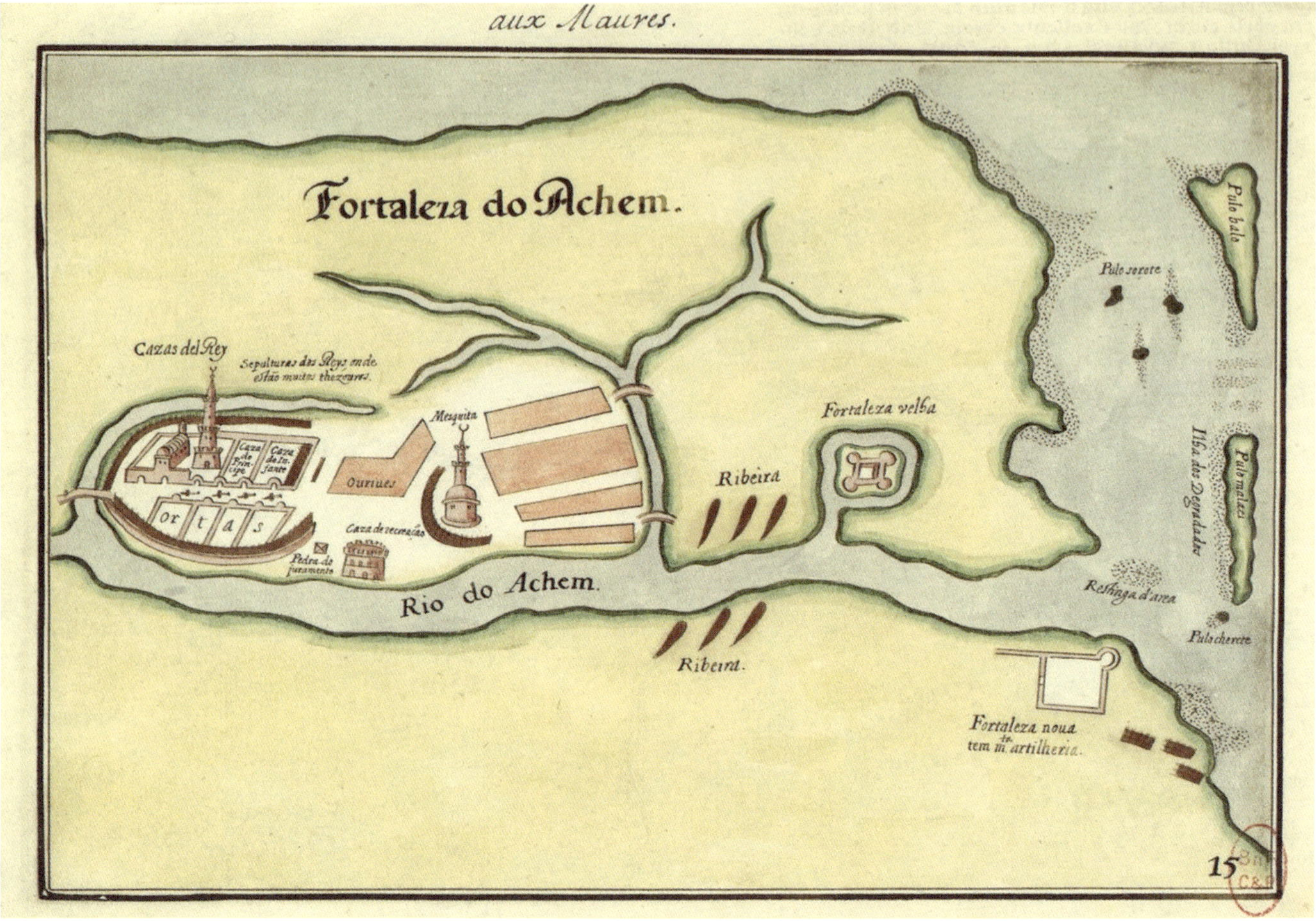

▶

苏门答腊岛（Sumatra）的亚济（Atcheh）要塞（若昂·特谢拉·阿尔巴纳兹）

位于苏门答腊岛西北角的亚济地区（又称阿钦省、亚齐省）是在1496年左右成为伊斯兰教领地的。苏丹阿里·穆哈亚·斯雅（Ali Mughayat Syah）统治着这个领地，他在1524年征服了苏门答腊岛北部地区。同年，他在战争中打败了葡萄牙舰队。这是伊斯兰教势力先后对抗葡萄牙和荷兰军队的一场重要战役，而伊斯兰教的其他抵御战则并非一帆风顺。当时，奥斯曼帝国和印度半岛的伊斯兰教国家戈尔康达（Golconda）苏丹国都为苏丹阿里派出了增援军队。1629年，活跃于各次战役的苏丹伊斯坎达尔·穆达（Iskandar Muda, 1607年至1636年在位）在带领他的帆船大舰队袭击葡萄牙控制范围内的马六甲港口时，受到了重创。马六甲港是马来半岛和苏门答腊岛之间的重要贸易港口，也是连接东亚和南亚的重要港口。亚济军队曾在1553年、1568年、1570年、1573年和1595年试图攻下这个港口，但都遭到了失败。然而，伊斯坎达尔·穆达仍然成功控制了苏门答腊岛北部。

地图的精确度在许多方面都有所提高。例如，自16世纪以来陆续出现在地图构建和绘制中的三角测量法的应用变得越来越普遍。1679年至1683年，法国学者研制出了经度定位法，这是一种经过改进的经度计算方法，它结合了三角测量的运用，对制图方法产生了深远影响。经度计算和三角测量都规范了地图制作，并促成了新式地图的诞生。地图绘制在欧洲的发展方向十分明确，而这些绘图技能也被带到了其他地方。基督教的传教士们把三角定位绘图法传到了中国，就像他们把改进过的火炮带到了中国一样。

军事改革而非军事革命

从20世纪50年代中期开始，1560—1660年这个时期被英国学者们称为一段“军事革命”时期，但这个说法目前似乎不再令人信服了。实际情况是，17世纪制图方法的发展势头是16世纪制图方法发展的延续。更具体地说，随着火力的增强和星形要塞等新型防御工事的出现，“军事革命”的重点理论得到了扩展。而事实上，这种发展的主要趋势更偏向于适应性的改变，而不是颠覆性的变革。其中，骑兵部队的变化就是适应性改变的重要部分。

骑兵部队对于地图绘制有着重要的影响。和步兵相比，骑兵有着许多非常不一样的地方，如在战斗空间里的机动性更强，固定时间内可覆盖的面积更大，其运动受地形和覆盖物的影响也更大等。步兵和骑兵在后期作战和移动时表现出来的这些不同，对预先的战略策划也提出了不同的要求，但也提供了更多的可能性，同时也使得军队对地图的使用和理解能力变得更加重要。

而另一个对“军事革命”理论的主要批评认为，这些发展变化其实是在 1660 年之后发生的，而不是之前。对于攻击性武器刺刀的使用来说，这个说法是正确的，使用刺刀的长矛兵逐渐减少，取而代之的是配有热兵器的步兵数量的显著增加。同时，配备燧石点火装置的滑膛枪也逐渐取代了火绳枪。随后产生的效应就是步兵队形的变化，新的步兵队形力求在不同的防御需求下使火力最优化。步兵不再被排列成棋盘方块状的队形，而是更多地被部署成线形编队。

随着时间的推移，这种线形编队变得越来越细长。这一变化保证了阵列里的步兵可以同时开火射击，集中的齐射火力解决了单个步兵射击造成的精准度较低的问题。短射程步枪的射击速率较低，且由于枪械后坐力的影响，每次射击都必须重新瞄准，加上持枪个体的视力较弱和射击不准等因素，使得射击精确度无法提高。一个步兵营通常会被排列成三排，成纵队轮流射击，这样的射击方式是为了在可控范围内最大限度地保证火力的连续性。

战场范围由于上述变化而扩大了，这就给军队指挥带来了新的挑战，即在“感知战场态势”方面造成了一些困难。而这两方面都增加了地图和图表的使用需求。然而，地图并不能够突破武器的动态本质所带来的限制，而武器的使用是随着战争的展开而随地移动的，纸质地图无法随时记录这样的动态。这种情况直到现代军事设备配备电子屏幕（可以显示出战场范围内的动态元素）之后才有所改善。

在基督教欧洲时期，由于几乎所有的欧洲军队在装卸弹药及装备配置的模式上都是类似的，因此它们之间的能力差距并不是很明显。相比之下，热兵器虽然具有局限性，但它为西方世界提供了强大的火力保证，它的实用性和优越性在西方军队与其他尚未配备热兵器的地区的军队作战时更加显现了出来。那个时期，世界上许多其他地方的武器发展进程都没有基督教欧洲地区来得迅猛。因此，当时的中国还没有从火绳枪时期进入先进的燧发枪时期，而手握式的冷兵器在当时的中国和其他地区仍是主要武器。当我们在讨论各个时期的军事地图的绘制时，也应充分考虑到这些较为显著的战争多样性。

▶

奥斯坦德（Ostend）围城战〔弗朗西斯・维尔（Francis Vere，1560—1609），由威廉・迪林厄姆于1657年出版〕

1604年，能干的新任西班牙指挥官安布罗吉奥・斯皮诺拉（Ambrogio Spinola）在长达3年又77天的围城战之后，攻下了奥斯坦德城。在战斗中，炮火的袭击显得很重要，而同样重要的还有对关键战略位置的夺取，如1603年4月14日对要塞西侧的袭击和1604年9月13日对沙丘地区的袭击。后者是最后一场决定性的战役。荷兰人此前不断地从海上对奥斯坦德的荷兰守军进行补给，但西班牙人通过控制沿海沙丘地区迫使荷兰人不得不选择投降，这也让西班牙人抓住机会补充弹药，最终占领了海港入口。指挥官斯皮诺拉宁肯在一次次死战中牺牲自己的兵力，也要快速推进围攻的脚步。荷兰指挥官莫里斯王子不愿冒着死战的危险去解救奥斯坦德城，而是更愿意去围攻斯勒伊斯城（Sluys）。这种情况经常发生，战场上的任意一个操作（不论是实际作战或是场外决策，在上述例子中就是不参与战斗的场外决策）都会决定一个要塞的最终命运，荷兰守军至此已经没有任何获救的希望了。

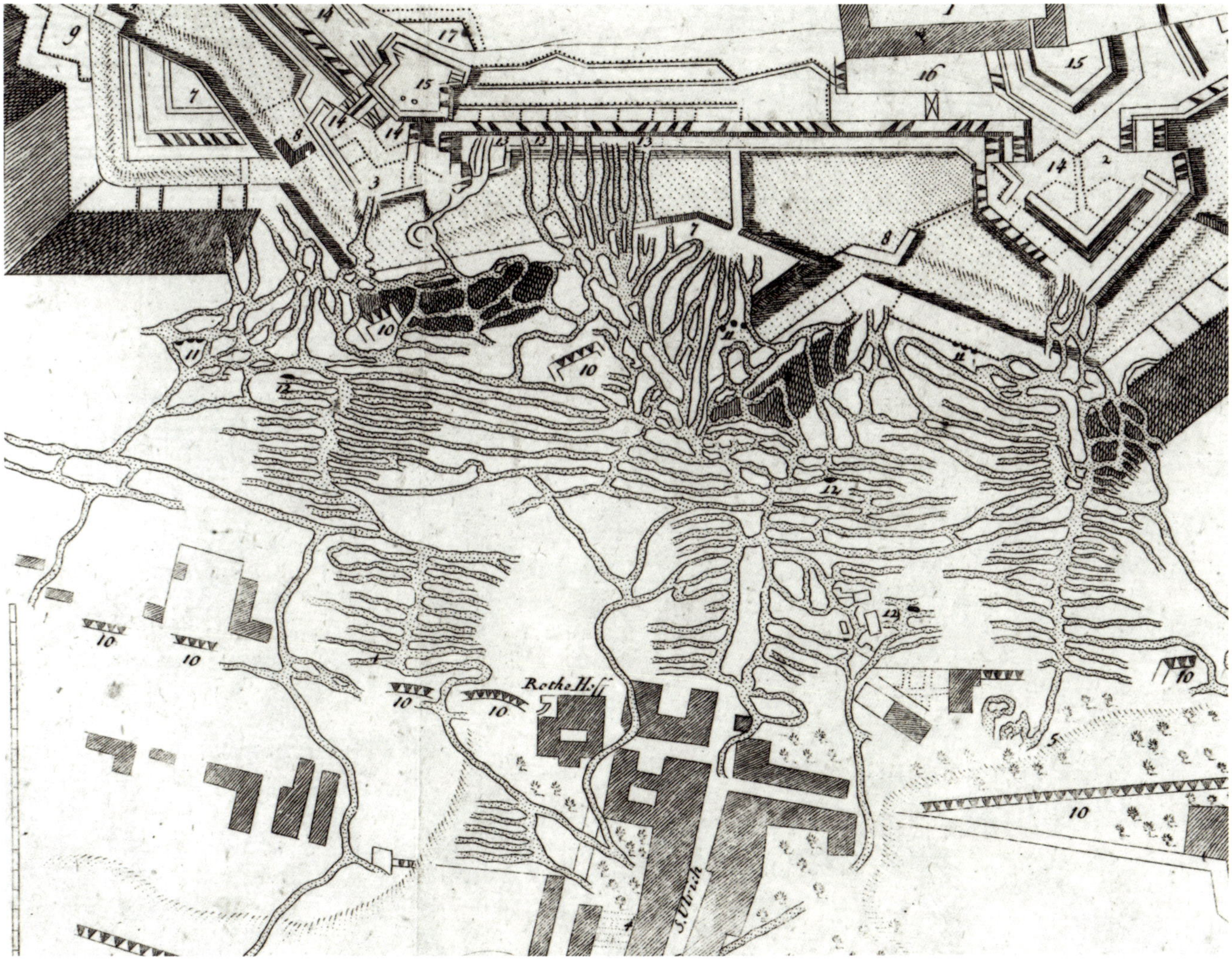

▲
1683 年奥斯曼帝国对维也纳的围攻

奥斯曼帝国的主力部队在 1683 年 3 月 31 日离开了阿德里安堡〔Adrianople，今土耳其埃迪尔内（Edirne）〕，5 月 3 日到达贝尔格莱德（Belgrade），7 月 16 日包围了维也纳。对于一场要求在一年内打下的胜仗来说，这个时间点已经有点晚了，尤其是在乔治·林普勒（Georg Rimpler）巧妙地将防御工事改进之后。全面进攻已经不适用于这场围城战，现在需要有技巧地进行围攻。随着救援部队的集结，奥斯曼人也开始建造攻城设施，并试图利用炮火轰炸和地雷来削弱防御工事的作用。这些地雷特别具有威胁性，它们的设计目的就是制造突破口，为猛攻做好准备。守备军在防御战中伤亡惨重，痢疾的肆虐也急剧减少了他们的作战力量。但是，这个强大的堡垒阵地有着宽阔的护城河和坚实的城墙，准备并不充分的奥斯曼人也遭受了几乎同样的损失。然而到了 8 月，这座城市的外围防御系统（护城河未能覆盖的区域）逐渐沦陷了。由于缺乏重型火炮，火力不足的奥斯曼人更依赖于暗中挖掘地道，以破坏敌人的防御系统。他们用这种方法成功破坏了几处防御点，而防御工事被突破后通常会发生激烈战斗。9 月 4 日，维也纳驻防部队发射了遇险信号弹，敦促救援部队采取行动。救援部队于 9 月 12 日展开行动，随后大败奥斯曼人。

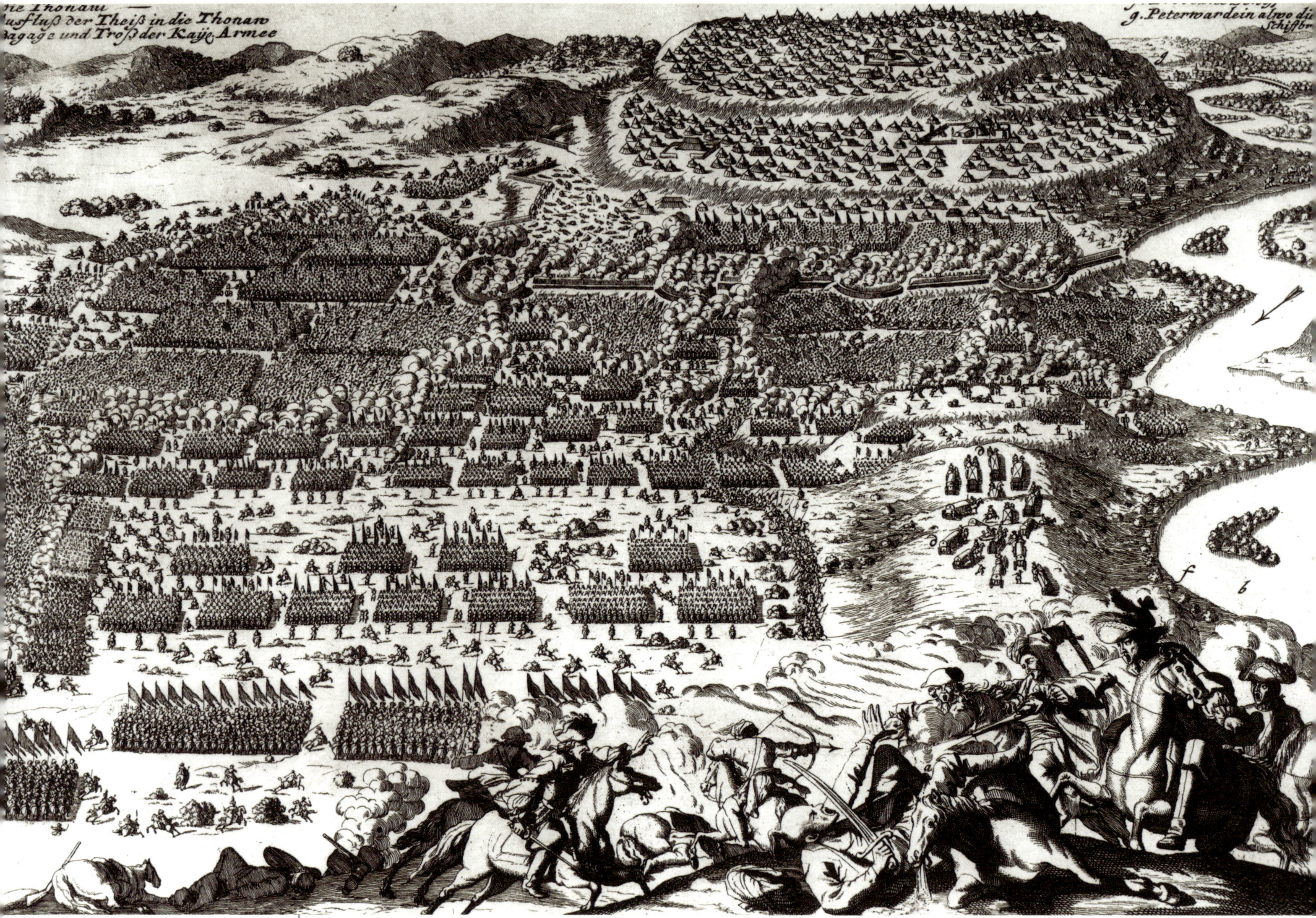

▲

1691 年斯兰卡曼（Slankamen）战役

奥地利人在 16 世纪 80 年代对巴尔干半岛（Balkans）的进军，使得人们开始大胆猜想土耳其帝国会走向崩溃。然而，1690 年，在精干的新任宰相法兹尔·穆斯塔法（Fazil Mustafa）的带领下，土耳其人发起了一场反攻，夺回了尼什镇（Nish）和贝尔格莱德城。这就迫使奥地利军把他们的主力军队从与法军作战的战线移至东部的前线上。1691 年，有四分之三的奥地利军队在东部阵线上厮杀。同年，穆斯塔法企图夺回匈牙利而建起的战线被巴登王子路德维希·威廉（Ludwig Wilhelm）冲破，巴登王子是一位参加过 1683 年维也纳战役的经验丰富的将领。在斯兰卡曼的这场漫长而激烈的战役中，奥地利帝国损失了三分之一的士兵，受到重创；而土耳其人也溃不成军，法兹尔·穆斯塔法被杀害，所有的土耳其炮兵部队战败被俘。

◀
1693 年围攻本地治里
（Pondicherry）

印度的本地治里城是在 1647 年时由弗朗索瓦·马丁（François Martin）在印度科罗曼德（Coromandel）海岸建立的一个法军基地。虽然法国人于 1682 年在本地治里建立了防御工事，但本地治理却仍于 1693 年被荷兰人占领，这差点将法国东印度公司逼至破产。1697 年，法国根据《赖斯维克条约》（*the Treaty of Ryswick*）重新夺回了该城，并在 18 世纪开始对该城进行拓展建设。1741 年，本地治里的人口约有 12 万，并拥有坚实的防御工事系统；1724 年至 1735 年，城市面向陆地的一面建起了土质壁垒；1745 年，面向海岸的一边也建起了一道防御土墙。然而，本地治里还是在 1761 年被英国人攻下了。

▶
莱茵河畔的布赖萨赫镇（Breisach）（法兰西学院派作品）

1638年，亲法派萨克森-魏玛公爵伯恩哈德（Bernhard，Duke of Saxe-Weimar）夺得了布赖萨赫镇的控制权。守卫军在围城战中弹尽粮绝，因难以忍受饥饿的折磨而投降。法国一直统治着布赖萨赫镇，直到1697年，才按照《赖斯维克条约》的规定把它还给了魏玛公国。布赖萨赫镇是莱茵河谷中戍守河流交叉点的一个重镇，它的位置很重要，既可以保护法国阿尔萨斯城（Alsace）不被侵略，又可以开辟通往德国的道路。同时，它还是从意大利北部和低地国家直抵西班牙的航线上的重要据点。路易十四（Louis XIV）统治期间，沃邦元帅（Vauban）负责的那些成本高昂的防御工事项目，就是为了减弱布赖萨赫在防御线上的重要性，以免让敌方取得布赖萨赫的控制权后便可大举进攻。法国人在1697年依据《赖斯维克条约》割让的城市和堡垒还有克尔城（Kehl）、菲利普斯堡（Philippsburg）和卢森堡（Luxembourg）。

Alsace
Le Rhin de Bissen
L'Isle S.t Jaques
Le Rhin
le Pont
le Pont
Ville haulte
Ville basse
LE BRISGAVV

▶
博斯普鲁斯海峡（Bosphorus）上的堡垒（17 世纪作品）

这幅微型画来自一份 17 世纪的阿拉伯文手稿，它的表现手法具有独特风格，体现出了土耳其要塞防御工事坚硬扎实的特点。从图中可见，土耳其堡垒的建筑样式是非常传统的，且和新式的西方防御工事截然不同：后者偏向于修建低矮的土制（不是石制）城墙和星形要塞。

右页 ▶
地方图中的额尔齐斯河源头〔塞门·雷米佐夫（Semēn Remezov），1697—1711 年〕

这组草图是俄罗斯官员塞门·雷米佐夫按照彼得大帝的命令编制地方图时绘制的。这个地图集的主题不是战争，而是想要呈现俄国人征服西伯利亚（Siberia）后修建的新基地和防御工事。这些基地包括了建于 1587 年的托博尔斯克（Tobolsk）、建于 1632 年的雅库茨克（Yakutsk）、建于 1647 年的鄂霍茨克（Okhotsk），以及建于 1661 年的伊尔库茨克（Irkutsk）。它们最大限度地发挥了当时俄罗斯热兵器的防御潜力。基地通常都围有防卫作用的铁栅栏，并建有代表着控制和权力的建筑物：堡垒、兵营、监狱、教堂和长官府邸。从地图上看不到的事实是：当地人民的内部分裂，以及来自欧洲的恶性疾病的肆虐，才是俄罗斯人取得扩张战争之胜利的主要助力。俄罗斯堡垒的成就仅在于，对于当地人民来说，它们是很难被攻破的。

第三章 18世纪

THE EIGHTEENTH CENTURY

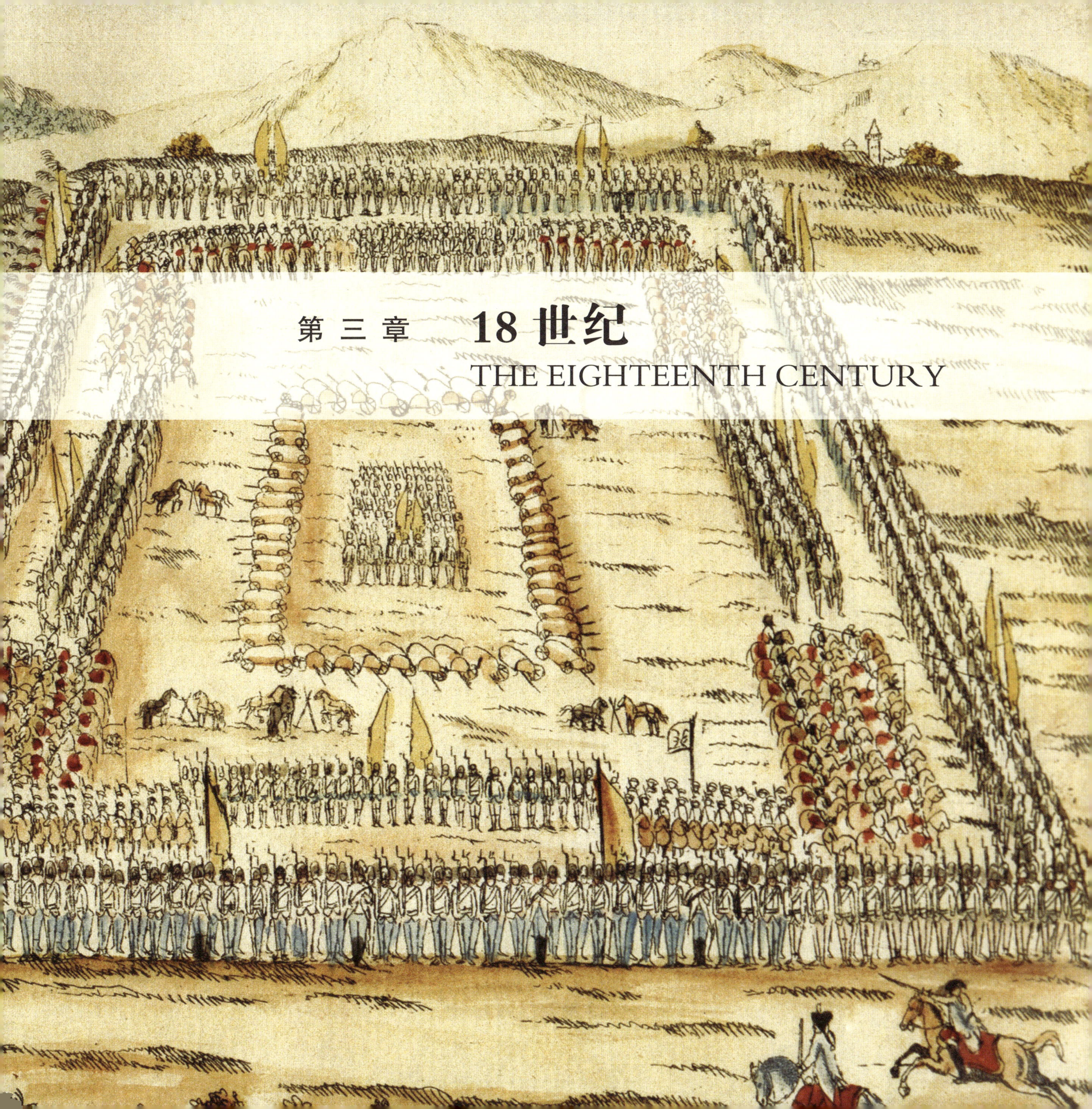

专业军事计划

◀ 前页

1737—1739 年第三次奥地利－土耳其战争期间一场战役的水彩图

当代奥地利绘画。

右页 ▶

1706 年拉米伊（Ramillies）之战

1706 年 5 月 23 日，第一代马尔伯勒公爵约翰·丘吉尔（John Churchill）在一场持续了 6 个小时的敞开式战役中，面对人数几乎相当的敌军部队，展示出了他出色的领导才能。约翰·丘吉尔是一位把控战场形势和细节的大师，在面对敌军战火时他沉着冷静，在时机来临时他勇往直前。他很好地掌控着自己的进攻力量和战斗的节奏，并能在最恰当的时机果断地投入力量、展开行动。在 1704 年布莱尼姆（Blenheim）的胜仗中，马尔伯勒公爵为了向主力的侧翼提供协助，在法国的主力军被削弱后果断打败了维勒鲁瓦（Villeroi）元帅，取得了作战先机。法国人在战斗中失去了所有的加农炮火力，还付出了 1.9 万人伤亡的惨重代价，而马尔伯勒公爵方面的伤亡人数仅有 3600 人。这场战斗之后，马尔伯勒公爵在与低地国家作战的许多战役里又迅速攻下了许多重要据点，其中包括安特卫普（Antwerp）、阿特（Ath）、布鲁日（Bruges）、布鲁塞尔（Brussels）、梅嫩（Menin）和奥斯坦德（Ostend），可谓所向披靡。而曾经在 1703 年和 1705 年的战役中成功阻击过马尔伯勒公爵的维勒鲁瓦元帅，则已失去了军队的指挥权。

在18 世纪的外交活动和战争冲突中，地图作为新型专业军事工具和公众对政治话题的讨论的一部分，地位变得更加重要。随着实用型知识得到了大众的认可并赢得了声望，特别是新信息正在快速替代传统认识，与以往重视理论相比，人们普遍开始更注重事实——这也助推了地图文化的发展。与此相关的是，军事规划的过程越来越详细、明确。科学的规划方法不仅能满足军事将领们安排攻击火力和围攻战术的需求，还可以在实战操作层面上应用科学知识，为搜寻计划和行进计划提供必要的详细信息。军事人员配备规划日益重要，使得对后勤管理人员的技术水平的要求也越来越高。

18 世纪主要的实践性成就之一是建立了精确的地图坐标系统，这使得人们对世界上绝大多数地点的准确定位成为可能。而精确测量距离的标准化方法的发展，也让地图制造者们可以更容易地理解、评估前辈们做过的工作。随着制图惯例的形成，地图的可预测性也逐渐提高。虽然在 17 世纪末，由于缺乏普遍标准和通用精确度，地图仍然没有一个标准的校准方式，但在不久后的 18 世纪，将地图的上方确定为北方的操作方法被确立为标准惯例。

人们逐渐意识到了制图业的特殊性和多变性，于是产生了“地图必须能够，也应该进一步加以改进，以反映更多、更新的准确信息”的想法。大众期望的是对特定位置的正确定位，以及正确应用比例尺。除了在制图技术和概念方面的具体改进之外，地图也越来越多地被当作常规的参考对象，这个过程同样促进了地图的广泛应用。

在欧洲大部分地区，军事行动所获取的信息是进行地图绘制的主要信息来源。西方各国的军队长期以来的测绘传统差异巨大，目的也各不相同。但到了 18 世纪，这些各具特色的测绘方法和测绘目的成了非常重要的绘图要素。就规模、综合性和准确性而言，这一时期的测绘方法与上个世纪大不相同。每个国家拥有的领地不同，绘图传统也有所不同，这点在意大利和奥属尼德兰（现代的比利时）两国表现得尤为明显。奥地利人在统治西西里岛、伦巴第、奥地利、波希米亚（Bohemia）、匈牙利和奥属尼德兰的漫长岁月里，练就了独特、先进的绘图技术。在 1720 年至 1734 年统治西西里岛期间，奥地利人雇用了一批军事工程师，为西西里岛绘制了第一张详尽的地图。为了抵御普鲁士军队的侵袭，奥地利建设防御工事的一部分工作就是对波希米亚地区（该地区的西部领土属于现代捷克共和国的范围，并且已于 1712 年至 1718 年间进行过土地勘测）进行军事调查和测绘。这次土地调查开始于 18 世纪 60 年代，直到 18 世纪 80 年代才正式结束。这是因为普鲁士在 18 世纪 40 年代、50 年代和 70 年代都成功

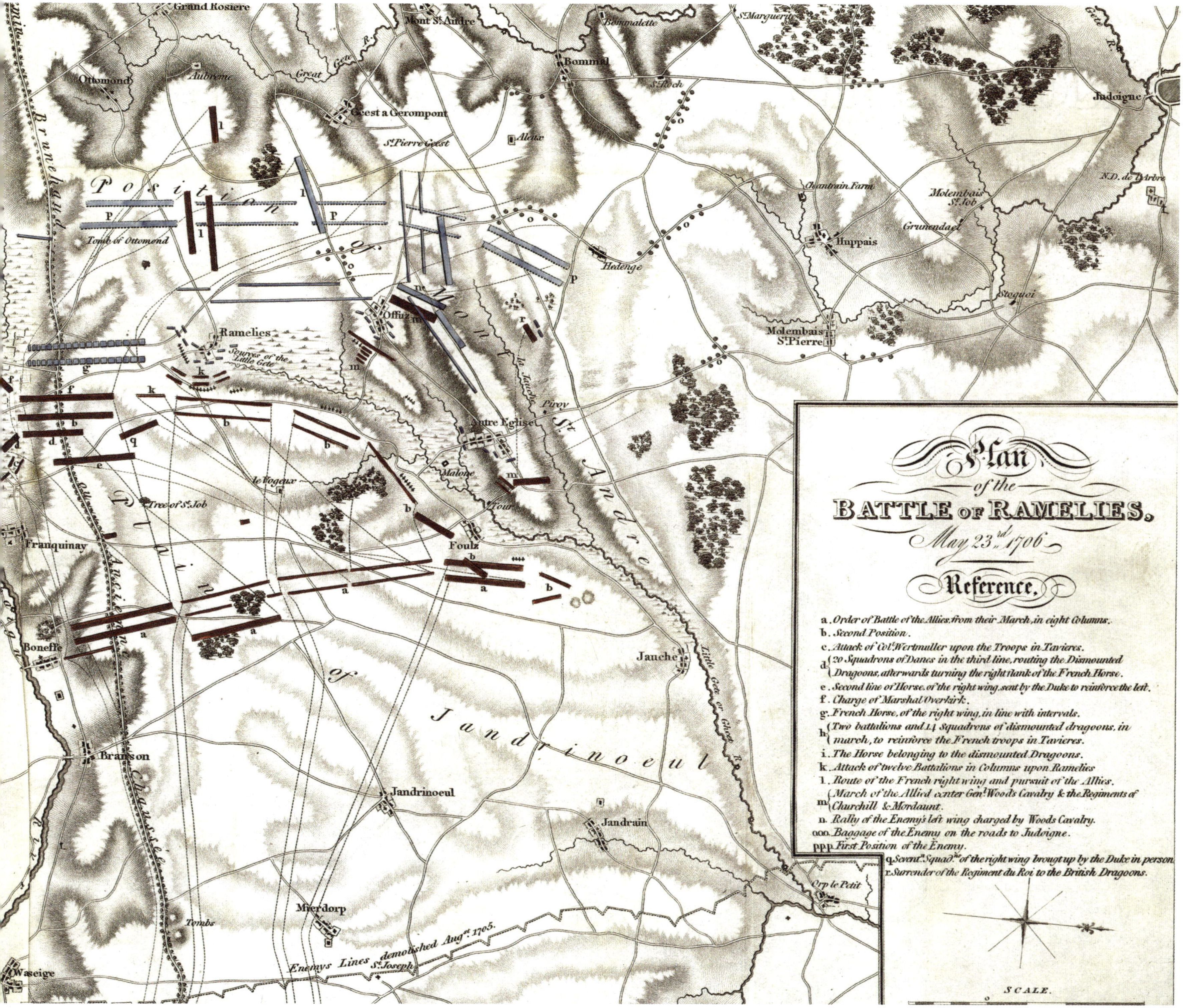
Plan of the BATTLE of RAMELIES, May 23rd 1706.
Reference.
a. Order of Battle of the Allies from their March, in eight Columns.
b. Second Position.
c. Attack of Col. Wertmuller upon the Troops in Tavieres.
d. 20 Squadrons of Danes in the third line, routing the Dismounted Dragoons, afterwards turning the right flank of the French Horse.
e. Second line of Horse, of the right wing, sent by the Duke to reinforce the left.
f. Charge of Marshal Overkirk.
g. French Horse, of the right wing, in line with intervals.
h. Two battalions and 14 Squadrons of dismounted dragoons, in march, to reinforce the French troops in Tavieres.
i. The Horse belonging to the dismounted Dragoons.
k. Attack of twelve Battalions in Columns upon Ramelies
l. Route of the French right wing and pursuit of the Allies.
m. March of the Allied center Genl. Wood's Cavalry & the Regiments of Churchill & Mordaunt.
n. Rally of the Enemy's left wing charged by Woods Cavalry.
ooo. Baggage of the Enemy on the roads to Judoigne.
ppp. First Position of the Enemy.
q. Sevent. Squad. of the right wing brougt up by the Duke in person
r. Surrender of the Regiment du Roi to the British Dragoons.
SCALE.
Position of Mont St. Andre
Plain of Jandrinoeul
Grand Rosiere
Mont St. Andre
Bommalette
St. Marguerite
Ottomond
Aubreme
Great Gete R.
Bommal
St. Roch
Judoigne
Geest a Gerompont
St. Pierre Geest
Aleux
Brunehaud
Tomb of Ottomond
Chantrain Farm
Molembais St. Job
N.D. de l'Arbre
Grunendael
Huppais
Hedenge
Stoquoi
Molembais St. Pierre
Offuz
Ramelies
Sources of the Little Gete
Pirey
Autre Eglise
Malone
le Vogeux
Tree of St. Job
Tour
Franquinay
Foulz
Boneffe
Jauche
Little Gete or Ghete R.
Branson
Jandrinoeul
Jandrain
Orp le Petit
Mierdorp
Tombs
Enemys Lines demolished Augst. 1705.
St. Joseph
Waseige

PLAN DER BELAGERUNG VON FRIDRICHSHALL
edirt von IOHANN BAPTIST HOMANN Der Röm. Kais. May. Geographo in Nürnberg.
Königl. Schwedisch Lager so zu Ende des Novembers bezogen und den 20 December Anno 1718 wieder aufgehoben worden
Wog nach Christiania
EIN THEIL DES KONIGREICHS NORWEGEN
Wog nach Fridrichstat
TISTEDALENS ELBE
Risemosen
Morast
Kleine Brand Berg
Landstraß nach Schweden
Das Fort Güldenlöw
Nort-Seite
Rosbrycken
Die offene Stadt und Hafen FRIDRICHSHALL
FRIDRICHSTEIN
Stor Tornet
Ober Berg
Knardahl
IDEFIORD
In dieser Gegend ist die Schwedische und Dänische Flottille offt aneinander gewesen
Bartoe Insula
SWINE SUND

入侵了波希米亚，并计划于 1866 年再次开展入侵行动。同样地，普鲁士的弗里德里希二世（Frederick Ⅱ，1740 年至 1786 年在位）也将他攻占西里西亚（Silesia）的征程绘成了地图。

这一时期，诸多的地图测绘行动留下了相当可观的详尽地理信息。在炮兵主任约瑟夫・约翰・德・费拉里斯（Joseph Johann de Ferraris）的监督下，奥地利于 1771 年至 1774 年间绘制了奥属尼德兰地图。这是一本 275 页的细节详尽的地图册，正是基于前期的军事调查绘制的。后期占领该地区的英国的制图水平远赶不上奥地利。如果奥地利继续持有波希米亚的控制权，而不是在 1792 年时战败并把它割让给法国的话，奥地利的制图方法将自成体系，并可能因被纳入后来的地形大测量中而享有盛名。

其他国家的军事工程师的作用也很重要。1746 年，坎伯兰公爵威廉（William，Duke of Cumberland）在卡洛登（Culloden）战役中镇压了自 1745 年开始的詹姆斯党人（Jacobite）叛乱，打败了“小王子”查理・爱德华・斯图亚特（Charles Edward Stuart）。随后，英国皇家工程师威廉・罗伊（William Roy）在 1747 年至 1755 年间为了绘出一幅苏格兰地区的精确地图，对苏格兰进行了一次军事性质的土地测量和调查。他雇用了六名测绘人员，以 1 英寸（1 英寸 =2.54 厘米）比 1 000 码（1 码 =0.9144 米）的比例尺绘制了这幅地图。这类地图测绘的目的是帮助英国军队更好地应对未来可能发生的叛乱，并且还能在英国政府对高地地区进行资源重组的过程中起到辅助作用。重组高地地区是英国政府长期治理计划中的一个重要部分，这个计划的内容有修建公路和修筑防御工事等，位于因弗内斯（Inverness）附近的令人叹服的乔治堡也是那个时期建成的。

新的高度

此外，这一时期以皮埃尔 – 约瑟夫・布尔塞（Pierre–Joseph Bourcet）为首的法国军事工程师们解决了山脉测绘问题。他们收集了各大山脉更加具体清晰的地理数据，从此阿尔卑斯山的边界地区不再显得神秘莫测。让・勒米肖・阿克恩（Jean Le Michaud d’Arçon）随后延续了皮埃尔在阿尔卑斯山的测绘工作。这些测绘成果在 18 世纪 90 年代协助法国革命军在阿尔卑斯山区取得了战斗的胜利，尤其是在有拿破仑参与的那些战役里。比起 50 年前法国人争夺这个地区时，此时的法国人更加所向披靡。布尔塞还制作过科西嘉岛（Corsica）的地图。1768 年，法国人从热那亚手里花钱买下了科西嘉岛，但在 1768 年至 1770 年间遭遇了岛民发起的激烈反抗。法国人对反抗运动进

◀左页
腓特烈斯滕堡（Fredriksten Fortress）围城战地图〔约翰・巴普蒂斯特・霍曼（Johann Baptist Homann），1718 年〕

是大北方战争（Great Northern War，1700—1721）里的一场关键战役，瑞典军队围攻了这座腓特烈沙尔德〔Fredrikshald，即今哈尔登（Halden）〕附近的堡垒，它位于瑞典和挪威（此时属于丹麦治下）的边境上。1718 年 12 月 11 日晚，瑞典人挖掘的战壕几乎快延伸到敌方的主要防御工事时，正在巡视战壕的瑞典国王查理十二世（Charles Ⅻ）被敌方枪杀了。查理十二世的死亡结束了瑞典的入侵计划。

行了残酷镇压，绘制该岛地图就是镇压计划的一部分。法国人成功镇压了反抗运动，这一过程表明了法兰西王国拥有充足的军事资源，也确保了1769年出生的拿破仑能够成为一名法国臣民。

地形学技术中心于1738年在皮埃蒙特（Piedmont）成立，这个机构起初招募了四名地形学工程师，后续还招募了若干助理人员来协助进行技术操作。而从1743年皮埃蒙特与法国和西班牙交战时开始，机构所有的人员都被召往前线，参与奥地利王位继承战争（1740—1748）。皮埃蒙特人绘制的地图往往属于保密文件，他们的地图至今仍以原稿形式保存着。

18世纪时，尤其是70年代，丹麦开始出现各类制图材料，这些材料在战术范围内得到了广泛使用。

从许多方面来说，战争都在不断催生对地理信息的新需求。18世纪30年代到40年代在意大利北部出版的麦克·安东尼奥·达尔雷（Marc Antonio Dal Re）的米兰语版著作里的军用地图，对于军事路线规划而言非常有帮助。这些地图通常会被印在丝绸上，供军队使用。达尔雷在波兰战争（1733—1735）和奥地利王位继承战争期间，创作的军事著作有《意大利军队》（1735）、《1744年伟大战争的中心——皮埃蒙特》（1744）等。在1735年于阿姆斯特丹出版的约翰尼斯·科文斯（Johannes Covens）和科内利斯·莫蒂埃（Cornelis Mortier）的《号角》中，我们也能找到当时意大利北部战争的史料记录。马奎斯·伊曼纽尔·德席尔瓦（Marquis Emanuele de Silva）是维克托·阿马迪厄斯三世（Victor Amadeus Ⅲ）麾下撒丁岛军队里的一名军官，也是后来萨伏依－皮埃蒙特地区的治理长官，他在著作《战术与策略的考量》（1778）中指出，由于地图是可能存有缺陷的，因此将领们需要实地了解地形。

跨越大洋

从18世纪50年代开始，跨洋战争越来越受到各国的重视，自1754年后，跨洋战争对于在北美洲有殖民地的英国和法国来说尤为重要。北美洲的主战区有时甚至绵延数百英里（1英里约等于1.6千米），这在今天看来也是不可思议的。英军和法军不得不千里行军，远距离地穿越那些荒凉的旷野。行军途中大部队很有可能疲惫不堪，也很容易受到敌方游击队的战术攻击。敌方通常会派出可以快速移动的分遣小队，对行军途中的大部队的侧翼进行小规模的伏击，然后迅速撤离。因此，行军指挥官们需要结合军事地图来计划合适的路线和作战地形，还要给军队士兵们传达战术知识，避免发生行动过于缓慢而暴露在敌军火力下的危险情况。

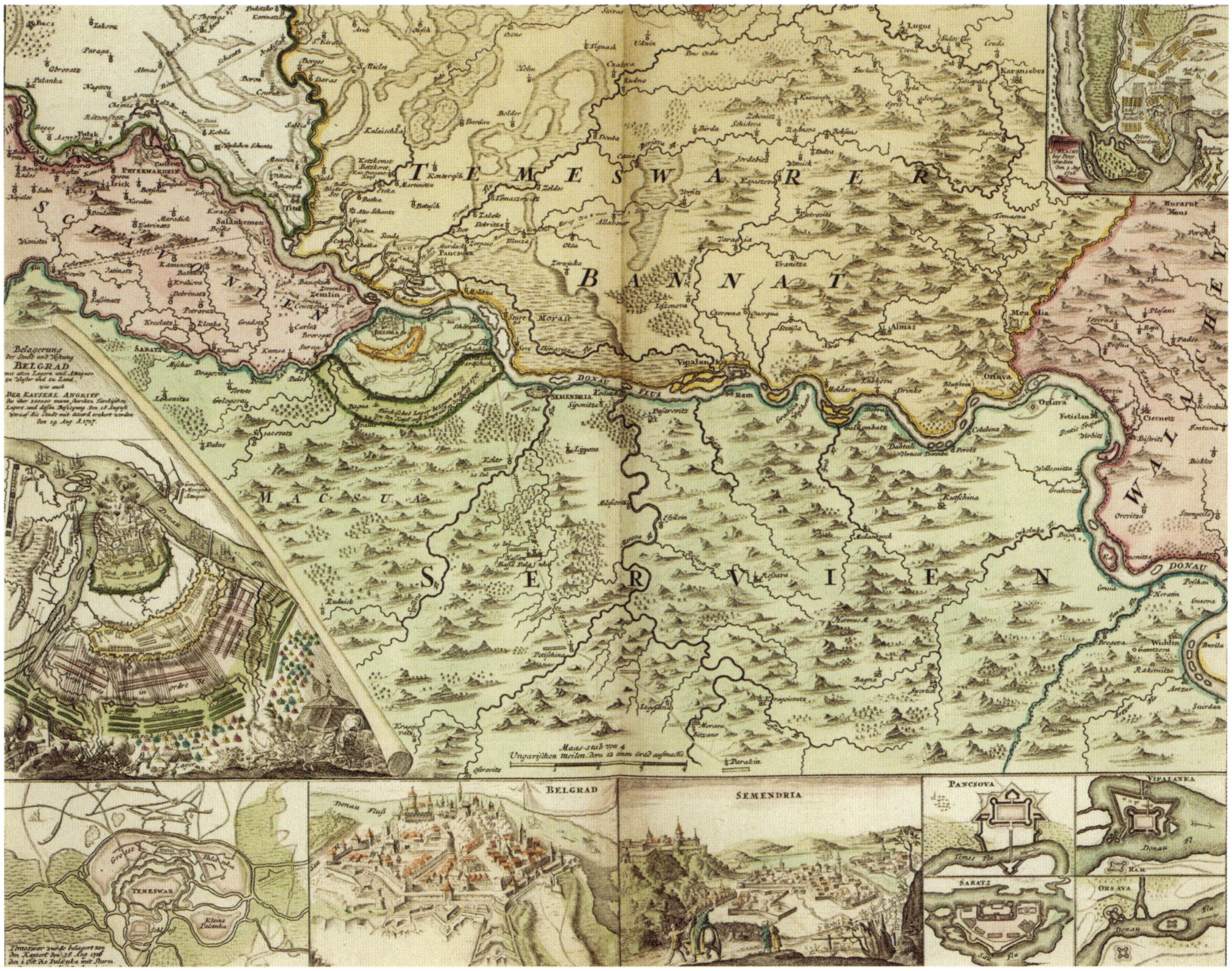

▲
庆祝奥地利的胜利〔约翰·巴普蒂斯特·霍曼（Johann Baptist Homann），1720 年〕

在 1716 年至 1718 年的奥土战争结束后，纽伦堡著名制图师约翰·巴普蒂斯特·霍曼制作了一幅展示此次战争里的主要战役和防御堡垒的地图，这幅地图由战场地图和说明性的插图构成。1716 年 8 月 5 日，在欧根（Eugene）亲王的带领下，奥地利军队在贝尔格莱德西北部、多瑙河（Danube）右岸的奥地利基地彼得罗瓦拉丁〔Petrovaradin，即彼得瓦顿（Peterwardein）〕击败了土耳其人。战役成功的关键在于奥地利人巧妙地应用了骑兵作战。欧根接着向防御力量强大的蒂米什瓦拉堡垒发起了进攻，这个堡垒在 17 世纪 90 年代时成功抵御了奥地利人的入侵，并对来自匈牙利东部的大部分侵略有着抵御和震慑作用。然而，10 月 6 日，蒂米什瓦拉堡垒在经历了猛烈的轰炸之后失守了。1717 年 6 月，欧根在重新发起进攻时，途经贝尔格莱德东边多瑙河上的浮桥，随即陷入了包围战中。攻击他们的是一支土耳其救援部队，双方不分胜负，开始了长时间的拉锯战。直到 8 月 16 日，奥地利人在迷雾天气里与土耳其军进行了一场混战，才将土耳其人打败。贝尔格莱德守军至此失去了所有获得救援的机会，于是他们失守了。1716 年和 1717 年的两场战役说明，无论防御措施有多严密，最终决定一座堡垒命运的还是关键性战役，如果不能在战败时及时得到援军的帮助，防御部队最终就会面临弹尽粮绝的命运。此外，战斗失败会导致守军士气丧失，从而促使他们最终选择投降。

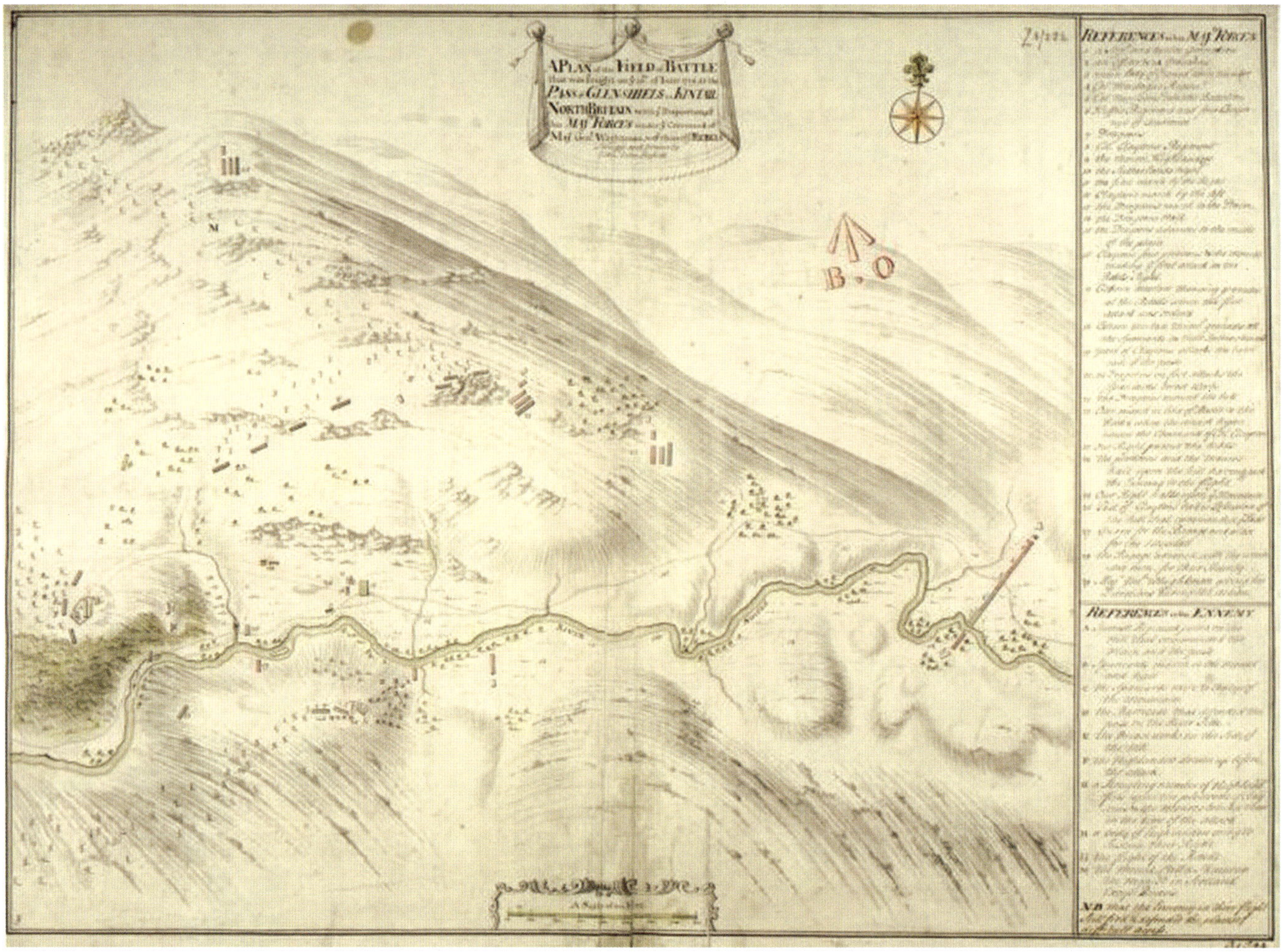

▶

希尔河谷战役地图（琼·亨利·巴斯蒂特，1719 年）

这张希尔河谷战役地图的特点是地形描绘十分清晰，详细的细节还原了大部分的战役现场。1719 年，在马歇尔伯爵乔治·基思（他是一名詹姆斯党人）的带领下，载着 300 名西班牙士兵的两艘护卫舰抵达了苏格兰。舰队的主要目的是入侵英国，此行则是为了攻击此时位于苏格兰的英军。然而，西班牙人的进攻计划因为一场猛烈的风暴戛然而止。而后大部分高地国家纷纷放弃继续支持马歇尔伯爵，英国政府则迅速果断地派出了援军。双方于 6 月 10 日在希尔河谷交战，此时仍有 1 850 名士兵的西班牙詹姆斯党军队占据了理想防御位置，这使他们保留了进攻实力；但是英国少将怀特曼带领 1 100 名政府兵抢占了作战先机，并在迫击炮的协助下成功地袭击了西班牙军的侧翼。詹姆斯党军被迅速瓦解了，西班牙人选择投降，这些高地人就这样被狠狠揍了一顿之后回了老家。

在北美及其他战场上，地图的缺失可能会造成严重的后果。例如，1764 年，在荷兰人攻入斯里兰卡〔Sri Lanka，即锡兰（Ceylon）〕中部区域时，由于缺乏可以使用的地图，这场战役以失败告终。斯里兰卡的康提国（Kandy）长期以来一直在抵抗欧洲人对海岸线地区的入侵——葡萄牙人和荷兰人先后试图入侵康提的沿海地区。在 1764 年的败仗之后，荷兰总督鲁伯特·扬·巴伦·范埃克（Lubbert Jan baron van Eck）下令制作了新的作战地图。到了 1765 年，荷兰人卷土重来，发起了新的入侵行动。他们用更加轻便的弯刀取代了沉重的铁剑和刺刀，这让军队能够轻装上阵，行动更加迅速，进而取得了作战的主动权，同时还可以减少伤病士兵给行军带来的影响。荷兰人最终取得了胜利，他们在新地图的指引下顺利攻入了康提城，那时，康提军队已不得不弃城逃亡。康提人是拒绝作战才导致城池失守的，但荷兰人占领康提之后，也疏于去治理这个由于疾病肆虐和外族入侵而变得非常棘手的国家。1766 年，康提迎来了和平，此后直到 1815 年英国人在此地肆虐，其间康提国再未沦陷。因此，对于更广泛意义上的军事综合能力而言，地图仅在某一特定层面有着重要作用。而其他方面的军事能力上的细微差距，导致了欧洲各大国在征服世界的策略上做出了截然不同的选择。

在北美洲，欧洲指挥官们开始下令编制勘测图和路线图。勘测图可以快速生成地理信息，但据此所制的地图通常是粗糙的。例如，在 1775 年 2 月，也就是邦克山战役的几个月前，英军总司令托马斯・盖奇（Thomas Gage）中将派出两个业余勘测员到波士顿（Boston）附近的乡村地区进行勘探，他们制作出来的就是较为粗糙的军用地图，但波士顿是英国驻军的关键地点，也是引起政治争论的核心区域。

路线图

具有特殊意义的路线图通常是由专业军事测绘师绘制的，在参考了勘测图中出现的情报后，路线图可以为军队列出几条可供选择的行军路线。这些地图的基础素材是用科学方法进行地形调查得来的（或已经存在的）各类地理信息。路线图的制作是很有目的性的，通常从已选定的具体线路开始绘制，且须具体到军队每一天的行军进程，在哪儿能找到最合适的扎营地，以及如何在行军中进行补给等内容。因此，记录行军路线上的精确距离和周遭环境的详尽特征显得尤为重要。

18 世纪出现过的最好的路线图，应当是 1781 年由罗尚博（Rochambeau）伯爵的工程师们为法军苦心绘制的路线图。当时的法军计划从罗得岛州（Rhode Island）纽波特（Newport）出发行进至弗吉尼亚州（Virginia）约克镇（Yorktown）的英军所在之处，发起袭击。这条精心选择的远征路线不但确保了行军速度，还做了很好的保密工作，能确保法军在恰当的时间点到达目的地的同时不会被英国人察觉。因此，乔治・华盛顿（George Washington）在约克镇的战争中才有了压倒性的优势力量来应对康沃利斯（Cornwallis）伯爵领导下的英军。无论是否有特制地图（或已有地图）的帮助，行军计划都是军事活动的一个关键组成部分。

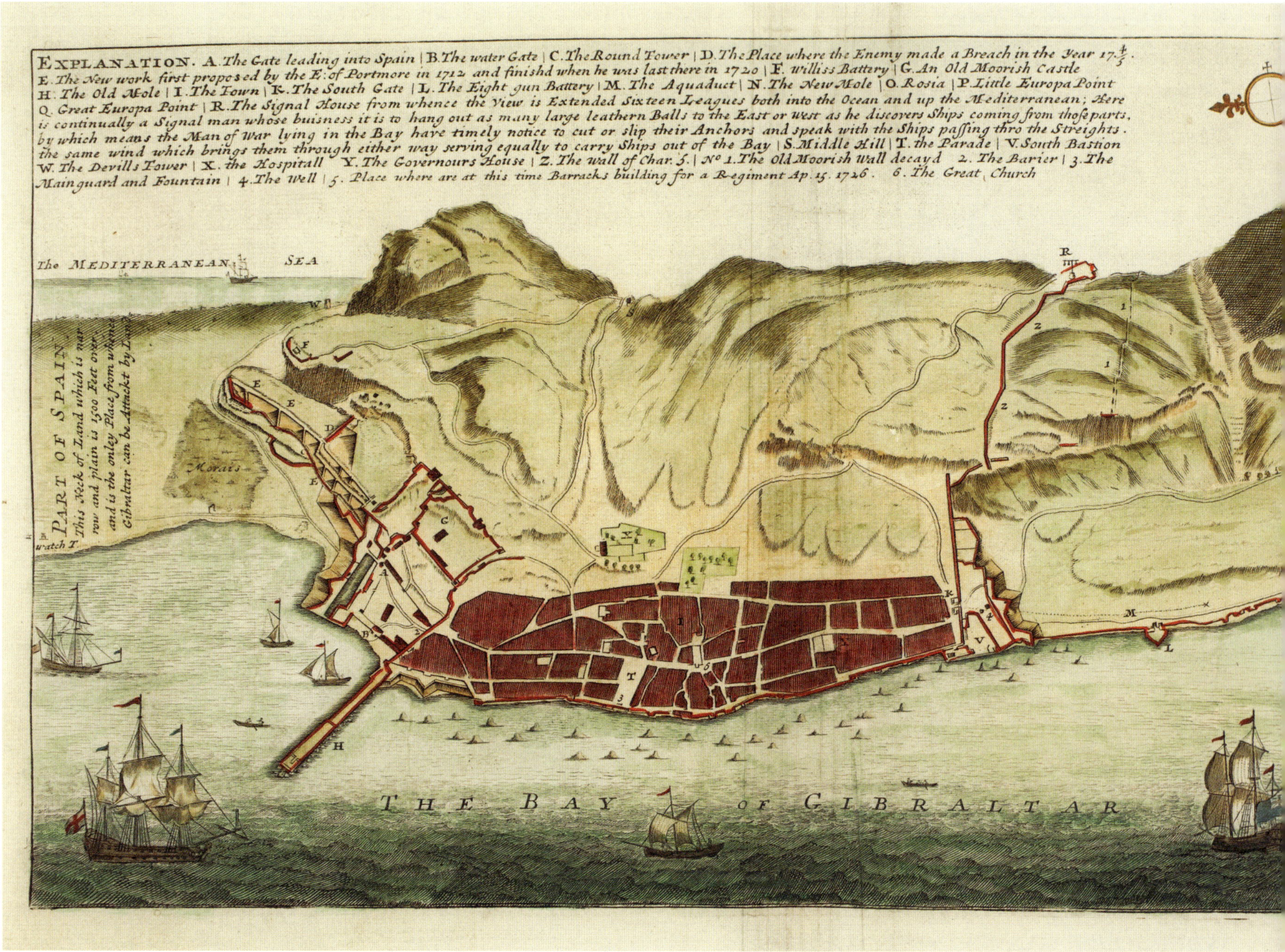
EXPLANATION. A.The Gate leading into Spain | B.The water Gate | C.The Round Tower | D.The Place where the Enemy made a Breach in the Year 17 4/5.
E.The New work first proposed by the E: of Portmore in 1712 and finishd when he was last there in 1720 | F. Williss Battery | G.An Old Moorish Castle
H.The Old Mole | I.The Town | K.The South Gate | L.The Eight gun Battery | M.The Aquaduct | N.The New Mole | O.Rosia | P.Little Europa Point
Q.Great Europa Point | R.The Signal House from whence the View is Extended Sixteen Leagues both into the Ocean and up the Mediterranean; Here
is continually a Signal man whose buisness it is to hang out as many large leathern Balls to the East or West as he discovers Ships coming from those parts,
by which means the Man of War lying in the Bay have timely notice to cut or slip their Anchors and speak with the Ships passing thro the Streights.
the same wind which brings them through either way serving equally to carry Ships out of the Bay | S.Middle Hill | T.the Parade | V.South Bastion
W.The Devills Tower | X.the Hospitall Y.The Governours House | Z.The wall of Char. 5. | No 1.The Old Moorish Wall decayd 2.The Barier | 3.The
Mainguard and Fountain | 4.The Well | 5.Place where are at this time Barracks building for a Regiment Ap.15.1726. 6.The Great Church
The MEDITERRANEAN SEA
PART OF SPAIN
This Neck of Land which is narrow and plain is 1500 Feet over and is the onley Place from whence Gibraltar can be Attackt by Land
Morass
Watch T.
THE BAY OF GIBRALTAR

The North end of the Hill is 1355. Feet high
Willis's Battery 463 Feet high from the High water mark
Vol. 11. P. 704
0 500 1000
A Scale of 1000 Feet
The Streights Mouth
The Arms of Gibraltar
A New and Exact PLAN of GIBRALTAR &c
with all its FORTIFICATIONS as they are at Present. Shewing the Great Strength and Use of it. &c.
Humbly Inscribed to ye Rt. Honble the Earl of PORTMORE.
By H. Moll G.
Sold By H. Moll over against Devereux Court, between Temple Bar, and St. Clements Church

◀

围城战中的直布罗陀（Gibraltar）堡垒〔赫尔曼·莫尔（Hermann Moll），1727 年〕

1727 年，在直布罗陀堡垒被西班牙人包围之后，赫尔曼·莫尔绘制了《新版直布罗陀的详细防御计划》（*A New and Exact Plan of Gibraltar*）。直布罗陀曾于 1704 年在英军的水陆夹攻中沦陷。这之后，这个堡垒的布防基本依靠海军方面做出的部署和行动，特别是在 1704 年和 1705 年。但随后直布罗陀也新建了一系列坚实的防御工事。海军和防御工事的有效结合确保了直布罗陀不会在英军和西班牙军的一系列冲突中受到太大损害。1727 年，西班牙军在围城战中由于受到敌军封锁和轻型炮弹的袭击，并没有坚持到最后，这与 1779 年至 1783 年那次大规模的长期包围战不同。那场战争中，直布罗陀守军不得不变换多种防御计划进行抵御。

FRONTISPICE.
LA VOLHYNIE SUPERIEURE
LA VOLHYNIE
LA VOLHYNIE INFERIEURE
PARTIE DE POLOGNE
PARTIE DE L'UKRAINE
LA PODOLIE SUPERIEURE
LA MOLDAVIE
LA TARTARIE DES BUDCZIAQUE
LA WALACHIE
PARTIE DE LA BULGARIE
LA MER NOIRE
TARTARIE DU CUBAN
TAMAN
THEATRE de la GUERR
entre
les RUSSES
et
les TURCS.
dans les années. 1736.173

战略与计划

地图在战略讨论和军事计划中发挥了不小的作用。1712 年，在关于如何结束西班牙王位继承战争（1701—1714）的谈判会议上，法国外交大臣托尔西（Torcy）曾引导英国外交大臣博林布罗克（Bolingbroke）看向地图上的阿尔卑斯地区，并和他讨论萨伏依的维克托·阿马迪厄斯二世（Victor Amadeus Ⅱ）在此地区造成的战略威胁。

记者托比亚斯·斯摩莱特（Tobias Smollett）在他的小说《汉弗莱·克林克》（*Humphry Clinker*，1771）中进一步明确了地图信息对于军队的重要性。他在书中嘲弄了曾于 1724 年[①]至 1756 年及 1757 年至 1762 年任英国首相的纽卡斯尔公爵托马斯（Thomas），并虚构了一次“七年战争”（1756—1763）伊始时对战略位置的讨论。

这个可怜的愚蠢的家伙惊恐地告诉我，有三万法国士兵已经从阿卡迪亚〔acadia，位于加拿大新斯科舍省（Nova Scotia）〕行进至布雷顿角（Cape Breton）。

“他们是在哪儿找到的交通工具？”我说。

“交通工具！”他叫道，“我都告诉你了，他们是从陆地上走过来的。”

“从陆地上走到布雷顿角岛上？”

“什么！布雷顿角是一个岛吗？”

“当然是啊。”

“哈，你确定吗？”

当我在地图上向他指出这个岛屿时，他戴着眼镜认真仔细地察看了一遍，然后给了我一个拥抱：“我亲爱的克林！你总是给我们带来好消息——天呐，我这就去告诉国王布雷顿角是个岛！”

而在现实中，纽卡斯尔公爵对地图的理解程度已经无法考证。的确，描绘 18 世纪时政要们是如何使用地图的史料是比较罕见的。在 1787 年的荷兰危机中，由小威廉·皮特（William Pitt the Younger）领导的英国内阁提出了一条建议（附有一幅地图）。这个建议是由第三任里士满公爵查尔斯（Charles）和英国驻海牙特使詹姆斯·哈里斯（James Harris）爵士一起提出的，里士满公爵同时还是英军军械局局长及全国地形测量行动的赞助者。里士满公爵谈到了军事行动，他觉得需要一幅德国地图——范围应从卡塞尔（Cassel）、汉诺威（Hanover）到荷兰，还应囊括从日韦（Givet）到马斯特里赫特的区域。第一条路线就是从卡塞尔和汉诺威派出援救部队协助奥兰治人的行军路线；而第

① 应为 1754 年，系作者笔误。——编者注

◀左页
1736 年至 1737 年的乌克兰战区〔J. J. 罗尔夫森（J. J. Rolffsen），约 1780 年〕

1736 年，俄罗斯向土耳其宣战。在他们的主要火药库爆炸后，俄军开始抢占亚速海（Azov）地区，并入侵了克里米亚（Crimea）。他们有计划地夜袭了克里米亚边境的彼列科普（Perekop）地峡入口处的防御工事。俄国人的入侵成功了，他们占领了克里米亚的城镇，烧毁了可汗的宫殿。然而，他们随后遭受了鞑靼人（Tatar）的焦土策略的折磨，克里米亚的鞑靼人不惜烧毁庄稼、在井水里下毒以造成俄军缺水断粮。俄国人还面临着疾病和高温的威胁。第二年，伯克哈德（Burkhard）将军领导俄军占领了布格河（Bug）河口处的奥恰科夫（Ochakov）堡垒。这次，他们又遭到了鞑靼人的牵制，后者焚毁了布格河和德涅斯特河（Dniester）之间的所有草地。随之而来的后勤和疾病问题导致俄军节节败退。

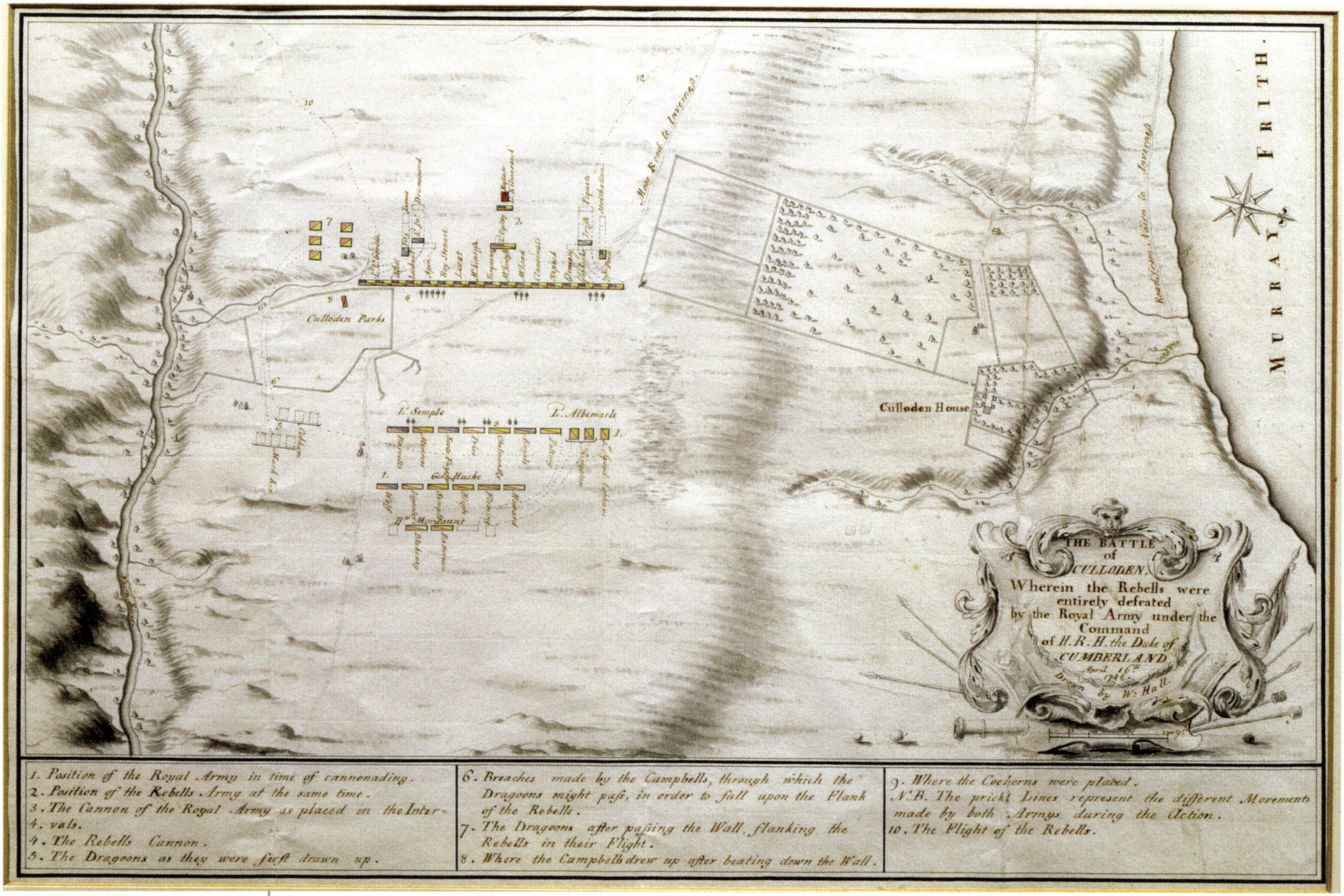
MURRAY FRITH.
Culloden Parks
Culloden House
Main Road to Inverness
Road from Nairn to Inverness
THE BATTLE of CULLODEN, Wherein the Rebells were entirely defeated by the Royal Army under the Command of H.R.H. the Duke of CUMBERLAND April 16th 1746. Drawn by W. Hall.
1. Position of the Royal Army in time of cannonading.
2. Position of the Rebells Army at the same time.
3. The Cannon of the Royal Army as placed in the Inter-
4. vals.
4. The Rebells Cannon.
5. The Dragoons as they were first drawn up.
6. Breaches made by the Campbells, through which the Dragoons might pass, in order to fall upon the Flank of the Rebells.
7. The Dragoons after passing the Wall, flanking the Rebells in their Flight.
8. Where the Campbells drew up after beating down the Wall.
9. Where the Coehorns were placed.
N.B. The prickt Lines represent the different Movements made by both Armys during the Action.
10. The Flight of the Rebells.

▲

1746 年 4 月 16 日的卡洛登战役地图〔威廉·霍尔（William）〕

这一战役计划更关注军事单位的具体位置，而不是詹姆斯党军在冲锋后无法击溃坎伯兰（Cumberland）军所要面临的战斗形势。战役中的詹姆斯党人的火力是很薄弱的，这就大大减少了他们击败强大对手的可能性。由于地势平坦，加之詹姆斯党人没有任何破坏性火力，所以英军的射击速度提升了。许多因素导致了詹姆斯党人在此次战斗中的混乱场面：行军路线的歪曲倾斜，洼地过多，枪支产生的烟雾导致视野受限，以及每支行进部队在独自行动时遇到的困难。坎伯兰公爵记录道："由于无法对我军造成任何影响，他们怒不可遏，开始向我军投掷石块，至少一两分钟后，他们才开始全面溃败。"

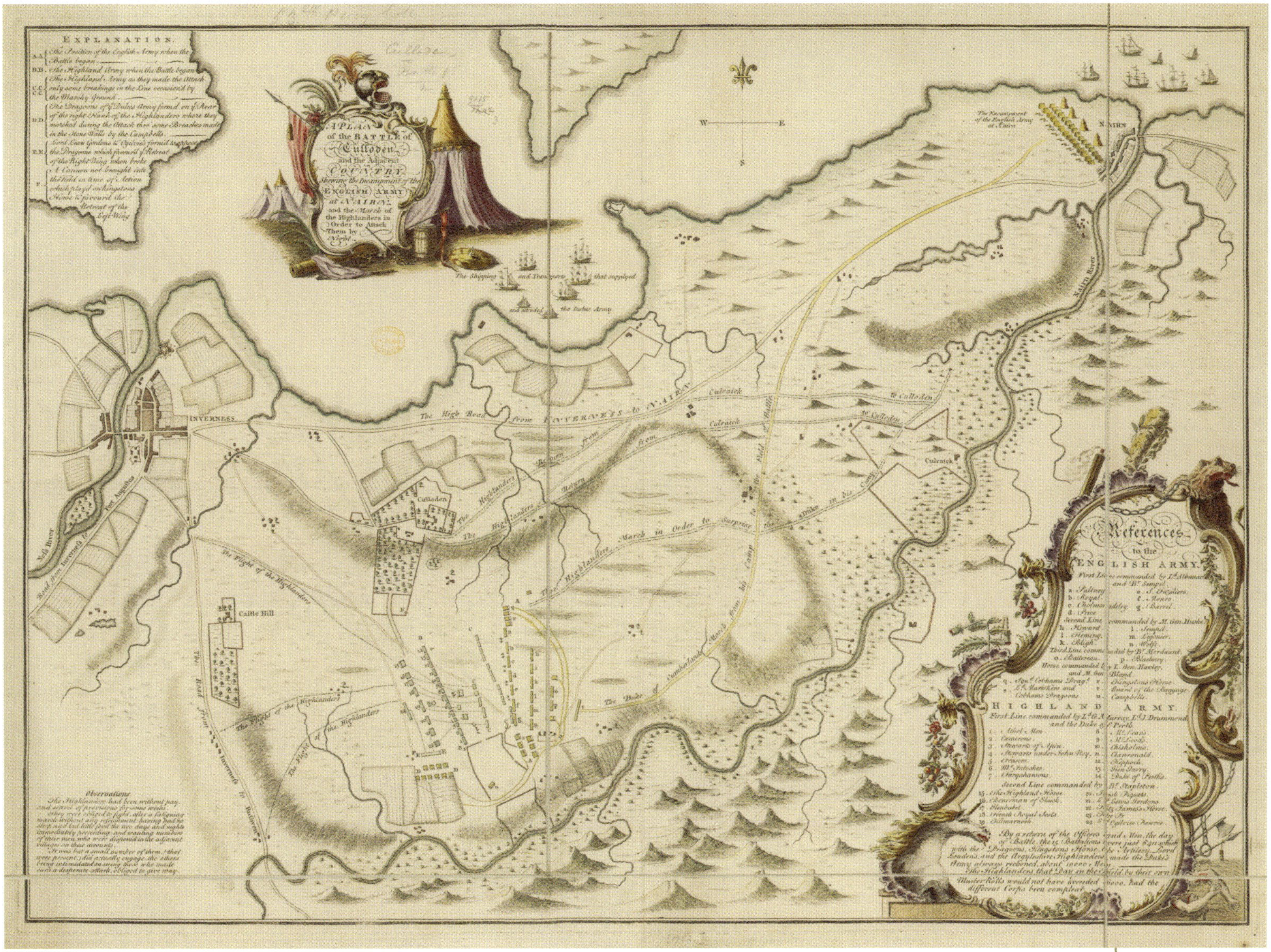

▲

卡洛登及其附近的乡村〔J. 芬利森（J. Finlayson），1752 年〕

1746 年 4 月 12 日，坎伯兰公爵成功地从斯佩河（Spey）的北海（North Sea）出海口附近一个无人防守的渡口乘虚而入，开始向西进军因弗内斯。他的手下享有优厚的报酬和丰盛的伙食，因而士气高涨。而此时詹姆斯党人已经开始断粮缺草，士气低落，状态截然相反。4 月 14 日，坎伯兰公爵到达了奈恩（Nairn）。4 月 15 日晚至 16 日凌晨，查尔斯·爱德华（Charles Edward）试着对坎伯兰的部队发动夜间袭击，但由于缺乏周密的计划，错失了这次良机，他们最终放弃了这次袭击。到了 16 日，双方都已做好了战斗的准备。

▶

古巴的英军营地（1741 年）

这幅关塔那摩湾（Guantánamo Bay）的英军基地地图，并没有透露出英国入侵古巴失败的原因。英军做好了袭击圣地亚哥（Santiago）主要港口的计划之后，却在离港口 80 英里（约 128.75 千米）外的一个海湾登陆了。然后他们做出了一个比较愚蠢的决定：长距离地穿越危险荒凉的丛林，而那儿正是西班牙人进行游击战的理想之地。英军的士兵染上了严重的疾病，他们还未到达目的地就不得不原路返回了。圣地亚哥最终在 1898 年美国人的袭击中沦陷。同样地，1741 年英国对卡塔赫纳〔Cartagena，现代哥伦比亚（Colombia）境内〕和巴拿马（Panama）的袭击计划也先后失败了。

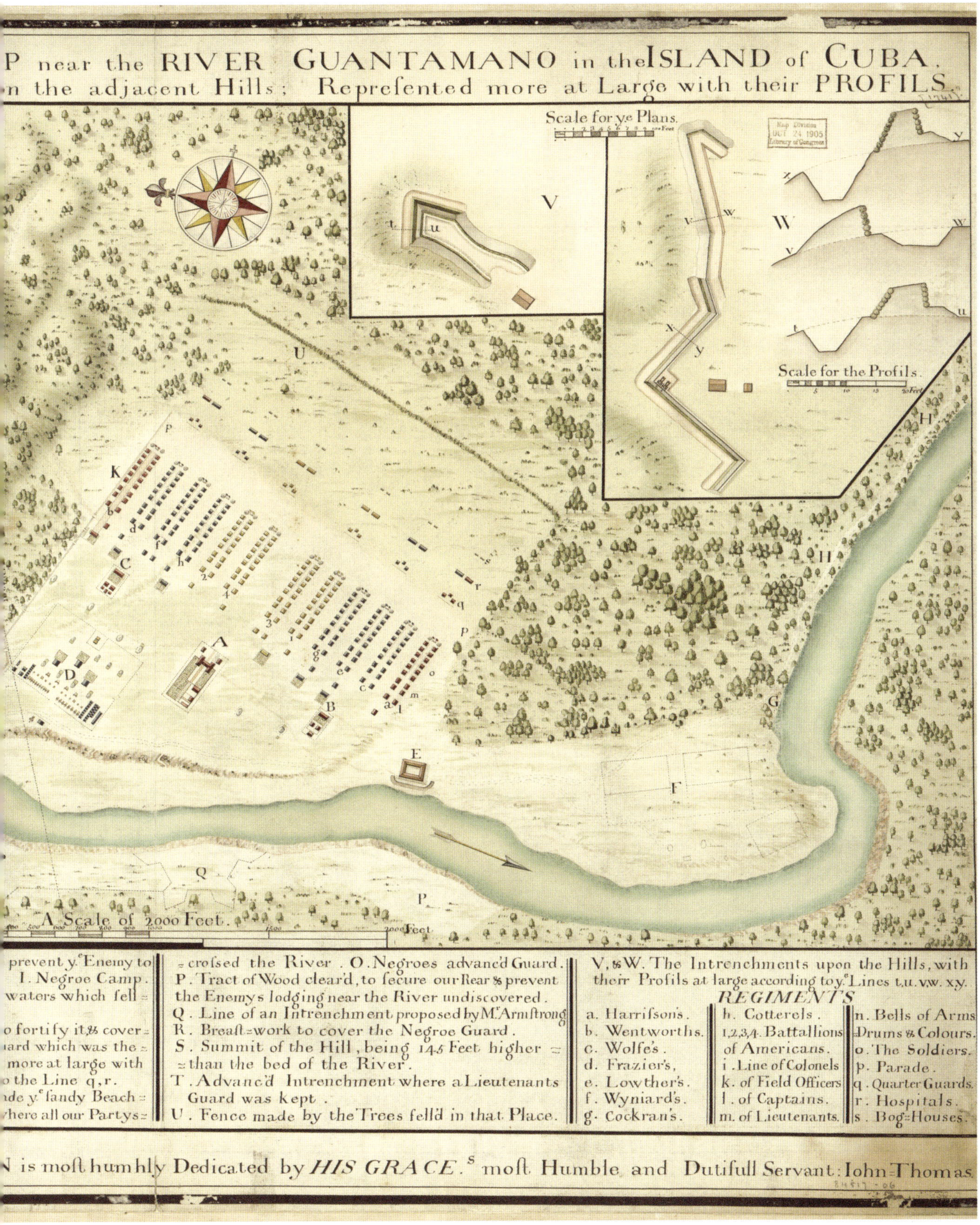

P near the RIVER GUANTAMANO in the ISLAND of CUBA.
n the adjacent Hills; Represented more at Large with their PROFILS.
Scale for ye Plans.
Scale for the Profils.
A Scale of 2000 Feet.
prevent y.e Enemy to
I. Negroe Camp.
waters which fell =
o fortify it, & cover =
uard which was the =
more at large with
o the Line q, r.
de y.e sandy Beach =
here all our Partys =
= crossed the River. O. Negroes advanc'd Guard.
P. Tract of Wood clear'd, to secure our Rear & prevent the Enemys lodging near the River undiscovered.
Q. Line of an Intrenchment proposed by M.r Armstrong
R. Breast=work to cover the Negroe Guard.
S. Summit of the Hill, being 145 Feet higher = than the bed of the River.
T. Advanc'd Intrenchment where a Lieutenants Guard was kept.
U. Fence made by the Trees fell'd in that Place.
V, & W. The Intrenchments upon the Hills, with their Profils at large according to y.e Lines t,u. v,w. x,y.
REGIMENTS
a. Harrisson's.
b. Wentworths.
c. Wolfe's.
d. Frazier's,
e. Lowther's.
f. Wyniard's.
g. Cockran's.
h. Cotterels.
1,2,3,4. Battallions of Americans.
i. Line of Colonels
k. of Field Officers
l. of Captains.
m. of Lieutenants.
n. Bells of Arms = Drums & Colours.
o. The Soldiers.
p. Parade.
q. Quarter Guards.
r. Hospitals.
s. Bog=Houses.
N is most humbly Dedicated by HIS GRACE.s most Humble and Dutifull Servant: Iohn=Thomas.

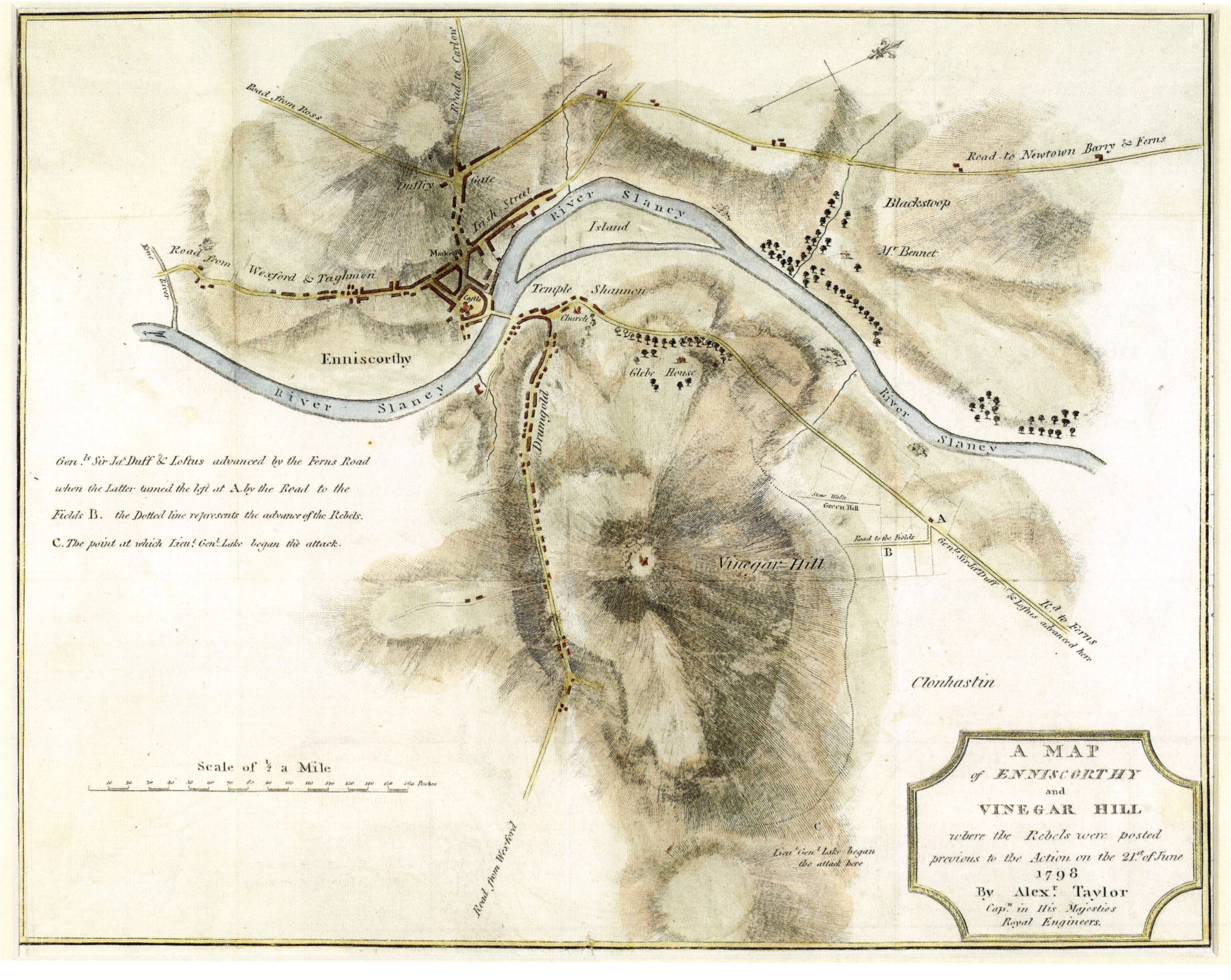
A MAP
of ENNISCORTHY
and
VINEGAR HILL
where the Rebels were posted
previous to the Action on the 21st of June
1798
By Alexr. Taylor
Capn. in His Majesties
Royal Engineers.
Genls. Sir Jas. Duff & Loftus advanced by the Ferns Road
when the Latter turned the left at A by the Road to the
Fields B. the Dotted line represents the advance of the Rebels.
C. The point at which Lieut. Genl. Lake began the attack.
Scale of ½ a Mile
Road from Ross
Road to Carlow
Road to Newtown Barry & Ferns
Duffry Gate
Irish Street
River Slaney
Island
Blackstoop
Mr. Bennet
Road from Wexford & Taghmon
Temple Shannon
Church
Enniscorthy
Glebe House
Drumgold
Vinegar Hill
Road to the Fields
Rd. to Ferns
Clonhastin
Road from Wexford
Lieut. Genl. Lake began the attack here

二条路线是为了阻击法国人协助其荷兰盟军可能会派出的爱国卫队。第二天，哈里斯和小皮特见面后，小皮特说道："让人拿一张荷兰地图过来，我要向他展示'尼德兰联省共和国'的具体情况。"

地图还可以展示出，如果普鲁士盟军要入侵尼德兰，从他们的莱茵兰（Rhineland）基地出发的距离；以及如果法军要代表爱国者干预荷兰人的战争，从日韦出发的距离。英国内阁的建议通过了可行性论述，他们鼓励英国采取行动支持奥兰治一方的军队。此次行动中，英军为盟友提供了海军支持，使普鲁士的入侵战争获得了胜利，而法国却没有采取支援行动。高级官员们在行动中因详细参考了地图而达到了预期效果。

事实上，在 1792 年，英王乔治三世（George Ⅲ）使用了一幅战地地图来追踪普鲁士入侵法国的路线，但这次入侵最终被一支拥有强大火炮力量的大型法国军队在瓦尔米（Valmy）阻止了。

大众的关注

战争引起了公众对地图的兴趣，出版行业也得到了商机。因此，1701 年，胡格诺教派（Huguenot）流亡人士埃布尔·博耶（Abel Boyer）在巴黎出版了《用地理分析法描绘欧洲那些最卓越的防御工事及它们所经历过的围城战》。随着波及范围广而持续时间又比较漫长的西班牙王位继承战争的开始，18 世纪的这个时期是利于商业发展但国际局势又十分紧张的时期。4 年后，尼古拉斯·德费尔（Nicolas de Fer）在巴黎出版了关于防御工事修筑计划的《欧洲强化计划》标准版本，这本书的首次出版是在 1690 年至 1695 年间，正值"九年战争"期间。

1781 年，亨利·劳埃德（Henry Lloyd）在他的《普鲁士国王与德国皇后及其同盟之间的德国战争史的延续》的宣传资料中指出：

> 为了从某个视角阐明本书独特的思考和描述，同时从一般军事历史的角度出发，我们正在制作一幅大范围的版画地图。这幅地图可以帮助读者们直观理解沿着子午线从巴黎到圣彼得堡（St. Petersburg），以及沿着纬线从巴黎直到君士坦丁堡之间的国家的具体关系。在这一过程中，我们将从每个国家的边界线出发，按照自然地形追踪每次军事行动的路线。同样涉及的还有书中每支军队采取过的军事行动的路线。这可以使读者直观地判断军队行动的时机和适当性。我们将向每个购买本书的人赠送这幅地图。

以个人名义出版地图的具体原因已不易追溯，但

◀左页

威里格山（Vinegar Hill）战役地图〔J. 哈迪（J. Hardy），1798 年〕

威里格山位于恩尼斯科西（Enniscorthy）的韦克斯福德（Wexford）县附近，这幅威里格山战役的计划图显示出了 1798 年 6 月 21 日双方军队所在的位置。这场战役是 1798 年爱尔兰起义中的一场关键战役，最终，装备更好也更加强大的英国军队赢得了胜利。如乌合之众一般的韦克斯福德叛军集中在威里格山上，在失去了战略主动权的同时，还让英军增援部队抓住先机，于 6 月 16 日在沃特福德（Waterford）附近顺利登陆。英军杰勒德·莱克中将（Gerard Lake）成功集结了两万兵力和一队重型炮兵，在 6 月 21 日袭击了 9 000 名叛军，并使用炮兵对他们造成了重创。叛军坚持战斗了两个小时后伤亡惨重，最后在弹药耗尽时选择撤退。叛军头目被击杀了。在失去了凝聚力之后，叛军在随后英国政府发起的惩罚行动中损失惨重。起义就这样被镇压了。

右页▶
马德拉斯（Madras）围城战地图〔莫里耶·安托万·莫铁（Maurille Antoine Moithey），1750年〕

这幅彩色地图描绘了1746年法军的一场胜仗，在来自毛里求斯（Mauritius）殖民地的法军战舰的援助下，1 200名法国正规军在仅仅两天的围攻战之后便占领了圣乔治堡。战争中，守军仅有六人死亡，而该区域的英国舰队拒绝去攻击规模更大的法国舰队。法国在1748年基于《第二亚琛和约》（*the Peace of Aix-la-Chapelle*）的约定，归还了马德拉斯城。在同一条约里，英国人归还了布雷顿角的路易斯堡（Louisbourg）。马德拉斯从此再未卷入战争。

这些在战时出现的地图还是可以引起读者们的兴趣。因此，在1708年，亨利·普拉特（Henry Pratt）的爱尔兰挂式地图开始在伦敦宣传并销售，价格是每幅1基尼（约为今天的1.05英镑）。这是一幅可以让大众——不论是政府官员还是城市平民——实时了解爱尔兰地区战争形势的地图。它描绘了该地区的道路和各个兵营，地图的两侧则标明了要塞〔例如金塞尔镇（Kinsale）〕和城墙的城市规划。此外，德罗赫达城（Drogheda）的地图旁还有在该城附近发生的博因河（Boyne）战役的军事计划。这是一场发生在1690年的关键性战役，战争结果是威廉三世（William Ⅲ）击败了詹姆斯二世（James Ⅱ）。

在许多情况下，特制地图出现的原因是很明确的。1727年，雅克·奥扎南（Jacques Ozanam）所著《防御工事专著》的第二版在伦敦出版，其中加入了赫尔曼·莫尔所绘制的《新版直布罗陀的详细防御计划》中的内容——那一年的西班牙围城战让这个计划成了热议话题。此外，这个版本的《防御工事专著》的出版是为了响应1725年至1727年的更普遍化的国际危机。1726年至1727年间爆发大规模战役的局面似乎已经不可避免。

出版物还给人们提供了讨论防御工事技术的可能性，伯纳德·福里斯特·德贝利多尔（Bernard Forest de Belidor）的《防御工事与民用建筑中的工程学》（1729）就是很好的例子。对军事工程的讨论（尤其是在法国）说明了最佳战术往往是具有争议性的。

人们越来越倾向于在所绘空间更大的地图中解读围城战，因此，西班牙的王位继承战争催生了如《布拉班特和佛兰德斯军队作战时的实地地图》（1705）等出版物。在这张详尽的地图中，作者绘制出了第一任马尔伯勒（Marlborough）公爵约翰指挥下的英荷德三国盟军的行进路线，同样出现的还有他们的敌人法国军队的行进路线。随后，约翰·哈里斯（John Harris）也出版了《以最精确的观察为基础的新欧洲地图》，书中的插图里含有1704年布莱尼姆战役和1706年拉米伊战役的军事计划，这两场战役的胜利是马尔伯勒公爵最终得胜的关键所在。

当出版物里涉及特定的战役时，也会配上地图，目的是使读者能够理解战争的大背景和战斗过程。因此，1745年詹姆斯党人起义后的一场重要战役——1746年的福尔柯克（Falkirk）之战，被绘成一幅展示战场区域的纪念地图。这幅地图还附有一份福尔柯克战役的军事规划，还有同年的卡洛登战役的军事计划。卡洛登战役是另一单独印刷的重要战役主题。在卡洛登战役中，英国于1745年在布雷顿角占领了法国在北美的主要海军基地——路易斯堡基地，随后英国出版了该地区的地图。

随着战事进展出版的战斗地图和围城地图不但能

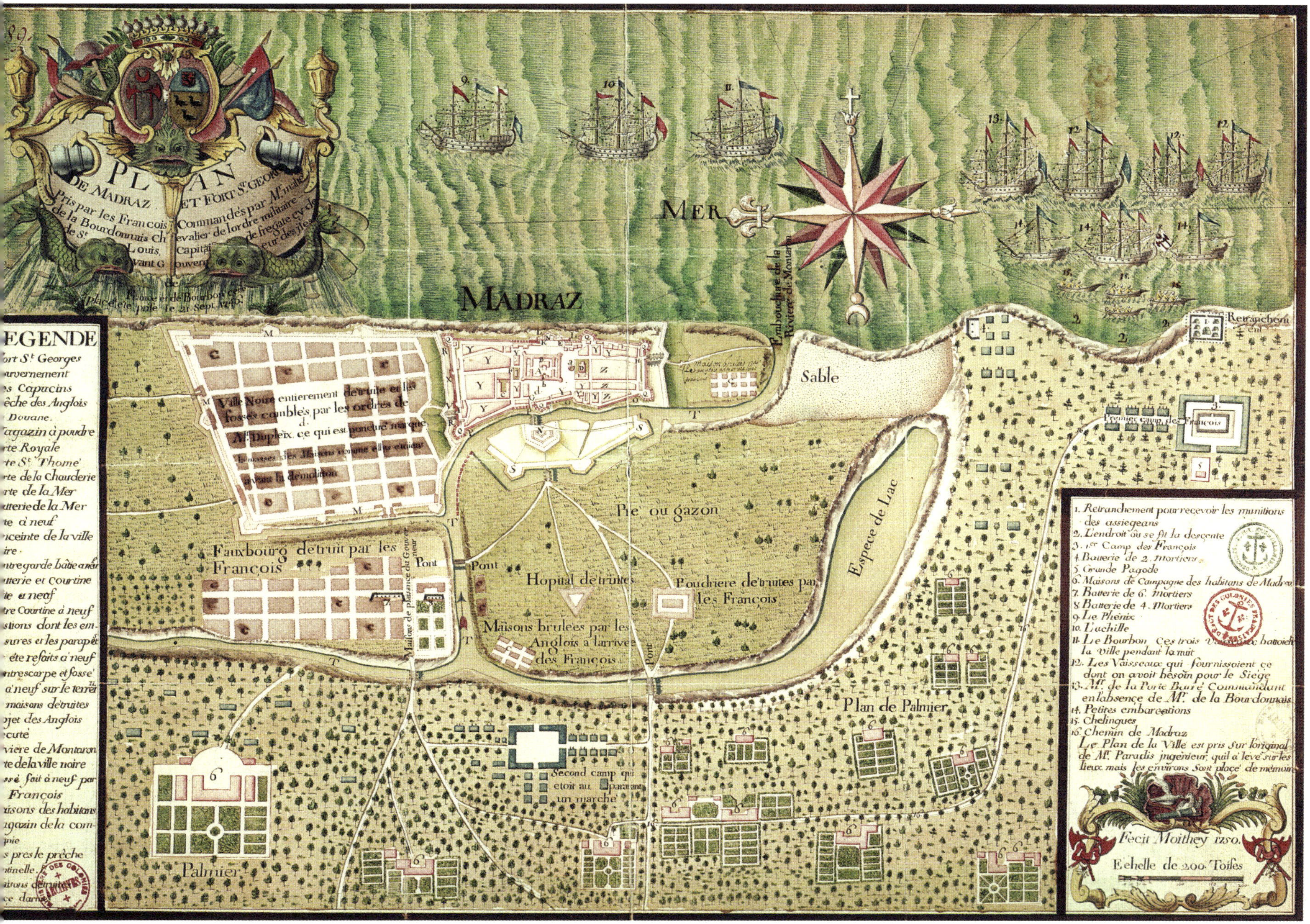
PLAN DE MADRAZ ET FORT S.T GEORGE
MER
MADRAZ
Sable
Pie ou gazon
Espece de Lac
Fauxbourg detruit par les François
Hopital detruite
Poudriere detruites par les François
Maisons brulées par les Anglois a larrivée des François
Plan de Palmier
Palmier
Pont
Premier camp des François
Second camp qui etoit au paravant un marché
LEGENDE
1. Retranchement pour recevoir les munitions des assiegeans
2. L'endroit où se fit la descente
3. 1.er Camp des François
4. Batterie de 2. Mortiers
5. Grande Pagode
7. Batterie de 6. Mortiers
8. Batterie de 4. Mortiers
9. Le Phénix
10. L'achille
14. Petites embarcations
15. Chelingues
16. Chemin de Madraz
Fecit Moithey 1750.
Echelle de 200 Toises

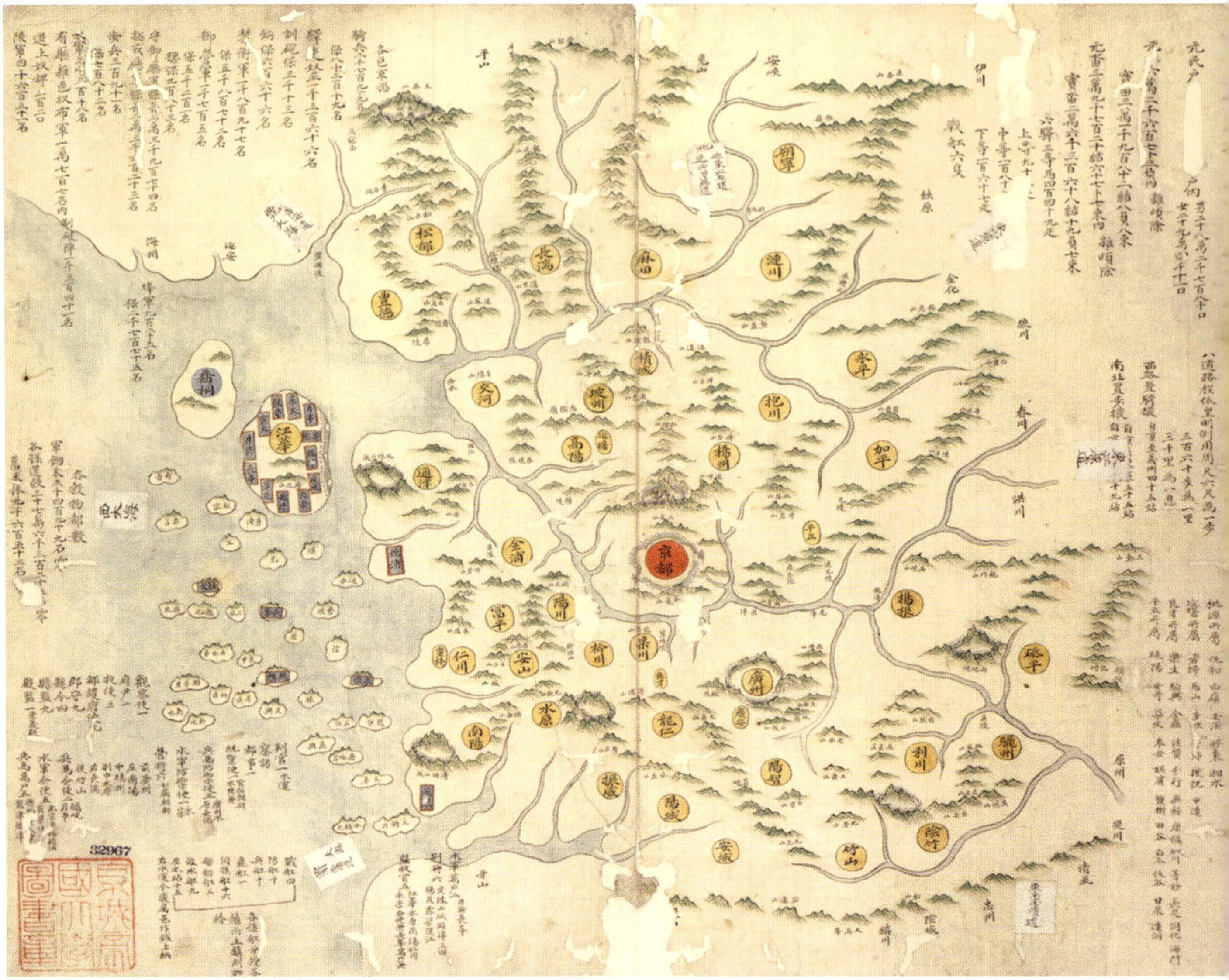

▶

京畿道（Province of Gyeonggi-do）地图（朝鲜政府，18 世纪 50 年代）

这幅朝鲜政府制作的 18 世纪 50 年代的地图展示了当时京畿道地区（首都及其邻近区域）的大体情况。地图上用红点标记的地方是首都汉城（Seoul，今首尔）。将这幅没有描绘出战争行动的地图与同时期的欧洲和北美地图相比，其军事专用地图的特性便可一览无遗。这张地图的内容包括了关键军事基地，以及几座保卫京都的堡垒在内的军事战略要点。它提供了朝鲜在治理国家时所需要的详细地理信息。

展示战争成果，还附带展示了该区域的一些战后情况。这些地图的理想形式是兼具趣味性和说明性的。因此，在昆西（Quincy）侯爵于 1726 年出版的《路易大帝（路易十八）统治时期的军事史》中，附有若干幅高质量的地图。拉米伊（Ramillies，1706）的书中则提供了对战争的一些独到解析，更好地、动态地阐明了那些战争计划的由来。

北美洲

发生在北美洲范围内的 1743 年至 1748 年，1754 年至 1760 年，以及 1775 年至 1782 年三个阶段的战争催生了更多的北美大陆地图，至少在欧洲人看来是如此，而且这些地图广为流传。因此，1755 年英法两国之间发生大规模冲突时，伦敦的《每日广告报》于 8

▲

新疆地图（1759 年）

这张地图显示了新疆地区的地形、城市、道路和军事哨所。这幅未按比例绘制的地图巧妙地抓住了地理位置和具体方位之间的关系，记录了清政府为了保卫 1755 年和 1757 年的战斗成果而做出的努力。18 世纪 50 年代，清朝沿着该地区的主要道路建立了一系列军事据点。1755 年，他们发起了两次规模达 2.5 万兵力的进军，分别是从东北部进军新疆的北线军和从更南边的甘肃经由哈密进军新疆的西线军。新疆在 1755 年至 1756 年发生了一次叛乱之后，清政府于 1757 年又重新计划了一次进攻。1759 年，清政府收复了喀什和莎车城。

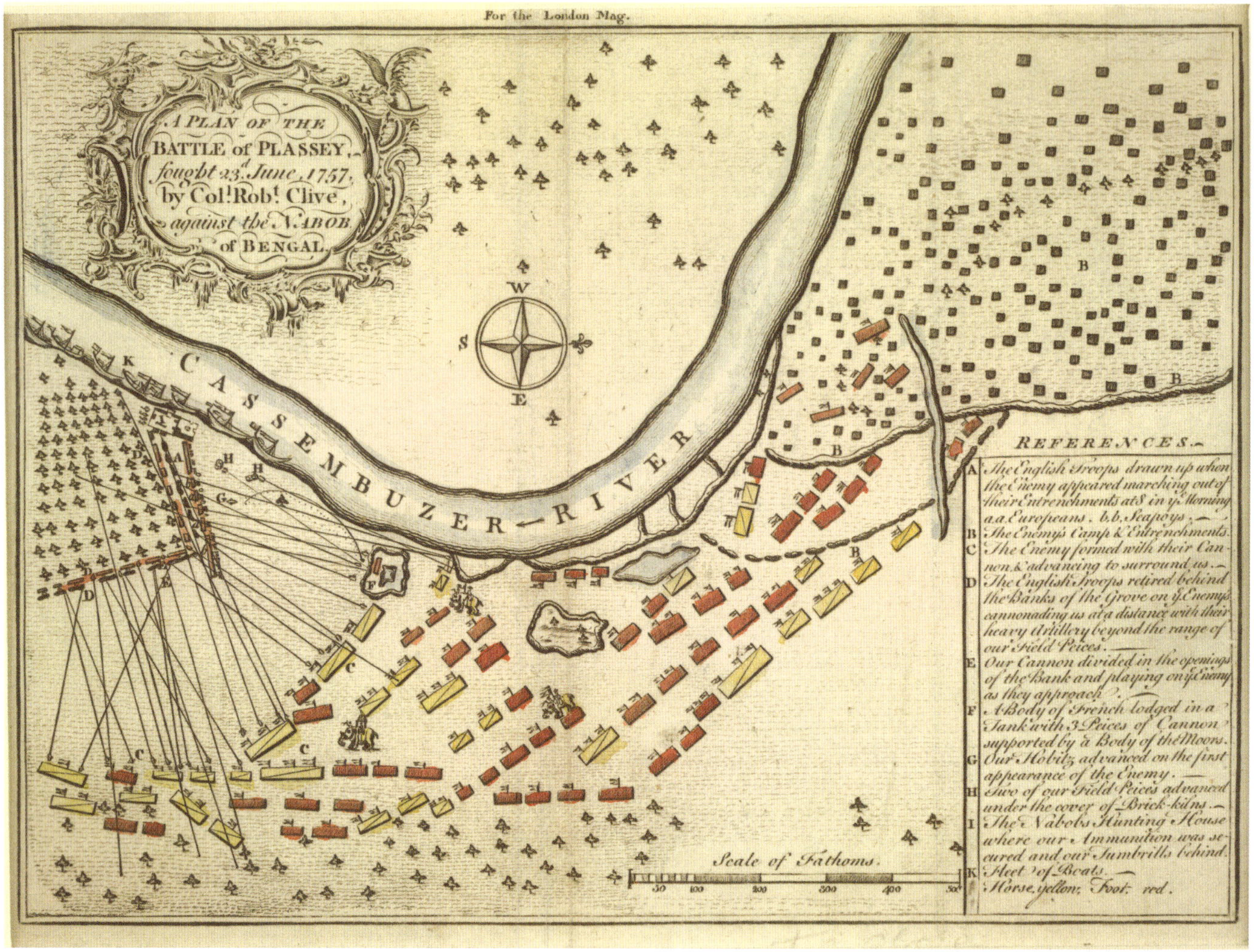
For the London Mag.
A PLAN OF THE BATTLE of PLASSEY, fought 23d June 1757, by Col. Robt. Clive, against the NABOB of BENGAL.
CASSEMBUZER—RIVER
W
S
E
REFERENCES.
A The English Troops drawn up when the Enemy appeared marching out of their Entrenchments at 8 in ye Morning a.a. Europeans. b.b. Seapoys.
B The Enemy's Camp & Entrenchments.
C The Enemy formed with their Cannon & advancing to surround us.
D The English Troops retired behind the Banks of the Grove on ye Enemy's cannonading us at a distance with their heavy Artillery beyond the range of our Field Peices.
E Our Cannon divided in the openings of the Bank and playing on ye Enemy as they approach.
F A Body of French lodged in a Tank with 3 Peices of Cannon supported by a Body of the Moors.
G Our Hobitz advanced on the first appearance of the Enemy.
H Two of our Field Peices advanced under the cover of Brick-kilns.
I The Nabobs Hunting House where our Ammunition was secured and our Tumbrills behind.
K Fleet of Boats.
Horse, yellow; Foot, red.
Scale of Fathoms.

▲

普拉西（Plassey）战役地图（18 世纪 60 年代出版）

1756 年，孟加拉（Bengal）行政长官西拉杰 · 乌德 - 达乌拉（Siraj ud-Daulah）袭击了加尔各答（Calcutta）的英军堡垒威廉堡。第二年，英军罗伯特 · 克莱武（Robert Clive）少将在向达乌拉守备的城池进军途中，于 6 月 23 日在普拉西村附近与达乌拉的军队狭路相逢。克莱武将大约 850 名英军士兵和 2 100 名本地士兵（印度兵）部署在一片小杧果树林前方，树林旁边是一个河道转角；余下的印度士兵被部署在队伍侧翼，队伍前端布置了 10 门野战炮和榴弹炮。他还安排了 50 名水手充当炮兵。一场火炮决斗开始了，克莱武迅速把他的士兵带进树林，他们躲在了泥堤和树丛的后面。大约有 5 万兵力的印度军队对英国阵地的攻击显得非常软弱无力，仅有一个骑兵队发起了突袭，但也被霰弹枪击退了。午后的一场倾盆大雨淋湿了达乌拉军队的大部分枪支，而英国枪手们巧妙地保持了火药和武器的干燥。在印度炮兵（法国人）撤退时，克莱武从据点向前突进，控制了村庄大池塘周边的路堤区域。印度人发起了一次步兵进攻，又被克莱武的炮兵和步兵的火力击退了。印度人撤退后，克莱武的人迅速突击，血洗了印度人的堑壕。达乌拉已经逃走了，不久后，在战前就与克莱武达成协议的马尔 · 伽法（Mir Jafar）将军逮捕并杀害了达乌拉。马尔 · 伽法则被任命为新的印度长官。

月 3 日、9 月 5 日和 9 月 10 日分别就战争主题连续发布了北美大陆的新地图。

在政策讨论方面，地图也发挥着支持性作用。海军大臣约翰·克利夫兰（John Clevland）保存着一套 1755 年至 1756 年间出版的北美洲系列附图小册子，其中一本是刘易斯·埃文斯（Lewis Evans）所著《地理、历史、政治、哲学和机械方面的论文：第一份对北美中部英属殖民地和南部印第安国总地图的分析》〔1755 年在伦敦和费城（Philadelphia）出版〕。1755 年，爱德华·布雷多克（Edward Braddock）将军向北美中部进军时使用了这份地图，却在他的预定目的地——迪尤肯堡（Duquesne），靠近匹兹堡（Pittsburgh）——附近被法军和当地武装力量成功伏击了。

这幅地图的准确性随之遭到了质疑，作者埃文斯于 1756 年做出修改并出版了第二个版本。而后，埃利斯·赫斯克（Ellis Huske）写了《北美洲现状》（1755），作为对亲英派制图师约翰·米切尔（John Mitchell）创作的《北美洲的英法领土》（1755）的支持。那一年，赫斯克的书在波士顿和伦敦分别印制了两版，可见公众对其关注程度之高。然而，托马斯·杰弗里斯（Thomas Jefferys）在他的《从新英格兰和加拿大相邻之处探寻新斯科舍的地图》（1755）中质疑了米切尔的地图的准确性。

1759 年，英国从法军手中夺得了魁北克（Quebec），这在当时被认为是一次巨大的胜利，一时间，英国本土开始制作和销售更多的北美地图。同时出现的还有一本《通用地理词典（地名辞典）》（1759），正如它的扉页所称："词典附有世界地图和不同地区的特殊地图，以及德国战场地图。"

关注北美战场的《伦敦杂志》的读者们如果想追踪 1760 年至 1761 年间切罗基人（Cherokees）、英国人及其他殖民地势力之间的战争态势，可以在杂志里找到托马斯·基钦（Thomas Kitchin）在 1760 年初所著《从印第安人手稿中复刻的切罗基民族的新地图》。

不过，当时的人们在获取可用地图这件事上仍存在困难。1792 年 9 月，法国正处于激进的紧张局势中，外交部副部长詹姆斯·布兰德·伯吉斯（James Bland Burges）写下了这么一段话：

> 我没有忘记你们委托我取得一幅法国新地图的任务，但我的尽力争取并没有获得成功，地理学专家法登（Faden）告诉我，目前在伦敦尚未出现最新版本的法国地图。但是他也向我保证，如果有的话，我将会是第一个拿到这幅地图的人。然而，时下法国局势的不确定性将会使获得这幅地图的过程变得困难重重，取得的时间也变得无法确定。

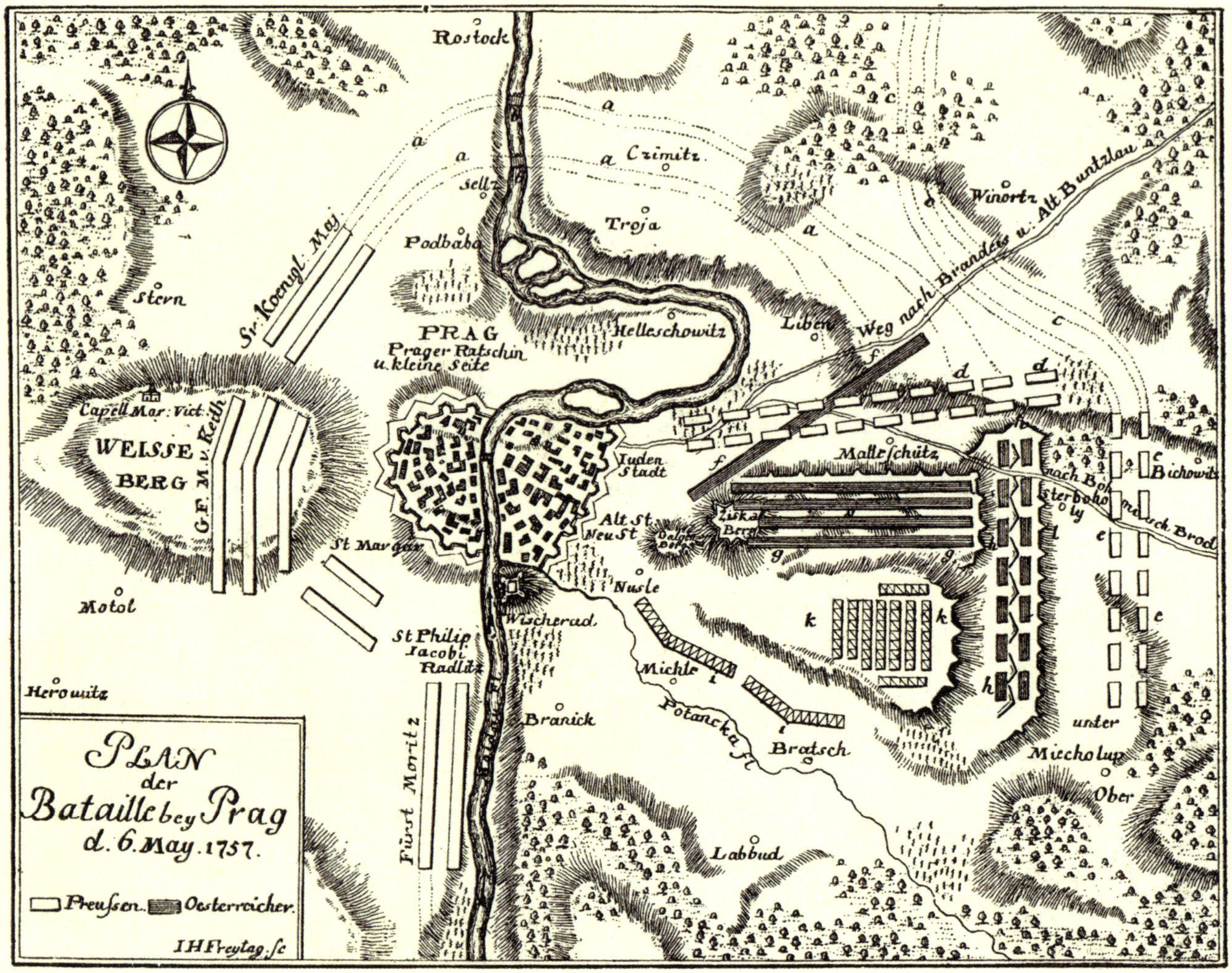

▶ 布拉格战役地图〔J. H. 弗赖塔格（J. H. Freytag），1757 年〕

1757 年 5 月 6 日，普鲁士国王弗里德里希二世（Friedrich Ⅱ）计划将奥地利军的右翼部队驱逐至布拉格东面，然而奥地利人立即调动了他们的大部队来增援侧翼。弗里德里希二世随之失去了对战斗进程的控制权，普鲁士人因此被迫进行正面进攻。普鲁士步兵在使用肩扛步枪进攻的过程中，遭到了奥地利军大炮和火枪的重创，普鲁士什韦林元帅（Schwerin）被击杀。然而，在仍然主要防守北方的奥地利主力军和击败什韦林的小部队之间，普鲁士军队找到了一条突袭的路径。奥地利小部队的侧翼暴露在普鲁士军的火力中，受到了攻击。奥地利军受创后，普鲁士骑兵顺利击败了奥地利军的骑兵。普鲁士人还是按原计划驱逐了奥地利军主阵地的右翼部队。当奥地利军几个主要部队集结起来时，考虑到普鲁士军对自己的左右侧翼都已构成威胁，他们不得不选择撤退。然而，尽管奥地利人损失了大约 14 000 人（其中包括 5 000 名囚犯），但普鲁士的伤亡人数却高达 14 287 人。弗里德里希二世通过攻占布拉格来巩固战争形势的企图最终还是失败了。

当然，并不只是公众会对地图学产生兴趣，它更多的还是与各类军事事务有关。1702 年 10 月，英军詹姆斯·蒙特雷索（James Montresor，1702—1776）中校在给驻北美英军总司令杰弗里·阿默斯特（Jeffrey Amherst，一位系统计划作战的大师）少将的信中写道：

> 我觉得我有责任告知阁下，我方已在获取北美战区地图方面取得重大进展，该地图里含有军队行军路线，已知的河流航线，沿河据点，新建的堡垒和根据地，若干家医院、兵营和军队建筑物，以及所有发生过攻击战、围城战的交战地点和扎营地点，并附有内容翔实的有用评论。以上大部分地区的测绘结果是由 1754 年至 1760 年间进行的地理调查和军事观察得来的。此地图从特定视角展示了我们在这个国家做过的工作和取得的成果，我希望这些成果不论对内阁还是对军方来说都是有用的。据悉，阁下从奥尔巴

尼（Albany）到蒙特利尔（Montreal），以及穆雷（Murray）准将从魁北克出发所设计的行军路线的目的之一，即为了完成此类大地图的绘制。

蒙特雷索在 18 世纪 60 年代早期就为这项地图事业寻找并搜集了许多信息素材，而阿默斯特本人就是地图收集达人。蒙特雷索的职业生涯展现了大英帝国于冲突和扩张时期对地图制作起到的推动作用，他的父亲是曾在英军服役的法国新教徒詹姆斯·蒙特雷索，也就是后来苏格兰威廉堡的副总督。

在成为一名职业工程兵之前，詹姆斯·蒙特雷索在军队里已经是一位享有盛誉的专业绘图员。他曾在直布罗陀（Gibraltar）和梅诺卡岛（Minorca）的军队服过役，并于 1747 年在直布罗陀成为工兵主任。从 1747 年至 1752 年，詹姆斯·蒙特雷索制订了 26 个直布罗陀防御工事的建造计划，其中包括直布罗陀的堡垒和兵营建设，以及西班牙军队的防线和堡垒设计。1753 年，他制订了直布罗陀防御工事总计划。

1755 年，蒙特雷索成为布雷多克（Braddock）远征的工兵主任。在布雷多克远征计划遭遇惨败之后，蒙特雷索对尚普兰湖的部分地区进行了测绘工作，制订了新的工程计划。尚普兰湖是英军军事行动的关键区域，在经历过失败之后，英军最终在这里取得了战斗胜利。1758 年，蒙特雷索成为皇家工兵主任，直至 1760 年之前，他一直在工程管理中担当重任。

蒙特雷索的长子约翰是一名中尉，他曾在布雷多克远征中受伤。1758 年，约翰·蒙特雷索成为一名职业工程兵。此后，在 1764 年，他为尼亚加拉（Niagara）建造了一系列堡垒，并制订了相关防御计划。1775 年，英军在布兰迪万（Brandywine）战役中取胜后，占领了费城，约翰·蒙特雷索随即被任命为驻北美英军工兵主任，于 1777 年至 1778 年在费城附近负责建造防御线。

“七年战争”（1756—1763）之后，英国大众对北美的密切关注和兴趣继续推动着北美地图的出版。1775 年美国独立战争爆发之后，北美愈加成为关注的焦点。托马斯·杰弗里斯印刷出版了许多本北美地图册，其中包括《北美和西印度群岛的地势总图》（1768）。在这本地图册的基础上，罗伯特·塞耶斯（Robert Sayers）和约翰·本纳特（John Bennett）出版了《美洲地图集：对美洲大陆的整体地理描述》（1775），此书后续版本于 1776 年和 1778 年出版。1775 年，美国独立战争的第一场主要战役——邦克山（Bunker Hill）战役爆发后，伦敦的出版行业火速印发了该战役的战场地形图，最快出现的一张地图是在交战报告到达伦敦的四天之后印发的。

紧随其后的是波士顿战争的爆发，J. F. W. 德斯·巴雷斯（J. F. W Des Barres）出版了塞缪尔·霍兰（Samuel Holland）和乔治·卡伦德（George Callendar）的《波士顿海港图》（*Chart of the Harbour of Boston*）。让·希瓦利埃·德·博雷恩（Jean Chevalier de Beaurain）在这本海港图的基础上，绘制了一幅地图。这幅地图很快就在莱比锡被重新制成雕版画，并被印刷成地图册。值得一提的是，法国人使用的地图中的相当一部分是国际地图贸易市场上能买得到的英国印制的地图。

1776年，翔实的新英格兰地图使得那些挂心美国独立战争的英国读者可以跟进战场进程。而在1777年，威廉·法登（William Faden）印制了一幅新泽西（New Jersey）的大面积地图。一年后，他又印制了一份展示特拉华河（the Delaware River）地区近期战役的军事计划图，这个计划是由英军制订和执行的，目的是保卫费城入海口的据点。法登还印制了同期其他战役和交战活动的地图，如1776年英国对南卡罗来纳州（South Carolina）沙利文堡（Fort Sullivan）的那次失败的袭击，以及1776年冬乔治·华盛顿在新泽西州对特伦顿（Trenton）和普林斯顿（Princeton）采取的军事行动等。华盛顿这次关键的军事行动阻止了英军在纽约取得初期胜利后继续进军新泽西的企图。

1781年，美国和法国对英国阵地约克镇进行了一次成功的围攻，随后很快就出现了描绘这场决定性战役的出版物，其中最令人关注的就是塞巴斯蒂安·鲍曼（Sebastian Bauman）于1782年在费城出版的杰作。在比较当时两幅主要的法军围城战地图时，我们可以看到一个有趣的现象：《法军和美军已占领的英属弗吉尼亚地区》（约于1782年完成的地图）更关注切萨皮克湾（Chesapeake Bay）的英国舰队和法国舰队之间的战斗；而乔治斯－路易斯·勒鲁热（Georges-Louis Le Rouge）的地图则密切关注被围攻的城镇周遭的军队所采取的行动，这种视角强调了美军在战役中的重要性。

然而，当时的地图作品并没有体现出美国公众对政治的参与程度，也没有体现出交战双方所面临的困难——英国并未能制定出有效的和平政策；而美国的战争机制则存在先天不足。

从现代视角去理解这段时期的地图还需要了解当时的通信状况：糟糕的通信能力加剧了战略实施方面的困难。电报的诞生带来了19世纪的通信革命，而在此之前，传达指令的速度极限止步于当时最快的马匹或船。这是英国在世界范围内进行扩张时需要应对的一系列挑战之一，通信问题对英国控制和分配资源的能力，以及做出准确风险评估的能力造成了巨大负担。

知识和信息

战争也反过来促成了新地图的诞生，这些地图为未来可能发生的战争提供了蓝图。例如，1784 年纽黑文市（New Haven）出版的《一幅准确的新美国地图》“认同了 1783 年北美和平时期的到来”，它的作者是亚伯·比尔（Abel Buell）。他在出版宣传中称这是“第一本由美国公民个人出版、描刻和完成”的为“爱国绅士”设计的地图。这幅地图展示的区域一直延伸至密西西比河（the Mississippi）畔美国的新领土上，是一份为美国人准备的同印第安人作战的计划书。

我们能在制图学中反复看到战争和知识之间相辅相成的关系。在回顾刘易斯·埃文斯（Lewis Evans）的《对美洲中部英属殖民地大地图的分析》（1756 年 10 月 15 日刊登于《文学杂志》）时，塞缪尔·约翰逊（Samuel Johnson）博士写道：“1736 年至 1739 年间俄罗斯和土耳其的战争让地理学家们熟悉了其他国家从前鲜为人知的地理状况和陌生地域。”这里说的是黑海北岸的克里米亚汗国，它是一个缺乏可靠地理信息的人迹罕至的土耳其附庸国。战争冲突增加了军事地图和商业地图的需求量和供给量。因此，路易斯－费利克斯·盖蒙·德·克拉利欧（Louis-Felix Guynement de Keralio）出版了描述 1768 年至 1774 年俄土战争的《俄罗斯与土耳其的战争历史（1769 年的战役）》和附带地图的《1736 年至 1739 年俄罗斯与土耳其帝国的战争历史》。1788 年 2 月 2 日的《布鲁塞尔政治学报》上刊登了一幅黑海北部和西北海岸的地图，可以帮助那些对俄土战争感兴趣的人跟进战争进程。18 世纪早期的欧洲民众对这些未知地域的认识非常模糊，这些宣传地图的净效应就是在全欧洲范围内传播了未知地域的知识和信息。

1758 年，在“七年战争”中，驻德英军总司令乔治·萨克维尔（George Sackville）曾给第四代霍尔德内斯伯爵、英国国务大臣罗伯特（Robert，曾外派为外交官）写信，说道：“您会在地图上看到卡宾堡（Cappenburgh）的。”

在 18 世纪及往后的战争中，使用地图来跟踪战争进展一直是地图文化的一个重要方面，这一行为也带动了特定战役地图的消费。地图关注的焦点不仅限于本国参与的战争，还有其他国家之间的战争。地图是信息爆炸进程的一部分，制图学不但提供了政治信息，还是新闻信息的构成要件。在当时的西方文化里，新闻信息的供给愈发重要，信息的陈述也不像之前那样倾向于恰到好处的印象主义，而是更加清晰、科学和理性。

另外，战争在产生社会影响和从根本上改变国际政治体系方面都起到了重要作用。后来有一种观点认为，1789 年法国大革命之前的旧制度战争（1648—1789）给那个时代带来的影响是十分有限的。然而这

▶ 库讷斯多夫（Kunersdorf）战役（1759 年）

这场战争中，俄罗斯人和奥地利人联手打败了普鲁士国王弗里德里希二世（Friedrich Ⅱ）。1759 年 8 月 12 日，这场战争发生在法兰克福（Frankfurt）奥得河畔（今天的波兰境内）。由于弗里德里希二世计划的进攻路线很糟糕，他无法掌握和指挥战斗，并将行进中的步兵部队暴露在敌方的炮火下。普鲁士步兵的伤亡人数高达 1.9 万人，接近军队总人数的 40%，超过了普鲁士军的承受极限。他们还损失了 172 门加农炮。2.4 万奥地利军联合 4 万俄军击败了 4.8 万普鲁士军。然而，俄罗斯和奥地利也未能协调一致以继续取得更多胜利成果。

Erklærung derer Buchstaben.
a. March der Königlich Preussischen Armée unter Commando Sr. Maj: des Königs über Fürstenwalde auf Lebus.
b. Eben diese Armée in dem Lager bey Wulcow.
c. March derselben bey Reitwein ohnweit Cüstrin über die Oder.
d. Formirung derselben en Ordre de Bataille bey Etscher.
e. Weiterer March derselben über Bischofssee und Reppen durch das Gehölze.
f. Corps de Reserve unter Comando des Gen: Lieut: von Finck wie solches auf denen Anhöhen zwischen Trettin und Bischoffsee Posto gefaßet und von einigen Batterien auf die Russische Armée bey angehender Bataille canoniret.
g. Avant-Garde der Preussischen Armée, welche auf einer Anhöhe dem Russischen lincken Flügel gegen über Batterien aufgeworfen und von selbigen auf die Russische Armee canoniret.
h. Avant-Garde, welche den Russ. lincken Flügel attaquiret und sich verschiedener Batterien bemeistert.
i. March des Reserve Corps durch das Holz, welches sich mit der Avant Garde conjungiret und die Russ. Verschanzungen biß an Cunnersdorf attaquiret und eingenommen.
k. Eine grosse Russische Batterie, welche die Preuss. Armée zwar attaquiret, aber daselbst repoussiret worden.
l. Cavallerie Corps unter Comando des Gen: von Laudon, welches die Preuss. Cavallerie auf den lincken Flügel attaquiret und in die Infanterie getrieben welches daselbst Unordnung verursachet, so daß sich endlich nach wiederhohlten Attaquen die Preuss. Armée sich zurücke zu ziehen genöthiget gesehen.
m. Retraite derselben durch das Holz.
n. Position d. 12. Aug. nach der Bataille.
o. March d. 13. Aug. über die Oder.
p. Lager derselben bey Reitwein.
q. Russisch Kayserliche Armee en Ordre de Bataille in dem Lager bey Franckfurt, unter Commando Sr. Excellenz des General Feld-Marschalls Gr: v: Soltikof.
Reitwein
Wulcow
Lebus
Kliestow
nach Cüstrin
Oder Fluß
Franckfurt
Weg nach Berlin
nach Fürstenwalde
nach Mülrose
Au-riet

No: 24
PLAN
der BATAILLE,
welche d. 12. August 1759,
von der Russisch Kayserlich
und Königlich-Preussischen Ar-
mée bey Cunnersdorf
ohnweit Francxfurt
an der Oder ge-
liefert worden
Drossen
Weg nach Schwerin
Etscher
Storkow
Sternberg
Trettin
Bischoffsee
Reppen
Bottschow
Cunnersdorf

▲

1757 年罗斯巴赫（Rossbach）会战

1757 年 11 月 5 日，被称为“普鲁士大帝”的弗里德里希二世，动用 2.2 万兵力，袭击了 3.2 万法军和 1.09 万神圣罗马帝国军队的联军，这些敌军原本计划猛攻普鲁士军队的左翼。弗里德里希二世迅速做出了反应，利用一个小山丘作为地形掩护，在联军行进途中袭击了这些行动迟缓的对手。经过艰苦的战斗，普鲁士塞德里茨（Seydlitz）少将击败了法国军队的先头骑兵部队。这让余下的法军步兵士气低落。在一次短暂的交战中，法国步兵队列受到了齐鸣的普鲁士步枪的震慑，而后塞德里茨发起的第二次进攻轻易地将他们击败了。缺乏凝聚力、纪律和经验的法国军队和神圣罗马帝国军队在混乱中逃离了战场，联军损失了 1 万多名士兵，其中大部分是囚犯；而普鲁士军伤亡人数不足 550 人。弗里德里希二世掌控作战主动权的能力和他的军队的严明纪律，是取胜的决定性因素。这一胜利及随后 12 月 5 日在洛伊滕（Leuthen）打败奥地利人的那次胜仗，逆转了普鲁士式微的命运。这也让弗里德里希二世作为一位著名的将领名留青史，并对法国的声誉和国家自信心造成了重大打击。

Schlacht
bey
LEUTHEN,
in Schlesien,
welche den 5.ten December 1757 von dem
König von Preussen, wieder die Kayserliche Armee, unter Anführung des
Printzen Carls von Lothringen,
gewonnen worden.
Lobetintz
Radaxdorf
Heyde
Leuthen
Frobelwitz
Gucker
Glantzberg
Saglschitz
Krampitz
Sahra
Gr. Gohlau
Romberg
Rathen
Lissa

其实也不是事实，旧制度战争对近现代历史也有着深远影响。就欧洲而言，战争首先导致英国成为首屈一指的帝国主义大国，而后带来的是美国的独立。

18 世纪 50 年代，清政府消灭了准噶尔封建政权，征服了大草原区域的最后一个部落。指挥官们在向中国皇帝提供战争报告的时候，都要附上区域地图。1749 年第一次金川之役的地图幸运地保存至今，同样完好地保存下来的还有 1800 年翔实的白莲教起义地图。

在欧洲，俄罗斯成了东欧的主要大国，从 17 世纪 90 年代到 18 世纪，他们连续多次在战争中击败了土耳其人、瑞典人和波兰人。18 世纪时，欧洲大部分地区引入了征兵制度，这对社会产生了极大影响。

◀ 1757 年的洛伊滕会战地图（于 1758 年制作的军事计划纪念地图）

1757 年 12 月 5 日，奥地利人在西里西亚（Silesia）战争中得胜后，作为回应，他们的对手弗里德里希二世开始向奥地利治下的洛林（Lorraine）进军。弗里德里希二世有着一支 3.5 万人的强力军队，而洛林的查尔斯（Charles）王子手下有 5.4 万兵力。弗里德里希二世对获取作战主动权这一点非常重视，他善于利用斜向攻击序列的方式争取作战主动权。普鲁士军利用山脊地形做了很好的掩护，并用一次佯攻诱导奥军派遣后备军力去支援右翼，然后顺利袭击了他们的左翼。普军炮兵的机动性在战斗中发挥了很好的协助作用。查尔斯面对普军的凌厉攻势，做出的回应是调转奥军的攻击方向，新造出一条延伸至洛伊滕村的朝南战线。战斗第二阶段的主要火力就集中于普军对这条新战线的多次进攻上，尤其集中于洛伊滕村（在激烈战斗中无辜村庄被卷入其中）。普军步兵暴露在了奥军骑兵的火力下，但后者随即被普军骑兵的迅速行动所遏制，于是遭受重创的奥地利步兵最终逃走了。普鲁士军总计伤亡人数为 6 380 人，奥地利军则损失了 1 万士兵和 1.2 万囚犯。奥地利战败后，放弃了西里西亚的大部分地区。洛伊滕会战展示了一支精心磨炼过的军队是如何努力夺得胜利成果的。它反映了普鲁士军成熟的火力攻击模式，弗里德里希二世娴熟的地形运用技巧，普鲁士骑兵的优秀作战素质，以及普鲁士指挥官及时获取战场主动权的作战能力。

▲
哈斯滕贝克（Hastenbeck）战役地图（此图是1758年出版的雕刻画作品）

这是一幅纪念1757年法国在哈斯滕贝克战役中得胜的雕刻画。当年7月26日，法军在威悉河畔〔Weser River，哈默尔恩市（Hamelin）附近〕的哈斯滕贝克战胜了汉诺威人和坎伯兰公爵威廉率领的联盟军。坎伯兰公爵的军队英勇善战，但却被德斯特雷（d'Estrees）元帅率领的一支规模更大的法国军队打败了。随后，9月10日，作战双方在克洛斯特-采文（Kloster-zeven）会议上签订了条约，按照条约内容，战败的英国人须将汉诺威地区（Hannover）让渡给法国，坎伯兰军须同意投降协定。这种签订条约的形式也成了一种取得战役决定性胜利的象征。

战争冲突的方式

就战争的方式而言，西方世界关注的重点是近距离密集交火时使用的步兵阵型。骑兵通常在侧翼起到主要作用，但在多数战斗中，其重要性仍比不上步兵。然而，在一些战役中，骑兵取得的突破发挥了关键的作用，如 1704 年英奥荷联军击败法国人的布莱尼姆（Blenheim）战役。在这一时期，对于骑兵阵型的研究并未系统化和专业化。人们对骑兵的关注在一定程度上反映了骑兵部队的社会威望和它在战斗中曾发挥过的作用。这一点虽并未反映在历史战争数据中，但可以从 18 世纪的画作（包括地图上的插图）中看到。当历史发展到了围城战阶段，骑兵的影响力就微乎其微了。

围城战仍然是重要的作战方式，尽管其成功与否往往取决于现场战斗形式。1796 年至 1797 年，拿破仑连续四次成功击退了奥地利军队的援军，然后顺利包围了意大利北部的奥地利重镇曼图亚（Mantua）。增援行动是很重要的，围城战地图所绘范围通常都要包括战场周边的乡村地区。这些地区的地形特征有利于救援部队对围攻者发起袭击。例如，1683 年，维也纳援军从城郊密林处潜行至维也纳，成功地击溃了正在围攻维也纳的土耳其人。

18 世纪的第一个十年里，意大利战场上最重要的一场战役是 1706 年的都灵（Turin）之役，在这场战役里，法国的围城军队被奥地利军联同欧根（Eugene）亲王和维克托·阿马迪厄斯二世（Victor Amadeus Ⅱ）带领下的萨伏伊－皮埃蒙特军队击败了。都灵之役的重要性使得它具有纪念意义，它有着至今仍保存完好的战役地图。可以说，战役地图在整个欧洲战场起着重要作用。

自然边境的概念于 18 世纪晚期开始盛行，这是对早期的领域管辖概念的补充或取代。于是，在法国，人们开始默认以山脉和河流作为国境边界，尤以阿尔卑斯山、比利牛斯山和莱茵河为甚。这种观念的形成有助于确认和巩固大众观念里的每个国家的物理边界概念。地图的准确性逐渐提高，地理特征图像越来越标准化，国家边境线也就越来越清晰。在 18 世纪末，国际形势暗流涌动，蓄势待发的军事行动带来了军事制图方面的新需求和新技术。特别是在 1783 年，热气球载人航行开始出现。18 世纪 90 年代，法国把热气球侦察技术运用在了实战中：在 1794 年布鲁塞尔（Brussels）以南的弗勒吕斯（Fleurus）战役中，热气球侦察技术得到了很好的运用。然而，这一技术创新并未成为法国取胜的主要原因——1799 年拿破仑夺取政权后，热气球技术就被弃之不用了。使用热气球的主要难题在于其充气预备时间过长，以及难以控制驾驶方向。与潜艇和信号灯的发展过程一样，对热气球等

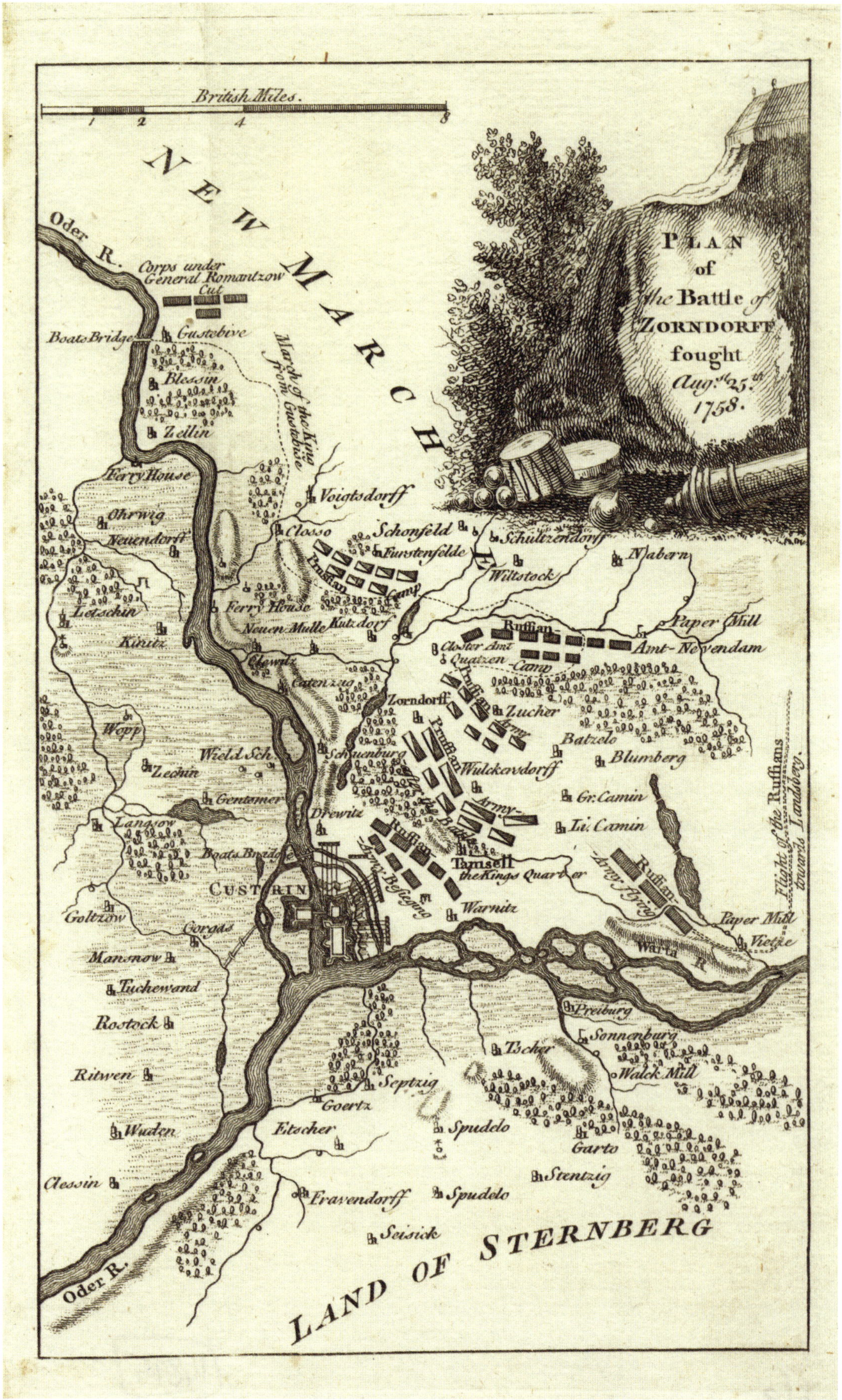

▶ 措恩多夫（Zorndorf）战役地图〔《环球记录》（*Register Magazine*），1759〕

1758年8月25日发生的这场血腥的措恩多夫战役并非决定性战役，但它却阻止了俄军缓慢入侵勃兰登堡（Brandenburg）的进程。弗里德里希大帝为了阻止俄国人的入侵，在12天内飞速行进了250千米抵达措恩多夫，和俄军开始了一场长达10小时的鏖战。有着3.6万兵力的普鲁士军损失了三分之一的士兵，而拥有4.35万兵力的俄军伤亡1.8万人。弗里德里希大帝虽拥有更好的武器装备和骑兵部队，却无法控制无序分散的战场形势，也无法迫使俄军投降，后者的步兵部队堪称精锐，具有强大的战斗力。对于普鲁士军队来说，这是一场压力巨大的艰难战役。这幅地图发表于伦敦的《环球记录》月刊上，时间是1759年2月。

▲
尼亚加拉（Niagara）袭击计划图（此图是一位英国军需官于 1759 年制作的）

1720 年，法国人在北美洲尼亚加拉建造了一座堡垒，目的是以新法兰西中心圣劳伦斯谷（St Lawrence Valley）为起点进一步向西扩张。1759 年，英国人开始从哈得孙河（Hudson）畔的奥尔巴尼（Albany）向安大略湖（Lake Ontario）进军。由于缺乏美洲当地居民提供的支持，法国军队被迫放弃了他们的几个堡垒，唯独对尼亚加拉堡垒尽力争夺。然而争夺过程并不顺利，7 月 24 日，一支行进中的法军在拉贝尔 - 法米勒（La Belle-Famille）附近遭到了英军的自卫式袭击。这支军队是由一支英国正规军及威廉·马西（William Massey）上校带领的美洲本土军组成的。两天后，曾经戒备森严的尼亚加拉堡向英军举起了白旗。法军武装力量被击败后便交出了他们的主要阵地，这和 1759 年 9 月魁北克（Quebec）战役的情况类似，只是规模小了许多。至此，法国人再无救援尼亚加拉堡垒的可能性了。

▶
魁北克城郊战役（1759 年）

1759 年 9 月 13 日，当英军的武装力量还在奋力攀登魁北克城郊的悬崖时，法国军队选择了发起进攻，而不是继续原地等待和进行防御。詹姆斯·沃尔夫（James Wolfe）将军率领的英军等待法军行进至近处时，开始对法军发起常规射击。法国人在射击火力下选择撤退，沃尔夫将军和法军指挥官蒙特卡姆（Montcaln）侯爵都在战斗中受到了致命的伤害。一名英军参战者记录道："大约 9 点钟时，法军沿着城墙开始向我们靠近，他们动作迅速，有条不紊。我们只有站着迎战。他们在远处朝我们开火，而我们保留了火力，在他们越来越靠近时才分批朝他们射击。这在一开始时有点儿奏效，给法国人造成了一点儿阻碍，但他们依然迅速冲了过来，我们只好保持射击方向并增加火力。当他们离我们只有不到 100 码（约 91.44 米）时，我们才用最猛烈的火力朝他们射击，并固定好武器上的刺刀准备应战。战场上烟雾弥漫，我们开始控制整条战线。"魁北克的法军在五天后投降了。

18 世纪 90 年代开始使用的军事新技术来说，重要的不是官方的采用与否，而是它们的潜力是否强大到预示未来发展的走向。实际上，1815 年至 1865 年间改进的包括蒸汽、铁器和炮弹在内的新技术，是近三个世纪以来最具影响力的技术变革，也比 20 世纪 70 年代开始的任何技术革新的意义都要大得多。

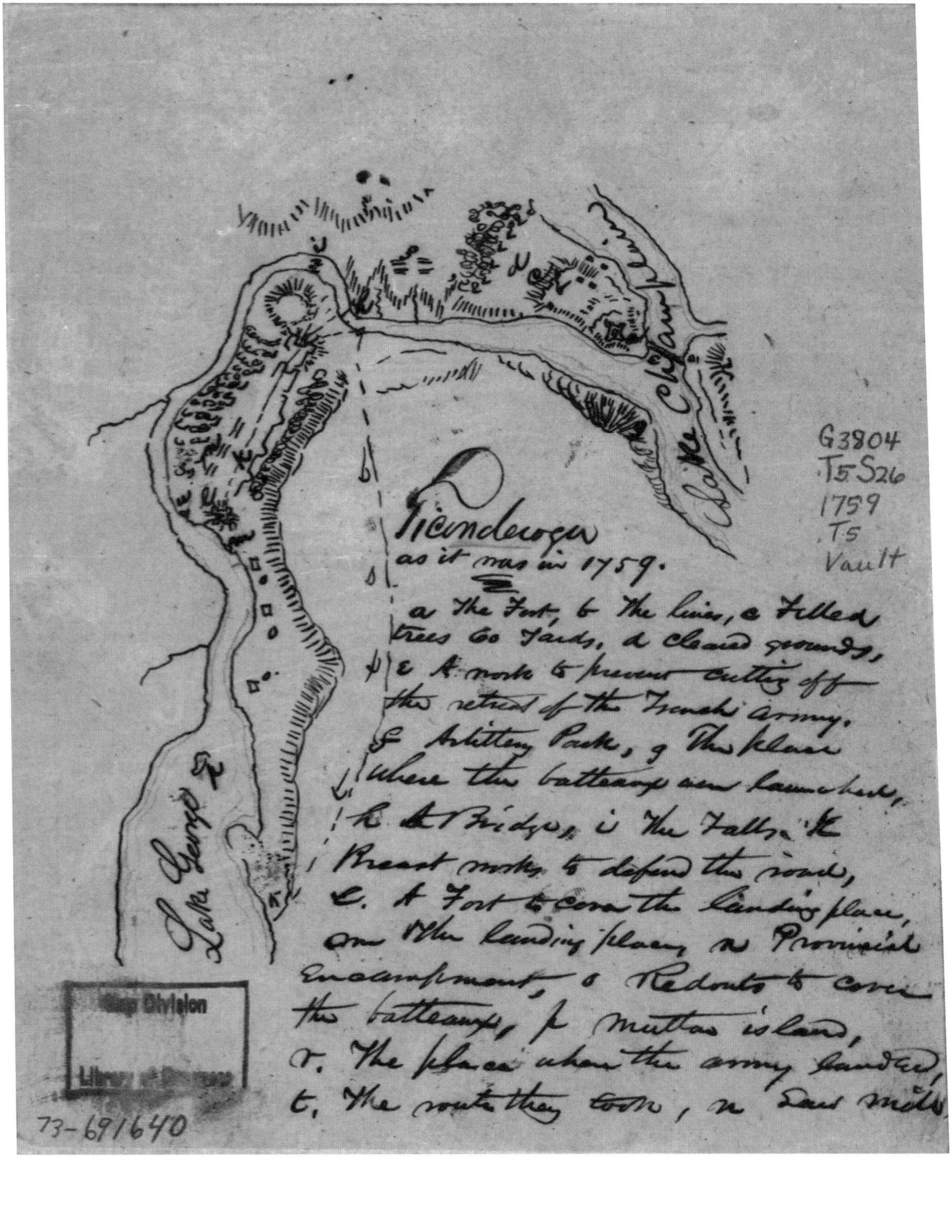

◀
1759 年提康德罗加（Ticonderoga）的原貌图

这张手工绘制的草图描绘了该地区原有的地形和地貌。当时，英军正从北美南部向加拿大推进，而他们在一年前袭击了法军的阵地。那次失败的正面攻击导致了大量英军人员伤亡：由 6 400 名正规军和 9 000 名美洲本土军组成的军队中，伤亡人数共计 1 900 人。相比之下，兵力仅有 3 500 人的法军却只损失了 400 人。

▶

袭击提康德罗加的计划图
〔威廉·布莱希尔（William Brasier），1759 年〕

这张地图显示出了袭击计划的详尽细节，同时还能看出，英国策划者意欲将此计划加入周边地区的作战总计划中，总计划里还有保障通信和从陆路运输船只等其他计划。在这次事件中，英军同一时间还对魁北克发起了攻击。英军的多方发难迫使法国人不得不在 7 月 26、27 日的晚上放弃了他们在提康德罗加的阵地。这个地区随即被英军占领了。1775 年 5 月，一支大陆军武装从哈得孙河谷杀到了提康德罗加，英军由于准备不足输给了大陆军。而在 1777 年 7 月，在英军的优秀武装力量从加拿大集结过来后，英军轻松地重新夺回了提康德罗加。大陆军失败的主要原因在于，没有给位于迪法恩斯山（Mount Defiance）上的指挥中心巩固防御，因为他们觉得敌军不可能把重型火器运至倾斜的山坡上。但英军也在战斗中意识到了迪法恩斯山的地形优势，故将大炮等重型火器转移到了山上。大陆军最终战败，被迫放弃了提康德罗加地区。

Part of LAKE CHAMPLAIN
Road for the Boats to be carried into Lake Champlain
Ticonderoga
Saw-mill
Riffs and Falls
Carrying place for the Boats
Boats to be carried cross this part from the Saw Mill under the fire of the Battery's K. L. L.
Wood Creek
Landing place
I. au Mouton
LAKE GEORGE
Project for the Attack of Ticonderoga, proposed to be put in Execution as near as the circumstances and ground will admit of.
A. Line of Contravallation and to cover the front of the Camp.
B. Camp its Rear cover'd by Fletches. +
C. Battery's at each extremity of the line to command the Waters.
D. Dotted line where the Boats are to cross over Lake Champlain under the fire of the Battery C.
E. Post to be taken and Fortifyed to secure the communication and prevent any Succours coming up the Lake to Tionderoga, and cuting of the enemy's retreat by a proposed Boom
F. Post at the Saw-mill to take at first, untill your communication is Secured.
G Dotted line where the boats are to pass Wood Creek, at the Post H, which is to cover them untill a Post is Erected on the other side at I. which effectually Invests the place and the three waters that surround it.
H. Post on the South side of Wood Creek.
I. Post on the North side of Wood Creek.
K. Post and Batterys to be Erected there in order to play in the Fort and prevent the Enemy attempting to shew themselves, with as many Mortars as will keep a continual fire
L.L. Battery's to play continually in the enemy's Retrenchment with Recochet.
M. Enemy's Retrenchment and Battery's
N. Ticonderoga.
O. Abbattis or Herissons.
P. Redouts mounted with Cannon.
N.B. If the enemy should be obstinate in the defence of the Retrenchment then Approaches Q may be run at each extremity of it and Breaches made by the assistance of the two Battery's 11. 22; The Battery L keeping a continual fire, which Line when taken is a Paralell ready made against the Place. If it should still hold out then the same approaches must be continued in the same manner by sap untill the Reduction of the Place.
May 29th 1759 W.B. delt.
Map Division
Library of Congress
G3804 T5S26 1759 B7 Faden-24
[1759]

◀ 1762年围攻哈瓦那（Havana）

1762年6月7日，第三代阿尔伯马尔伯爵乔治带领的一支1.2万人的英军在22艘一线作战军舰的掩护下，在哈瓦那东部登陆。作战行动集中于围攻防御坚实的莫罗堡（Fort Moro，防御措施如此完好以至于完整保存至今），它控制着从海上通达港口的水道，其护城河是一条很深的沟渠。7月1日，英军的炮兵在三艘战舰的支援下开火，但西班牙军的炮火袭击迫使英国军舰退出了战场。作战双方在一连串围城战中度过了那个夏天，英军的进攻始终被堡垒外的岩壁地形及敌军的炮火回击所牵制。英军三分之一的士兵被疟疾和黄热病夺去了生命，而西班牙炮兵也在更猛烈的英军火力中覆灭了。7月30日，英军在护城壕沟的两侧引爆了两枚地雷，硬造出一个跨河土坡和攻城突破口，随后很快以雷霆之势占领了这座堡垒。城内军队于8月13日正式投降，同时投降的还有包括12艘一线战舰在内的西班牙港口舰队。

▲
1775 年邦克山（Bunker Hill）战役

1775 年 6 月 16 日晚，革命军（大陆军）进军至查尔斯敦（Charlestown）半岛上的布里德山，并以此为据点筑起防御工事。布里德山的战略位置控制着波士顿城上方的高地地区。这场战役的名字来自位于布里德山后方的另一座战略地位更加突出的山丘——邦克山。英军试图在 16 日下午海水涨潮时行进到半岛上，随后对大陆军的堑壕进行攻击。然而，他们行动过于迟缓，单部署军队就花了大约两个小时。而后，在进军途中他们采用的还是老式行进编队。英军此次的炮火进攻并没有给大陆军阵地造成太大破坏。大陆军始终耐心等待直至英军快进击到阵地时，才开始猛烈的步枪射击，并迅速击败了英军的两支先头部队。英军试图粉碎大陆军侧翼的这次进军被击退了。然而大陆军的弹药也快要耗尽了，英军的第三次袭击最终攻下了大陆军筑起的多面堡。筋疲力尽的英国人在大陆军狙击手的攻击下，没能顺利阻止大陆军大部队撤退。这次战役中，英军伤亡惨重，共有 228 人死亡，826 人受伤，损失了将近 42% 的兵力；而大陆军的死亡人数仅为 100 人，受伤人数为 271 人。此后，驻波士顿的英军在山丘地区的作战计划和行动变得异常谨慎。这么做的结果是，英军失去了战略先机和作战主动权，他们的军队的作战实力仅限于保护本方军营。

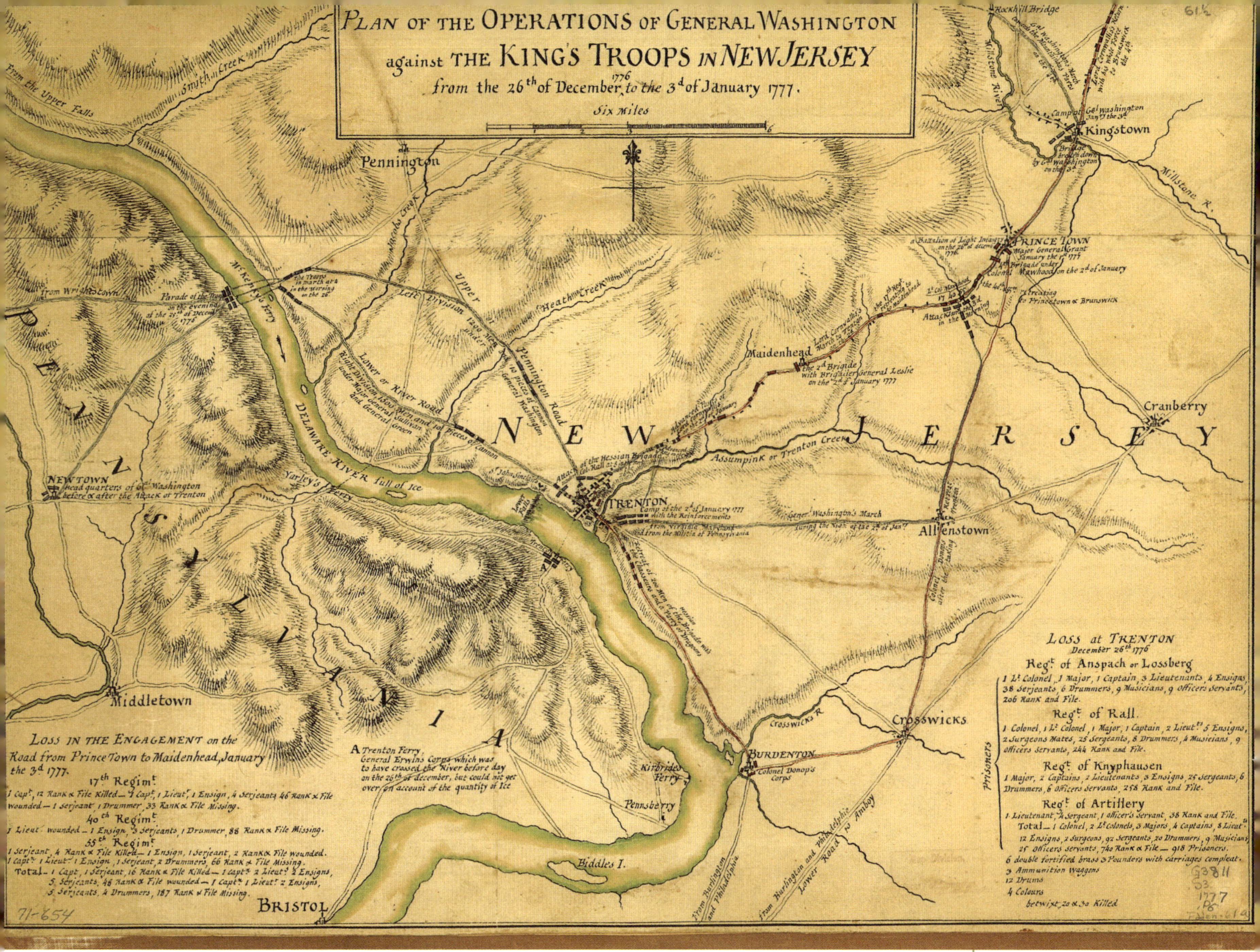

▲

1777 年，大陆军在新泽西（New Jersey）的作战行动图

华盛顿率领的大陆军在1776年圣诞节期间选择夜渡冰冷的特拉华河（the Delaware River），然后突袭了特伦顿（Trenton）的黑森（Hessian）雇佣兵的营地，这是一次非常成功的军事行动。华盛顿的作战策略显然比当时在康华里（Cornwallis）领导下的英军高明不少。1777 年 1 月 3 日，普林斯顿（Princeton）西南部（地图上的普林斯镇）的一支英军被大陆军打败了。然而，由于大陆军兵役期限将至、军队疲惫不堪，以及英军奋力抵抗等，华盛顿无法通过进攻新不伦瑞克（New Brunswick）来延续他的胜利。他率军撤退到了莫里斯敦（Morristown）附近的丘陵地区，并在那里扎营度过了那年冬天剩下的日子。华盛顿的胜利成果是美国独立运动的重要协助力量。此外，华盛顿帮助国会在 1777 年组建起一支新军。

▶

弗吉尼亚（Virginia）战役地图〔米歇尔·杜·切斯诺（Michel Du Chesnoy）上校，1781 年〕

法国军事制图者们的作品令人印象特别深刻，在这场战役中，将领们不仅拥有集结法美两军部队的能力，还有部署陆地和海上军事力量的高度综合的作战协调能力。海上军舰的运输力尤为重要，它们能及时将在陆地上难以移动的攻城火炮移动到指定位置。8 月 19 日，意欲前往弗吉尼亚的华盛顿的军队开始穿越哈得孙河。9 月 1 日，来自西印度群岛（West Indies）的 3 000 名法国士兵在詹姆斯河（James River）河口处登陆。其他军事力量则来自新英格兰地区。9 月 28 日晚，大陆军联同法军在约克镇（Yorktown）附近占据了作战阵地，双方共将 1.6 万兵力转移到约克镇进行围攻。这幅地图显示了河流和湿地地形的重要性。

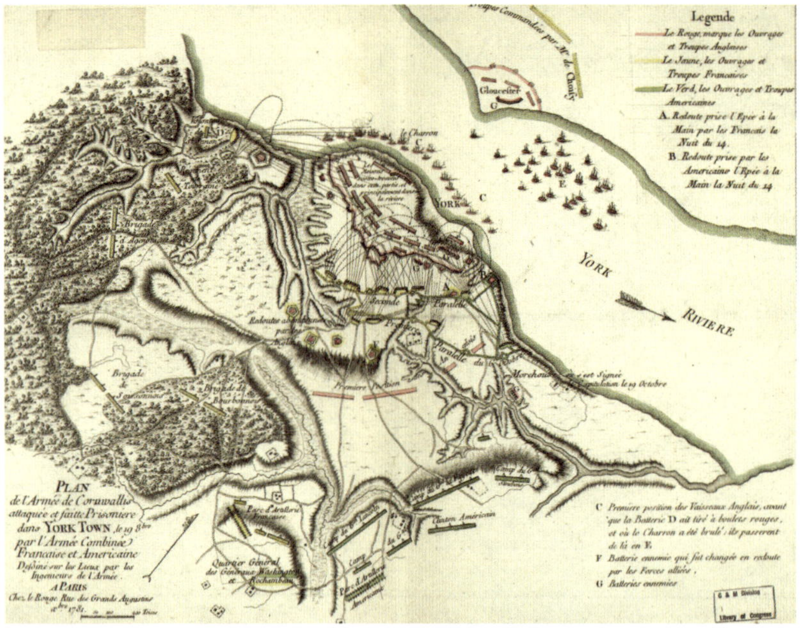

▲

约克镇围城战地图〔乔治斯－路易斯·勒鲁热（Georges-Louis Lerouge），1781 年〕

这张地图反映出了当时的巴黎人对 1781 年美法联军的这场胜仗的浓厚兴趣。这张地图准确捕捉到了战场的动态性质，特别是描绘出了英军在最后一个阵地暴露于敌军强大火力下时，不得不撤退的态势。9 月 29 日晚，联军不断派出越来越多的围攻军队，而英军则不得不放弃阵地外围的防御工事，专注加强阵地的防御。10 月 6 日晚，围攻军开始建造第一道与英军防御工事平行的战壕；11 日开始建造位置更靠近英军的第二道战壕。14 日晚，围攻军勇猛地攻下了阻碍第二道壕沟通往护城河的两个多面堡。在 19 日英军最终投降的两天前，英军队伍里的德国士兵约翰·康拉德·多拉（Johann Conrad Dohla）在回忆录里写道："黎明时分，敌军开始了又一轮轰炸，火力比之前任何一次都更为强大，他们毫不松懈地从所有战略位置上开火。在敌军炸弹、榴弹炮和加农炮的轮番轰炸下，我们设在角堡里的指挥部摇摇欲坠。目所能及处尽是一片枪林弹雨，无数炸弹和炮弹落在我方战线上。"

▲
1780 年的戈登暴乱

在如何控制伦敦城的问题上，军事制图有助于将战术和策略用图像化的方式表达出来。乔治 · 戈登（George Gordon）勋爵领导下的新教组织向英国政府施压，要求废除 1778 年的《天主教救济法案》（*Catholic Relief Act*），这给帝国中心的秩序带来了不小挑战。1780 年 6 月 2 日，国会拒绝在示威者的施压下废除法案，新教徒们转而开始攻击天主教教堂和学校。此前，示威者们发出过警告和威胁，称下一步将袭击个别政府官员的宅邸，这些攻击名单上的官员包括亲天主教的英国重臣和政治家们，以及试图镇压暴乱的地方官员们。新教徒们攻下了国家监狱〔包括纽盖特监狱和南华克（Sonthwark）的克林克监狱〕，释放了被捕的暴徒，同时洗劫了酿酒厂和啤酒厂，还对英格兰银行做出了威胁举动。地方治安官对于镇压行动举棋不定，这激怒了乔治三世（George Ⅲ），他确信，正因治安官不下令对暴徒实施武力镇压，才使得暴乱中的城镇无法恢复秩序。于是他召集了枢密院，授权英国军队在没有地方治安官许可的情况下使用武力。乔治三世派出的军队很快结束了暴乱。这幅地图显示出了乔治三世的军队的部署情况和巡逻路线。

▶ 讽刺漫画：有着约翰·布尔（John Bull）的面貌的英格兰〔詹姆斯·吉尔雷（James Gillray），由 H. 汉弗莱（H. Humphrey）于 1793 年印刷出版〕

在此图中，“英国”使用“排泄物”驱散了当时法国带来的威胁。在 18 世纪，讽刺性的绘画地图并不常见，但此后开始越来越流行。讽刺漫画地图也是如此。1803 年，查尔斯·威廉姆斯（Charles Williams）创作了漫画《欧洲总督受阻的职业生涯》（*The Governor of Europe, Stopped in his career*），描绘了拿破仑（Napoleon）正在大步跨越一幅被征服后的欧洲地图时，受到了约翰·布尔的反击——后者庇护着不列颠群岛，并用剑砍断了拿破仑的脚趾。

◀
1799 年，袭击塞林伽巴丹（Seringapatam）

迈索尔（Mysore）的首都塞林伽巴丹是印度南部高韦里河（Canvery River）中的一个小岛，它守卫森严，防御设施齐全，在 1791 年成功抵御了来袭的英军，并坚守城池一年才最终投降。1799 年的一场新的战役中，英军发起了又一轮进攻。3 月 27 日，英军在马拉威利（Mallavelly）战役中击退了迈索尔的部队。4 月 5 日，英军开始围攻塞林伽巴丹。英军少将乔治・哈里斯（George Harris）必须在雨季河水暴涨前攻下这座城市。英国炮兵在对面的堤岸上将城墙炸开了一个缺口，英军随即在 5 月 4 日利用这个缺口开始猛烈的炮火攻击。进城后，英军先头部队不得不与印度防御军徒手搏斗，直至已经攻下内部城墙的主力部队迂回将印军包围。随后，印度防御军陷入一片混乱，并遭到了英军的屠杀。同时被杀的还有城主蒂普（Tipu）苏丹。迈索尔剩余的印度防御军很快就全部投降了。

ROUND TOP
WEED'S HILL
PEACH ORCHARD
GEN. GRAHAM
GEN. BIRNEY
GEN. HUMPHREYS
GEN. ROBINSON
GEN. WHEATON
BIGELOW
PHILLIPS
LONGSTREETS CORPS
ROBINSON
WASHINGTON ARTY
PEGRAM

第四章 19世纪

THE NINETEENTH CENTURY

帝国主义时代的地图绘制

◀前页

1863年葛底斯堡（Gettysburg）战场的鸟瞰图〔约翰·巴切德(1825—1894)〕

这幅于1863年印刷的地图显示了葛底斯堡战场中北方联邦军和南部同盟军的具体位置。

右页▶

1800年马伦戈（Marengo）战役

就像许多其他战役一样，在这场战役中，应对突发事件和坚持到底的作战能力至关重要。1800年6月14日，法国人终于意识到奥地利其实是一个强大的对手，拿破仑的军队被迫撤退。在随后法国援军发动的反攻中，法国人才成功地在主战场上扳回一局。经验丰富的法军靠着扎实的战斗力，在逆境中不断前进。拿破仑对权力的掌控也得到了巩固，这多亏了他在马伦戈作战行动中的逆袭。

1792年至1815年，欧洲范围内各个大国之间的持续武装斗争促进了制图业的发展，绘制战斗地图的军事任务迫在眉睫，专业制图商们也开始绘出越来越多可用的、实用的军事地图。此时制图业的繁荣发展有着多方面的原因，同时也反映出了地图在迎合开战后的一系列军事需求时起到的巨大作用。此外，这一时期的战场范围十分广阔，例如，俄罗斯军队在荷兰、法国、芬兰、巴尔干半岛和伊奥尼亚群岛（Ionian Islands）等地都有着军事策划及运作；法国军队的行动范围则从葡萄牙横跨整个欧洲直至莫斯科（Moscow）。

地形测量

英国为了抵抗法国势力的扩张，进行了一系列艰苦斗争，在1793年至1802年、1803年至1814年，以及1815年分别爆发了三次英法战争。这一时期英国留给后世的最值得称道的遗产之一，就是英国的全国地形大测量行动。负责炮兵部队的政府部门军械局，受命制作用于对抗法国入侵的军事地图，并迅速开始实施地图绘制计划。这一计划因战争而生，又先于战争而实施。

三角法土地大测量（后被称为“地形大测量”）是从1791年开始的，它是英国迄今为止大多数详细地图的基础，其实它也是1784年三角测量工作的延续，这是一项以和平为目的而进行的连接伦敦和巴黎两地天文台的测量工作。英国在1791年成立了皇家测绘兵，到了1795年，皇家测绘兵已经完成了从伦敦到海岸国界线处的双链三角测量。一幅比例尺为1英寸（2.54厘米）比1英里（约1.61千米）的肯特郡（Kent）地图在1801年出版了，肯特郡是入侵者袭击的关键区域。事实是，在1804年至1805年，法国军队已经部署就绪，一旦法国海军在英吉利海峡取得作战优势，他们就会马上发起进攻。在法国海军方面，他们受到了英国海军的阻挠。1801年以后，英国测量人员开始进行英格兰西南部的实地测绘工作，这是另一个可能会被入侵的区域。此地最终约于1810年卷入了战争。

地形学

这一时期的地图绘制十分强调“强地”概念，“强地”指的是在实战操作中发挥重要作用的区域。这个概念注重战时救援和山地地形的重要性，这不仅是为了及时救援及阻断敌方的进攻，还有确定加农炮视准线的目的。18世纪60年代，作为对“七年战争”

TAILLE DE MARENGO
I.re PLANCHE.
Autrichienne ayant débouché de ses ponts de la Bormida, et
poste de Pedre-Bona la division Gardanne, qui formoit
le de l'armée Française, se déploye sur deux lignes, la droite,
éral Haddick, appuyée à la Bormida et la gauche, sous
Kaim, se prolongeant obliquement sur les bords du ruisseau.
ibreuse cavalerie, sous le Général Elnitz, se porte en
Nord de Castel-Ceriolo; elle est suivie des chasseurs
du Loup destinés à occuper ce village, soutenus par une
Grenadiers de la Réserve.
ier corps marche en colonne sur la grande route, sous le
ent du Général Ott.
divisions Françaises Chambarlhac et Gardanne, sous le
ent du Général Victor, sont en position sur la droite du
Marengo, occupant fortement ce village; leur droite est soutenue
de de cavalerie du Général Champeaux et leur gauche par
énéral Kellermann.
ion Watrin, et la brigade d'infanterie du Général Mainoni,
la droite de cette première ligne sous les ordres du
Général Lannes
rtillerie a commencé son feu ainsi que la mousqueterie
ostes.
de de Bonaparte est en réserve, en avant de la ferme
ana.
ion Monnier, sur la droite en arrière, marche en
déjà paraissent, sur la route de San-Giuliano, les éclaireurs
n Desaix.
mouvements ont lieu de 8 à 10 heures du matin.
EXPLICATION DES SIGNES
Positions.
Infanterie de ligne
Infanterie légère
Cavalerie
Dragons
Chasseurs
Hussards
Quartier-général
Infanterie
Cavalerie
Marche en avant
Marche en retraite
Vignes à l'Italienne
Echelles
ALEXANDRIE
Tanaro R.
Bormida R.
Pavone
Lobi
Castel-ceriolo
St. Giuliano nove
St. Giuliano Vecchio
Cassina Grossa
Spinetta
Parodi
Villanova

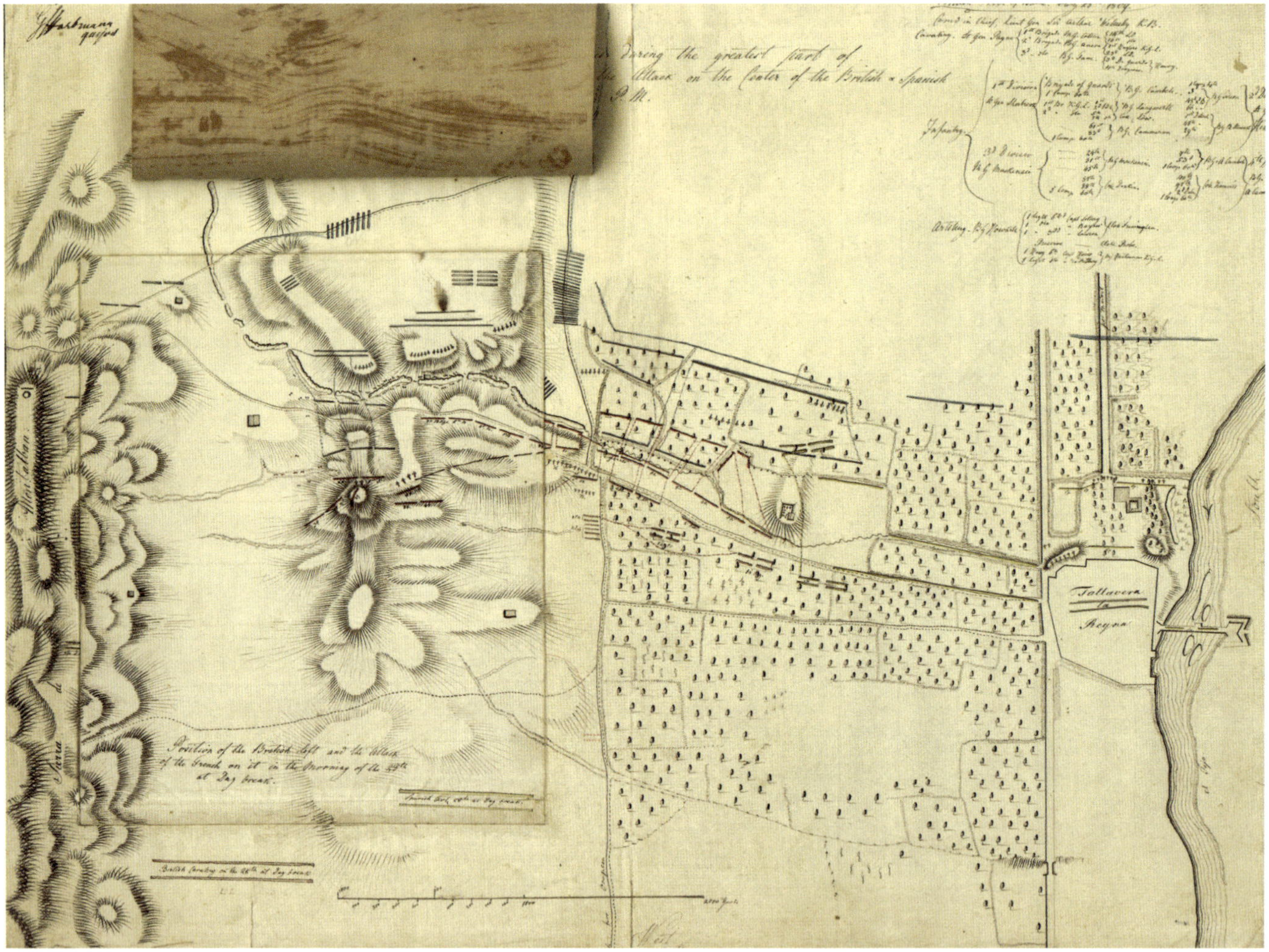

▶ 1809年塔拉韦拉（Talavera）战役地图〔梅杰·乔治·哈特曼（Major George Hartmann）〕

1809年7月28日，法军维克托（Victor）元帅率兵在塔拉韦拉袭击了英国 - 西班牙联军，并将主要火力集中于进攻人数较少的英军。英军司令亚瑟·韦尔斯利（Arthur Wellesley，就是后来的威灵顿公爵）中将想复制1808年在维梅罗（Vimeiro）时的战术，用步兵火力击退法国纵队。然而，在追击撤退的法军途中，英国人阵脚混乱，新增的法军部队将英军赶了回来。法国对联军战线的最后一次进攻才刚刚开始时，韦尔斯利便启用了预备队。战斗开始后，英军伤亡人数达5 400人，超过总兵力的四分之一。韦尔斯利忽略了取胜所需的特定作战背景，他受到了后勤问题的牵制，随后不得不撤退到葡萄牙；而法军在苏尔特（Soult）元帅的率领下，沿着法国军队的通信路线一路前行。在英国议会中，查理二世（Charles Ⅱ）、第二代格雷伯爵作为这次战役的反对派，将塔拉韦拉战役描述成一场灾难，而威廉·温德姆（William Windham）则将其与爱德华三世（Edward Ⅲ）于1346年在克雷西（Crecy）击败法国人的大胜作对比。

战败的回应，法国着重改进了火炮技术。于是从18世纪90年代开始，“强地”描绘技术在实战操作中愈发重要，这也影响着欧洲战争的局势。这期间，拿破仑是熟练运用火炮技术的佼佼者，对于加农炮来说，直接瞄准射击是关键要素，因此对地形的详细了解十分必要。

到了19世纪后期，对地形的测绘变得更加普遍，也更加精确。此时，测量和绘制高度的方法已有所改进，等高线的引入是这一时期的一大亮点。尽管如此，在等高线出现之前，也存在一些描绘高度的有效

◀ 1815 年滑铁卢（Waterloo）战役地图〔威廉·邓肯（Willian Duncan），1836 年〕

战役的全部动态过程较难在此类地图中重现。威灵顿公爵带领的多达 6.8 万人的部队（其中 3.1 万是英军），被部署在宽达 3 千米的战场正面。他的大部分队伍都部署在布鲁塞尔到热纳普（Genappe）的道路以西。相比之下，在这条路的东边，即威灵顿的左翼，防护较弱，无法抵抗正面袭击，更不用说侧翼袭击。这样的部署是由于位于东面的普鲁士军队向威灵顿承诺，将在他有需要的时候提供援助。威灵顿麾下军队力量的参差不齐使得他不得不依赖他所统率的英国军队的防御力量。在此战中，拿破仑表现出的指挥能力较差，无法使所有军队联合起来协同作战。

机制。其中，人们曾使用数字来表达地面的相对高度，这项技术又被称为“相对命令”。这是一种在实战中定位炮兵位置的重要技术，它的创作者是一位名为弗朗索瓦·雅里（Francois Jarry）的法国难民，他在 1799 年刚刚创立的英国皇家军事学院高级部门担任地形学讲师。雅里的新技术影响了皇家工程师们的军事侦察工作，也在 1815 年威灵顿公爵亚瑟（Arthur，Duke of Wellington）策划应对法国入侵比利时的战争时起到了辅助作用。

《滑铁卢地图》同样用到了相对命令技术。这是由威灵顿公爵用铅笔标记的军队部署计划地图，现今保存在吉灵厄姆（Gillingham）的英国皇家工程师博物馆，是现存少量与相对命令技术相关的文本之一。在滑铁卢（Waterloo）之役的前一天，威灵顿公爵将标记好的地图亲手交给了总军需官威廉·德兰西（Willian De Lancey）上校，下令按照相应计划对军队进行布置。战斗快结束时，德兰西携带着这幅地图在威灵顿的随行军队中被法军的加农炮击中阵亡。早些时候，威灵顿公爵也曾在1808年至1814年的半岛战争（Penisular War，战场位于葡萄牙和西班牙）中利用移动平版印刷技术来制作地图。

尝试在地图中标示高度，英国人并非独树一帜，1821年成为普鲁士总参谋长的卡尔·冯·米夫林（Karl von Muffling）少将发明了一种标记山岭梯度的地图绘制系统，也就是著名的"米夫林法"。后来，他还将视觉电报技术引入了普鲁士军队。

政府征用

欧洲各国政府都有专属的随时查阅地图的方便途径。1800年，乔治·坎宁（George Canning，一名成功的外交大臣）给自己英国外交部次官职位上的继任者写了一封信，提到了法国在意大利的战争活动。当时，拿破仑是法军的指挥官。信里写道："你对意大利那儿的新闻怎么看？皮特在看了一遍地图后，指出了哪些关键性的人和事？"这里的"皮特"指的是小威廉·皮特（Willian Pitt the Younger）首相。由于提供了更多的细节，地图比地球仪更受人们的钟爱。在欧洲范围内，地图也比地球仪更实用。相比之下，地球仪在整体性地描绘世界时，具有一定意义上的象征性和符号性功能。

英国的主要对手法国也在自己独特的"旧政权"传统下广泛地使用着地图。例如，1798年，拿破仑对埃及的首次成功入侵就促成了第一张精确的埃及国家地图的绘成。而法国军队则在实地进行三角法测绘，覆盖范围包括尼罗河谷、西奈半岛（Sinai）和巴勒斯坦（Palestine）周边的地中海沿岸区域。该测绘的最终成果是一本47页的军事规划地图册。这本地图册同时也是一个地理调查项目的一部分，而该项目的目的是在欧洲文化中确立拿破仑的高贵地位。

此外，法国占领了开罗（Cairo）之后，新开罗地图里就多了一个法国要塞。在法国统治开罗期间，法军对一场叛乱实行了残酷镇压。法军使用了专门设计的情报地图，从而可以进一步确定战役发生的范围。在对态势进行控制时，火炮再一次成为战斗中的关键因素。

在一次政变中夺取了政权的拿破仑，于1799年至1815年间执掌法国政权，他觉得地图是一个关键性的作战工具。1809年，他创建了一支90人规模的帝国测绘部队。拿破仑在对自己下属的日常批评中常说，他们（下属们）只消稍微看看地图，就能知道自己的错

▲
滑铁卢战役的立体模型〔威廉·锡伯恩（William Siborne）上尉，1815 年〕

威廉·锡伯恩上尉的这幅作品的这一部分展示的是 1815 年 6 月 18 日 19 点 45 分滑铁卢驻军的具体位置。锡伯恩没有参加此次战役，却接下了建立战役模型的任务。他在拉哈伊圣特（La Haye Sainte，滑铁卢之战的关键地点）的农舍里苦心钻研了 8 个月，创作了这个模型。锡伯恩还向参加过此次战役的英国官员发送了详细的调查问卷，得到的调查结果却不尽相同。1833 年，辉格党（Whigs）政府拒绝继续向这个项目调拨资金，以致锡伯恩没有收回花费在模型上的约 3 000 英镑的成本。锡伯恩试图描绘出他所认为的这场战斗中的“危机”时刻——击退法国帝国卫队的时候。威灵顿则认为这个模型在概念上和方法上都是有缺陷的。后人认为，这个普鲁士人（锡伯恩上尉）的想法是非常前卫的。

误所在了。1813年，拿破仑为了保住他在德意志的主导地位，先后和普鲁士、俄国和奥地利进行了艰苦对战，但最终战败。奥德勒本（Odeleben）男爵是这么描述自己的上级军事部门的：

> 房间中间放着一张大桌子，上面散落着关于战争局势的制作最为精良的地图，它们被按照与罗盘一致的方位摆放着。地图上用彩色大头钉标记着法军和敌方军队的各种实时状态。这项工作是地形局局长完成的，他对战场上的不同方位有着丰富的专业知识……拿破仑将这幅地图视为生命中最重要的事物：在夜里，三十支蜡烛围放在它的四周；当皇帝（拿破仑）骑上战马时，皇家侍从总管会带上一份地图副本，别在自己的胸前纽扣上，以备每当皇帝喊“地图”的时候，可以随时递给他。

这一描述的意义在于显现出了当时军队状态的重要性。1815年6月18日，即将发生滑铁卢战役的那个清晨，拿破仑就会议桌上铺陈的地图向他的指挥官们简要介绍了战场态势。一般来讲，地图不仅十分有用，还能给权威力量提供关键的支撑，是领导才能的视觉展现形式之一。打胜仗的秘诀仿佛就藏在这种对战场态势的读取中。

拿破仑之后

在后拿破仑时期，地图绘制的重要性更加显著，这是拿破仑战争期间地图测绘技术的发展带来的结果，同时也是早期欧洲地图绘制的优良传统的延续。米夫林在他的回忆录中记录道：

> 拿破仑任命特朗雄（Tranchon）上校去调查测量这四个“集团省”。特朗雄沿着莱茵河和默兹河（Meuse River）建立了一个三角测量的网络系统，并把系统里的每个测量小单位用著名的克莱恩霍夫三角测量法连接起来，这与法国通过测绘确定敦刻尔克（Dunkirk）的停战价值时用的方法有所联系和类似，还与英国两个基地的测量过程有相同之处。由于战争的关系，特朗雄不得不中断了测量工作。而在《第一巴黎和约》（*First Peace of Paris*，1814）中，我们已经做出规定，该地图应交给我方，然而，交接过程直到1815年的《第二巴黎和约》（*Second Peace of Paris*）签订后才开始进行。我把它保存在了巴黎，并草拟了一份将其付诸实践的计划，这个计划得到了国王〔弗里德里希·威廉三世（Friedrich William Ⅲ）〕的首肯，并于1818年正式完成。那年夏天，我获得授权，雇用了一批很有前途的年轻军官来参与测

量工作。冬天时我们开始组织绘制工作，并尝试将行政工作中的军事指令融入地图中。

1827 年，维森特·洛佩兹（Vicente Lopez）绘制了一幅前首相佩德罗（Pedro）公爵的肖像画，佩德罗于 1768 年至 1841 年为第 13 代英凡塔多公爵，同时还是军队总司令。在这幅画中，他用手指着一幅西班牙地图，专心策划着这场战役。

包括战争在内的系列军事活动在对外扩张中一直扮演着关键角色，这一时期的大部分战争都与西方势力在非洲、亚洲、大洋洲和美洲的扩张活动有关。这种扩张确保了对新地图的需求持续不减，而制图业也在不断生产出能提供大量详细信息的可用地图。地图测绘对于战争征服、维护权威来说至关重要，也可协助各个国家确定能够宣称和执行主权的国土范围。

制度框架

地图测绘受到军方行动的深刻影响，尽管帝国政府的其他行政部门也在积极地参与其中，但影响力较为有限。在印度，英国军官是测绘工作的领头人物。例如，威廉·兰布顿（William Lambton）从 1800 年开始在印度进行三角法地图测绘，并于随后被任命为“印度大三角测量”项目的负责人。这个大型测绘项目于 1817 年开始，在 1890 年完成了大部分的工作。1819 年，科林·麦肯齐（Colin Mackenzie）成了印度第一位测绘局局长。“印度大三角测量”项目取得了令人敬畏的成就，它史无前例的历史功绩和印度铁路系统的建造齐名。而对地图上地理位置的命名则反映出了帝国主义统治者对印度的管控。

在帝国管控的范围之外，有时还须依赖秘密特工来完成测绘任务。从 1865 年起，英国人陆续向西藏地区派遣了一些伪装成朝圣者或商人的受过训练的测量师（印度人）。他们随身配备隐藏好的测量仪器，手持比常见的 108 颗念珠少 8 颗的特制念珠串，用来协助测量距离。第一位这样的“专家”在 1866 年到达了西藏首府拉萨，他们带回的信息虽未绘制出西藏周边地区的地图，但仍绘制出了主要行军路线图。这类测绘行动给英国人带来了极大的帮助，尤其是在 1904 年英国人第一次从印度派出军队侵占拉萨的时候。

由于当时的地图测绘是和帝国主义的征战与控制联系起来的，所以它在被殖民地区是极不受欢迎的。在新西兰，毛利人（Maoris）多次抵制过英国人开展的土地测量活动，并因此于 1843 年、1863 年，以及 19 世纪 70 年代与英国人发生了暴力冲突。1875 年，英国人重新开始对这个国家进行三角测绘，但还是遭到了当地毛利人的反对和抵制。

▶

克里米亚战争期间（1853—1856 年）的塞瓦斯托波尔城（Sevastopol）

这幅全景地图展示了自耶夫帕托利亚（Eupatoria）起的俄罗斯基地北面的具体情况，其中包括新建的堡垒和土方工程。联军在 1854 年至 1855 年间围攻了克里米亚的主要城市塞瓦斯托波尔，但此举导致联军部队丧失了战斗机动性，对该城的围城封锁也没有达到预期中的效果，因为该城通往北部港口的道路依然是畅通的。这是缺乏足够的多国联军来进行全面封锁导致的。塞瓦斯托波尔是一个重要的海军基地，它受到强大的俄罗斯军队的严密保护，而多国联军在攻城战中显得缺乏足够经验，且不得不面对从未见过的新型堑壕战。最后，塞瓦斯托波尔在法国军队的一次成功突袭中失守了，法军此次袭击的是马拉科夫多面堡，这是塞城防御工事上的一个关键位置。

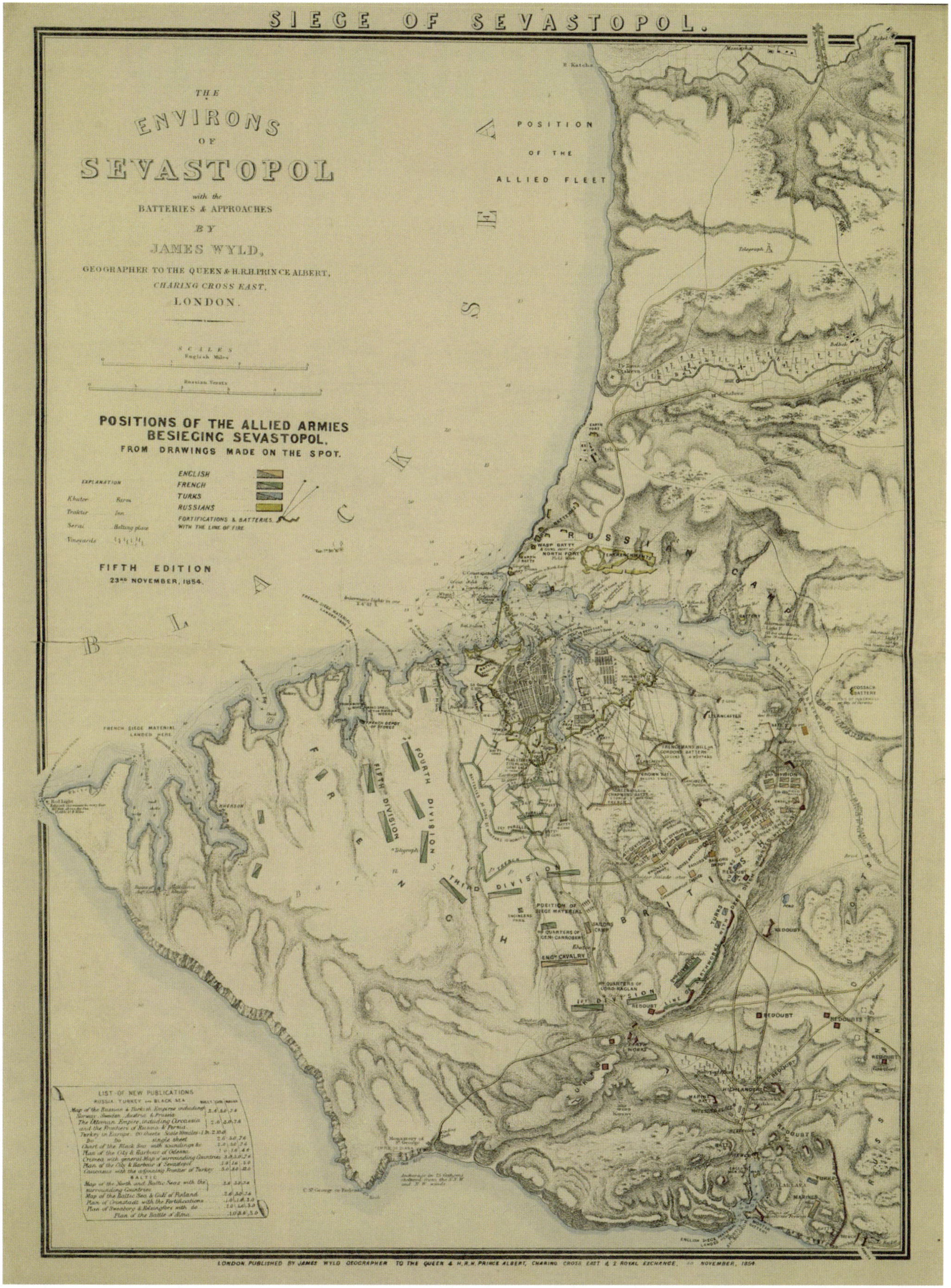

◀

塞瓦斯托波尔的城郊地图〔詹姆斯·怀尔德（James Wyld），1854 年〕

詹姆斯·怀尔德是这一时期的大师级地图制造者之一，他所制的这张地图清楚地显示出了联军部队赖以生存的通往南部巴拉克拉瓦（Balaclara）港口的补给路线。联军的海上通信线对成功实现军队部署而言至关重要。这条补给路线也是巴拉克拉瓦和因克尔曼（Inkerman）两场战役的起因。在因克尔曼战役中，俄国人遭到了阻击。1854 年 11 月 5 日，正在进军因克尔曼的俄军纵队在试图接近敌军卡口时，被英军的恩菲尔德式步枪阵重创。这场战斗表明了拿破仑式的阵型和战术不再是万能的、通用的了，除非以惨重伤亡作为代价。但直到后来的美国内战时期（1861—1865），人们才充分吸取了这次教训。然而，联军战胜俄国人的战略可以说是临时起草的，没有证据显示他们准备了具有目的性的前瞻计划。

EDIG BAY
TOLO HOSPITAL
GARDEN
MUSHOLM
EAST HARBOUR
QUAY
KNEKHOLM
HARBOUR
SOUTH HARBOUR
GREEK CEMETERY
BUSHALMEN
SANDWICKEN
ULRICASBORG
BOULEVARDS
GOVERNORS PALACE
HELSINGFORS
FLINTHOLM
UNGSMAN
LILLAMENT
LONGARENTAN
SILVER MINE
D E G E R O
STANNOVIX
STAN WICK
PASKHOLMEN
FISK HOLMEN
KALF HOLM
BIORKHOLM
LONNAN
LANGOEN
S H O A L S & R E E F S
FORTRESS OF SVEABORG
WEST SVARTOE
VARGOE
LITTLE EAST SVARTOE
GREAT EAST SVARTOF
GUSTAFSVAERD
3 ROWS OF BATTERIES
THE ONLY ENTRANCE FOR SHIPPING
NOTHOLM
BATTERIES RECENTLY ERECTED
S A N D H A M
SANDHAM GARD
BRANNERI
BAK LANDET
KUNGSHOLM
KUGGS SOUND
KUNGS SOUND
BRADALS
HOS PACKER, DEL ET LITH.
LONDON, PRINTED PUBD JULY, 7, 1855, BY STANNARD & DIXON, 7, POLAND ST.
STANNAR
PANORAMIC VIEW OF THE FORTRESS OF SVEABORG, COMMANDING THE ENTRANCE TO THE TOWN & HARBOUR OF HELSINGFORS IN THE GULF OF FINLAN
No. 10
THE FORTRESS OF SVEABORG IS BUILT ON SEVEN ROCKY ISLANDS, THROUGH WHICH LIES THE ONLY CHANNEL FOR SHIPPING, THEY MOUNT UPWARDS OF 2000 GUNS, MOST OF WHICH CAN BE BROUGHT TO BEAR UPON VESSELS ENTERING THE HARBOUR
THE ISLANDS ARE CONNECTED BY MEANS OF WOODEN BRIDGES & MOST OF THE BATTERIES ARE BOMB PROOF, THE HARBOUR & TOWN OF HELSINGFORS ARE THE GREAT COMMERCIAL DEPÔT OF THE TRADE & COMMERCE OF NORTHERN RUSSIA.
PROJECTED FROM ILLUMINATED CHARTS & IMPERIAL RUSSIAN SURVEYS RECENTLY PUBLISHED AT St PETERSBURG.

在美国，土地测绘的制度框架是由陆军地形工程兵建立起来的，该兵种于 1838 年成立，是时军队控制下的地形局正在进行扩员和重组。在地形测绘中，武力是一个重要的影响因素。1849 年，指挥官约翰·华盛顿（John Washington）为了对抗纳瓦霍人（Navajo），组织了探险行动。他派出测绘师詹姆斯·辛普森（James Simpon），在今天的新墨西哥州（New Mexico）西北部和亚利桑那州（Arizona）东北部地区进行地形勘探和地图绘制。在华盛顿打败了纳瓦霍人之后，辛普森才得以探索谢伊峡谷。这种绘制模式在美国西部更为普遍。

除了英国陆军测量局现有的机构，以及海军水文局之外，英国还于 1803 年成立了专门从事测绘工作的“军事知识站”，并将其作为伦敦的皇家禁卫军军需局的下属单位。直到 1857 年前，知识站一直以该办公室的名义提供各类地理资料。为了以实例展示帝国军事活动的范围和强度，都柏林堡（Dublin Castle）的军需局也存有地图绘制作品，而该绘制工作是由科伦坡〔Colombo，即今斯里兰卡（Sri Lanka）首都〕的英属相关机构完成的。在斯里兰卡，英国人从荷兰人手中夺过沿海地区不久，便于 1800 年建立了锡兰勘测部。随后，当地的地图绘制工作便由印度西姆拉（Simla）的军需部门完成。

战争经常带来对地图的新需求，同时也会暴露现有地图的严重缺乏。克里米亚战争（1854—1856）的例子对此体现得尤为明显。当时，英国人十分缺乏克里米亚地区的地理信息，他们在此碰到了俄罗斯这个出乎意料的棘手的敌人。克里米亚之所以成为英国的目标，是因为俄军在半岛西南岸的塞瓦斯托波尔（Sevastopol）建有黑海海军基地，该地对土耳其的领地有着军事威胁。1853 年土耳其海军在土耳其北部地区锡诺普（Sinope）海岸遭受了毁灭性的打击。

尽管该地区的情况比起英国在 1791 年与俄军在奥恰科夫（Ochakov）发生冲突时（同样缺乏地图）要好得多，英军当时仍然缺乏必要的地理信息，更不用说能充分传递这些信息的地图了。

由于缺乏地图，英国于 1855 年在伦敦建立了地形统计站。1857 年，陆军部将该站与陆军测量局合并。到了 1881 年，伦敦的主要制图机构变成了陆军部的情报信息部。同时，皇家军事工程学院、皇家工程师学会、防御工事总局和后勤办公室也在制作各类地图。

除了政府部门之外，普通民众也密切关注着国际战争局势，并对此有着浓厚兴趣。此时的英军凭借几幅英属印度西北边境（现今巴基斯坦西北边境）的地图，一路追随着俄罗斯人进军中亚的脚步。然而，英国人在关注俄军前进路线的同时，过分忽略了俄军面临的对当地地形和居民不熟悉的严重问题。1838 年 12 月，滑铁卢战役的胜利者威灵顿公爵写信给伦敦知名

◀左页
克里米亚战争期间的波罗的海行动地图〔1855 年由斯坦纳瑞德（Stannared）和狄克逊（Dixon）出版〕

这是一幅不按比例绘制的克里米亚战争期间的波罗的海行动的全景图。1854 年，英国舰队在波罗的海的进攻并未取得任何战果。一年后，英军势头逆转，成功轰炸了守卫赫尔辛基（Helsinki，当时在俄罗斯治下）的斯韦堡（Sveaborg），不仅摧毁了堡垒防御工事，还击沉了 6 艘战舰和 17 艘停泊在港口的小型军舰。此战中，英国人在攻击中巧妙运用了 32 艘小炮艇，这些具有攻击力的小船对于敌军的防御炮台来说目标过小不易察觉，它们通过潜伏靠近了海岸。

▶
1854 年 9 月 20 日的阿尔玛战役

英法联军原本的登陆目的地是俄罗斯黑海海军基地塞瓦斯托波尔，却最终在北边的克里米亚西部海岸登陆，而后他们向南挺进，迎接他们的是阿尔玛河对岸兵力众多的俄罗斯军队。最终，英法联军以更具效率的枪炮击破了对手强大的防御线，并确保了他们正面袭击的成功。缺乏训练的俄罗斯人在缺少步枪和火炮的情况下，遭受了沉重的打击。如果两军之间没有这样的能力差距，正面袭击无疑会导致英法联军方面的惨重伤亡。在联军使用的武器中，撞击式步枪和米尼式弹头的组合的杀伤力是致命的。因此，随着联军步兵火力有效射程的增加，俄军步兵的伤亡率急剧上升。

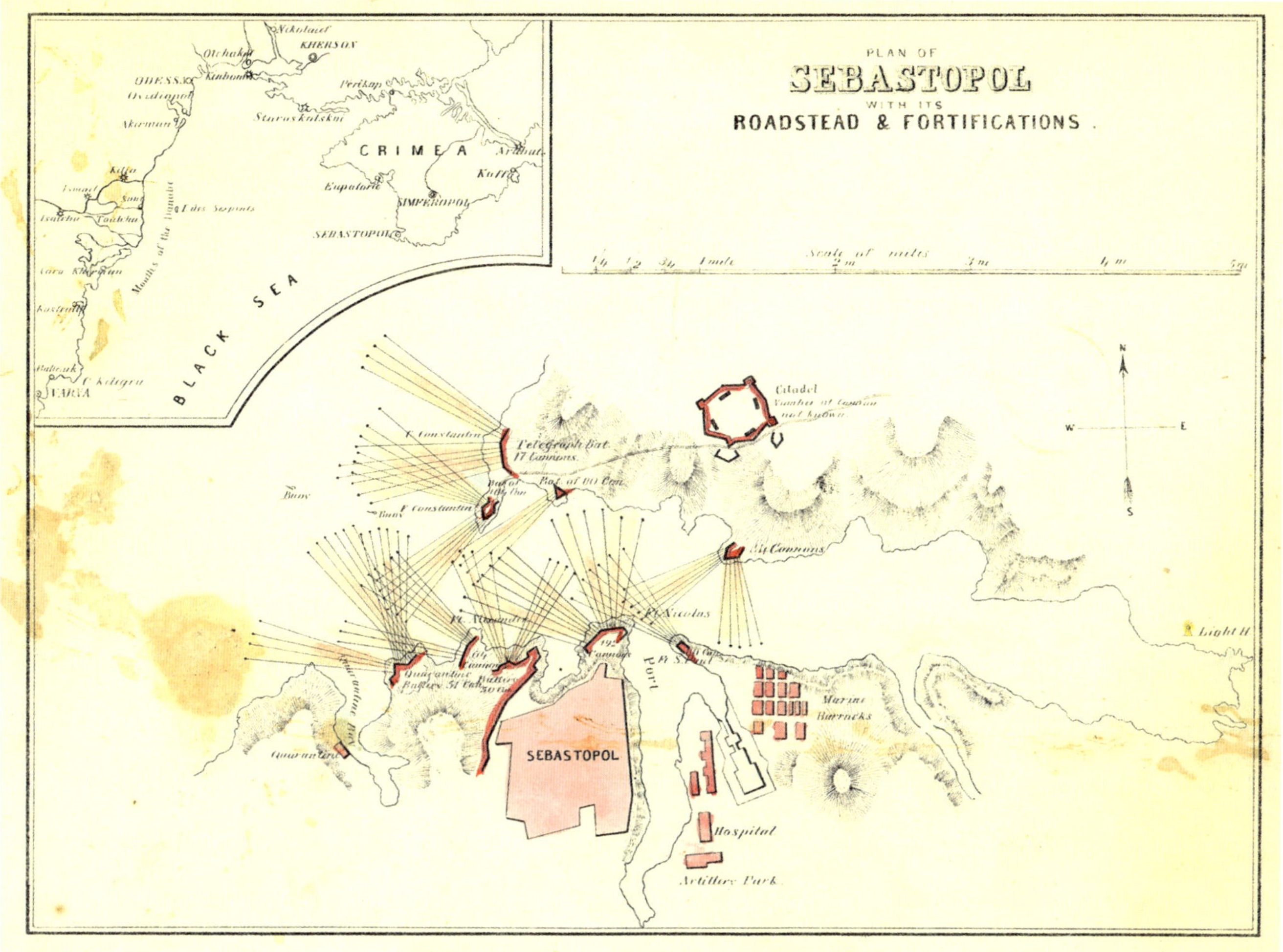

1854 年的塞瓦斯托波尔围城战

尽管有着重型火炮的支撑，英法联军围城一年后于 1855 年对塞瓦斯托波尔发起的地面袭击还是失败了，因为这座城市有着很好的防御设施。此外，联军在攻城战中面对新型堑壕战时，缺乏足够的作战经验。俄罗斯军队牢牢地驻扎在城镇周边，他们充分利用地面防御工事，并备有 1 000 多门加农炮的火力支援。围城期间，战斗规模之大，从联军发射的 135 万发炮弹的数量就可见一斑。战斗炮火是如此的猛烈，英国军官托马斯 · 莫利纽克斯 · 格雷夫斯（Thomas Molyneux Graves）在事后描述 1854 年于塞城外围作战的直观感受时称："这几天里，双方似乎在炮台上准备了无数待发的枪支，当我们开火时，火力十分猛烈且壮观……我很快习惯了这种噪声，我相信当敌人开火时，我可以在炮台里睡觉。"另一位观察人士补充道："重机枪的声音像一把把钝锤，敲击在我们脆弱而紧张的耳膜上。"

书商约翰 · 哈查德（John Hatchard），提出他需要一份阿罗史密斯制作的中亚地图的复印版。约翰 · 阿罗史密斯（John Arrowsmith，1790—1873）是这一时期的一位十分活跃的地图制作专家，他在 1843 年出版了一本世界地图集，并活跃于英国皇家地理学会。阿罗史密斯在地图上汇集了从军事指挥官和探险者处得来的各类最新地理信息。

1877 年，英国人对于俄罗斯在欧洲和亚洲的扩张行动的焦虑感达到了一个新高度。第三代索尔兹伯里侯爵罗伯特（Robert）时任主管印度事务的国务大臣，不久后升任英国首相，他在国会上宣布：

我不禁想到，在这种讨论中，大量的误解来自大众使用的是小比例尺地图。在那样的地图里，你甚至可以看到俄罗斯和印度之间的距离竟不足一个手掌宽。有些人立刻就会焦虑起来，认为政治形势令人担忧，印度地区必须得到帮助。如果这些朋友们能看到一幅更大更详细的地图，譬如英国军用大地图的话，他们就会发现俄罗斯和英属印度之间的距离不是用拇指和食指来衡量的，而是用直尺来衡量的。

此时，俄罗斯和印度之间的军用大地图仍未完成测绘，但索尔兹伯里侯爵在敦促人们对俄罗斯的扩张

▶ 德里（Delhi）的堡垒和宿营地示意图〔F. C. 迈塞（F. C. Maisey）上校，1857年〕

从这张德里城外山脊上的堡垒和宿营地的地图中，我们可以看到1857年8月1日时英军的具体位置。这幅地图起初并不是一幅官方地图，而是后来才由F. C. 迈塞上校将其编入官方地图集中。5月11日，暴动刚刚开始，德里便落入了暴乱分子手中。英军在6月7日抵达该城，驻扎在城郊附近的山脊低处，但此时的英军是比较缺乏攻城武器的。9月11日，一场猛烈的轰炸开始了，在经历了三天激烈的巷战后，英军的突击队终于袭击成功，并在20日控制了德里城。

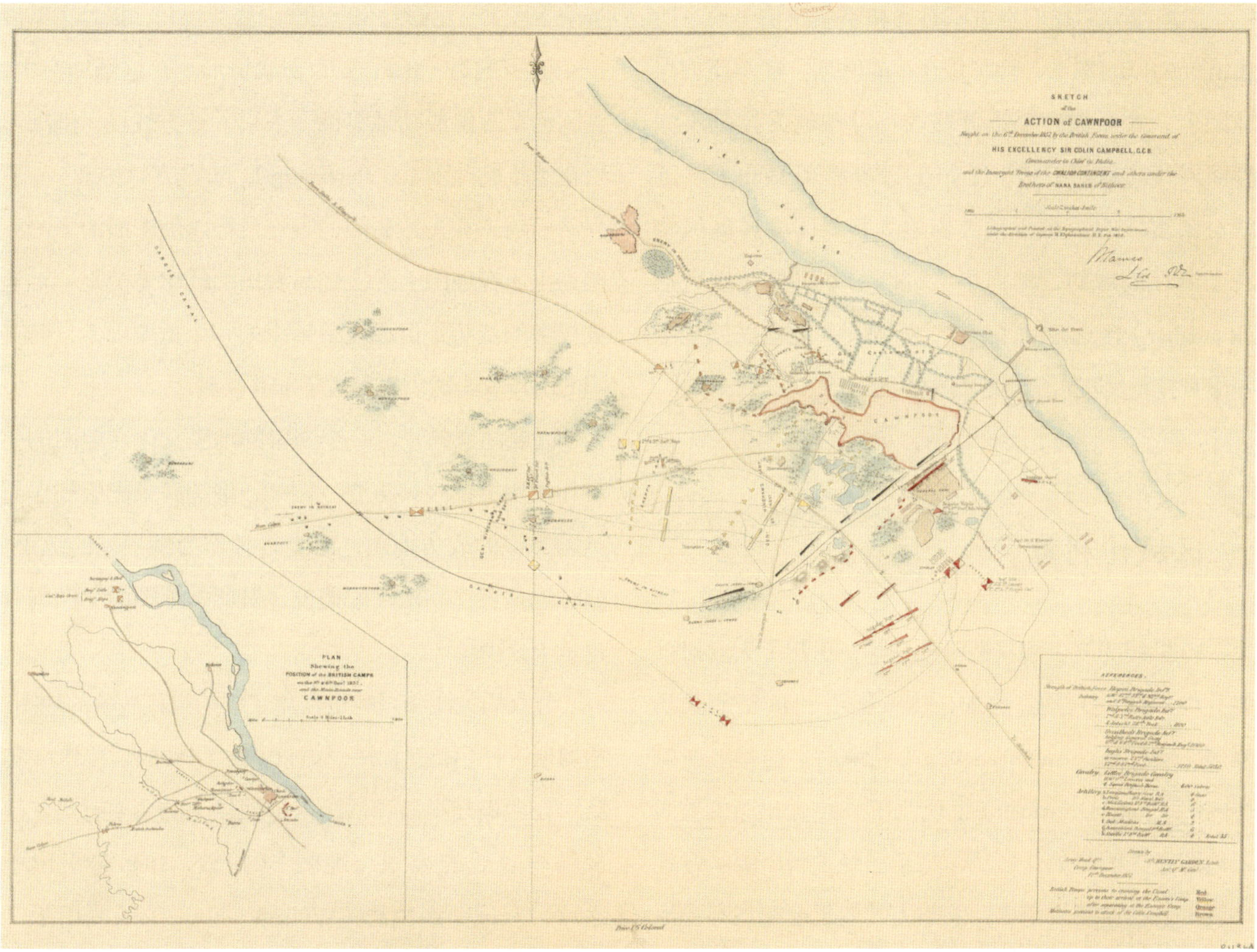

◀
1857 年印度坎普尔（Kanpur）之战

这场战役发生于 1857 年 12 月 6 日，而这幅军事地图是 1858 年 2 月在英国陆军部的地形库中印制出来的。坎普尔曾由四个本地步兵团和英军休·惠勒（Hugh Wheeler）爵士少将旗下的炮兵部队驻守。1857 年 6 月 27 日，印度本地军队同意了英军的协议并投降。但随后他们马上发动了叛变，并违反协议条款，几乎屠杀了城中所有的人。后来，坎普尔成了印度的兵家必争之地。先是亨利·哈夫洛克（Henry Havelock）爵士少将占领了坎普尔。在这之后，詹姆斯·温德姆（James Outram）爵士中将带领的英军在又一次败仗后被驱逐出该城。正如地图所示，12 月 6 日，驻印度英军总司令科林·坎贝尔（Colin Campbell）爵士上将重新夺回了这座城市。对于维多利亚时代的人来说，这些战斗是一部史诗，也是一场道德上的斗争。

主义持谨慎态度时强调，要想有效地使用地图，就必须理解地图。阿罗史密斯于 1873 年在印度去世，当时他正在印度办事处绘制一幅比例尺约为 1 英寸（2.54 厘米）：90 英里（约 144.84 千米）的中亚地图。“东方问题”的广泛性和多面性促使人们越来越多地参考和使用地图。例如，中俄局势紧张期间，曼彻斯特通讯员在 1880 年 11 月 6 日的报信上称，一名中国间谍在俄国太平洋符拉迪沃斯托克（Vladivostok，即海参崴）海军基地附近被抓获，随身还带着一幅符拉迪沃斯托克（海参崴）的地图。

在其他时期我们也可以看到和索尔兹伯里侯爵所述情况相似的例子，特别是在冷战时期：在小比例尺地图上，大众很容易把苏联的行动理解为控制不冻港而展开的急切扩张。比如在 1979 年至 1989 年，苏联对阿富汗的军事干预被描述为其对印度洋区域构成了潜在的威胁，然而事实证明，苏军仅在坎大哈（Kandahar）附近建立了一个空军基地，这些民间地图并没有真正反映出阿富汗的军事现状。

区域性利益

19 世纪的战争和其他时期一样，引起了大众对世界其他地区的兴趣。例如，1846 年至 1848 年的美墨战争（Mexican–American War）结束后，约翰·迪斯崔内尔（John Distrunell）发现他在 1846 年出版的墨西哥地图在美国是如此畅销，甚至已经重新出版了好几个版本。在这场战争中，美国人计划延续在加利福尼亚（California）等西部地区的军事策略，以及战后在墨西哥的军事行动。而这些军事行动都需要得到比现有地图所提供的更详细、更全面的新地理信息。

克里米亚战争（Crimean War，1853—1856）促进了英法两国面向大众的地图制作和出版行业的发展。1855 年，伦敦瑞德有限公司出版了《欧洲北部战争局势全景图》。这张地图采用空中俯视视角，描绘了英俄在东波罗的海（Baltic）的交战情形。在这场冲突中，英国海军未能成功地将俄国人引入英方战场，俄国人留在了圣彼得堡（St Peterburg），随后英军发起了一系列两栖攻击和火力轰炸，轰炸目标以俄罗斯治下的芬兰为主。在地图上无法轻易看出的战略态势是：对圣彼得堡的威胁是促成战争结束的一个重要因素，而英国的海岸攻击能力也促成了和平谈判。

需要注意的是，一个国家的地图文化在地图的生产和使用上都极其重要。例如，俄国并未出版制作与英国类似的战争地图；而土耳其作为俄罗斯的敌手，同时也是英军和法军的盟友，对此类地图的生产制作也是十分少见。

公众的关注和兴趣也催生了描绘当代战争的地图。詹姆斯·怀尔德（James Wyld）的《1808 年至 1814 年英军在西班牙半岛和法国南部战场上的主要行动、战役和围攻战的策划与地图》（伦敦，1840 年）出版之后，威廉·锡伯恩（William Siborne）绘制出版了《1815 年法国与比利时之战争史》（伦敦，1844 年）一书的附带地图集，这些都是非常优秀的地图作品。怀尔德的作品有着明显的爱国倾向，它“是献给英国军队的颂词，谦恭地歌颂了英军的功绩和崇高品格”，并很有针对性地将法军称为“敌人”。

在德国，普鲁士军队的退役上尉弗里德里希·威

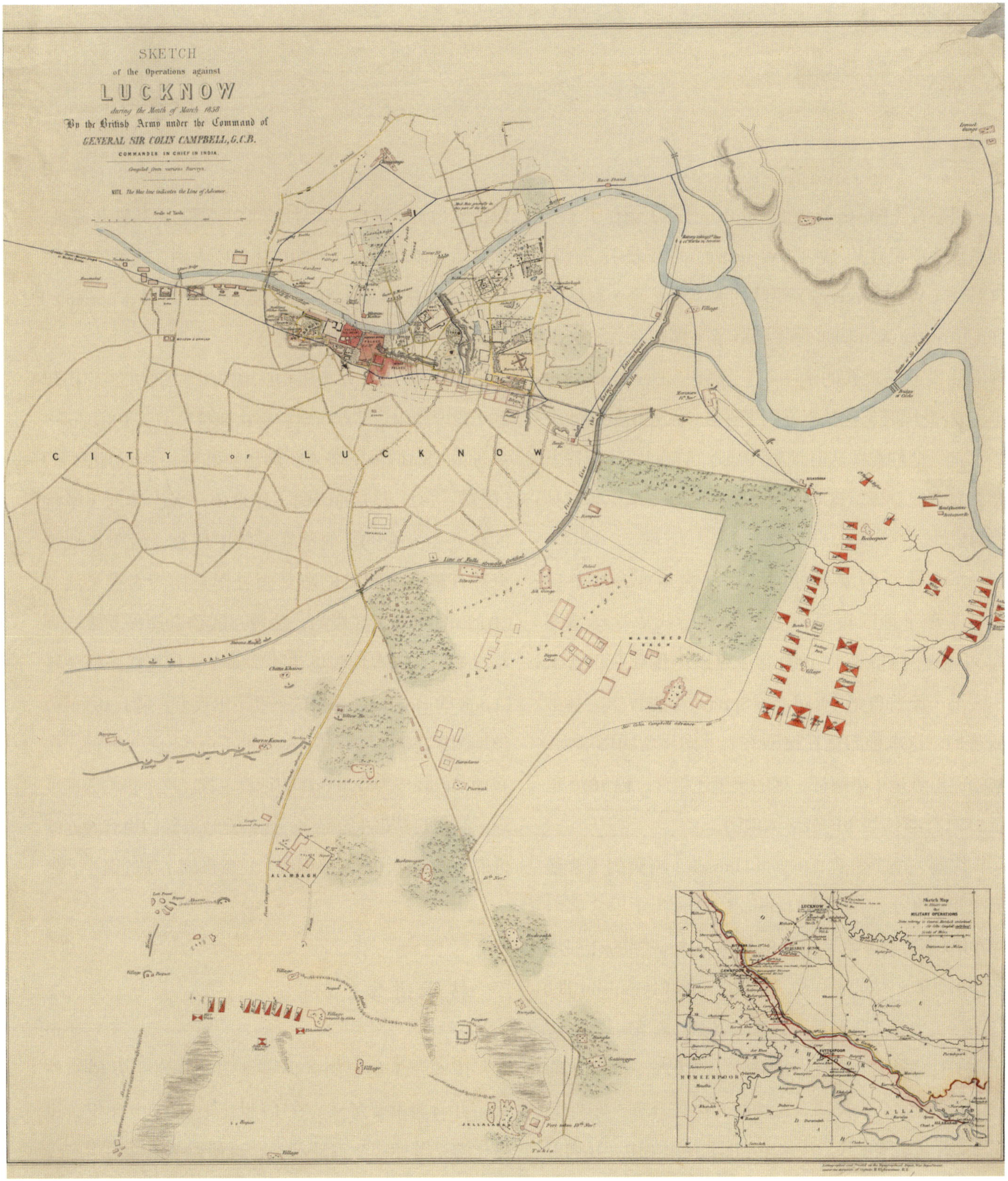

1858 年 3 月针对勒克瑙城（Lucknow）开展的军事行动的地图（英国军队绘制）

从 1857 年 6 月开始，奥德邦（Oudh）首府勒克瑙一直被叛乱分子包围着，直到 11 月份才被驻印度英军总司令科林·坎贝尔爵士上将解围。而后，他迅速安排城市民众撤离。1858 年 3 月，经过 10 天的艰苦战斗后，坎贝尔再一次夺回了这座城市。

廉·贝尼肯（Friedrich Wilhelm Benicken）创作了《欧洲军事地理要素》〔魏玛（Weimar），1821 年〕。随后，符腾堡（W ü rttemberg）军队的弗莱赫·冯·科斯勒（Freiherr von Kausler）少将出版了《那些令人记忆深刻的战役与围攻战的地图集》〔德绍（Dessau），1847 年〕。与此同时，锡伯恩询问了许多参加过滑铁卢战役的军官，他们在军队驻地和行动时间等问题的回答上存在显著的差异。这对于战争地图的解读来说非常具有启发性。

作为建立国家必经的一项伟大事业，战争反复地呈现于地图集里。《中古史和近代史袖珍地图集》〔哥达（Gotha），1880 年〕是以巴伐利亚军官卡尔·冯·施普鲁纳（Karl von Spruner）的著作为基础编著的，这本地图集在德国有着非同寻常的影响力，它的侧重点是军事题材。地图集里还包含一幅 1870 年至 1871 年普法战争的战区大地图。

约翰·德罗伊森（Johann Droysen）所著的《普通历史地图集》〔莱比锡（Leipzig），1886 年〕里含有一幅 1870 年普鲁士在色当（Sedan）战胜法国的详细地图。1870 年 9 月的第一天，拿破仑三世（Napoleon Ⅲ）试图将普鲁士军队及其炮兵部队驱逐出色当周边山区，但这一行动以失败告终。9 月 2 日，拿破仑三世和他的 8.3 万名士兵正式投降。这场战斗中，普鲁士军俘获了 2.1 万名法国士兵。从这类地图和地图集中，我们可以清晰地看到普鲁士领导德国时取得的系列胜利成果。而从后续制作的德国地图中还可以看到，战争结束后，法国的阿尔萨斯（Alsace）及东北部洛林（Lorraine）的大部分地区都被德国吞并了。

更普遍的是，军事机构在地图和地图册的制作中起到了重要作用。马克西姆－奥古斯特·德奈（Maxime-Auguste Denaix）所著《欧洲历史和政治格局地图集》（巴黎，1829 年）的印刷工作是由一名巴黎理工学院的毕业生完成的，他曾在军队中服役，后来在战争仓库任职。地图集的雕刻画工作是由理查德·沃尔（Richard Wahl）完成的，他曾在战争仓库接受版画训练。最后，这本地图集在陆军部长布拉克托子爵德科（Louis-Victor de Caux）的赞助下出版了。到了 1836 年，该地图集在继任陆军部长的批准下再次出版的时候，作者德奈已经成为战争仓库的行政主管。这个机构保证了地图制作的专业性的延续，而其他政府部门也有着连续性的专业发展，这最终促成了总参谋部系统的诞生。

技术进步

技术变革也起到了促进地图制作水平发展的作用，并有着重要意义。在 19 世纪最初的 10 年里，机械化造纸开始产生商业利益，这使得蒸汽动力生产线

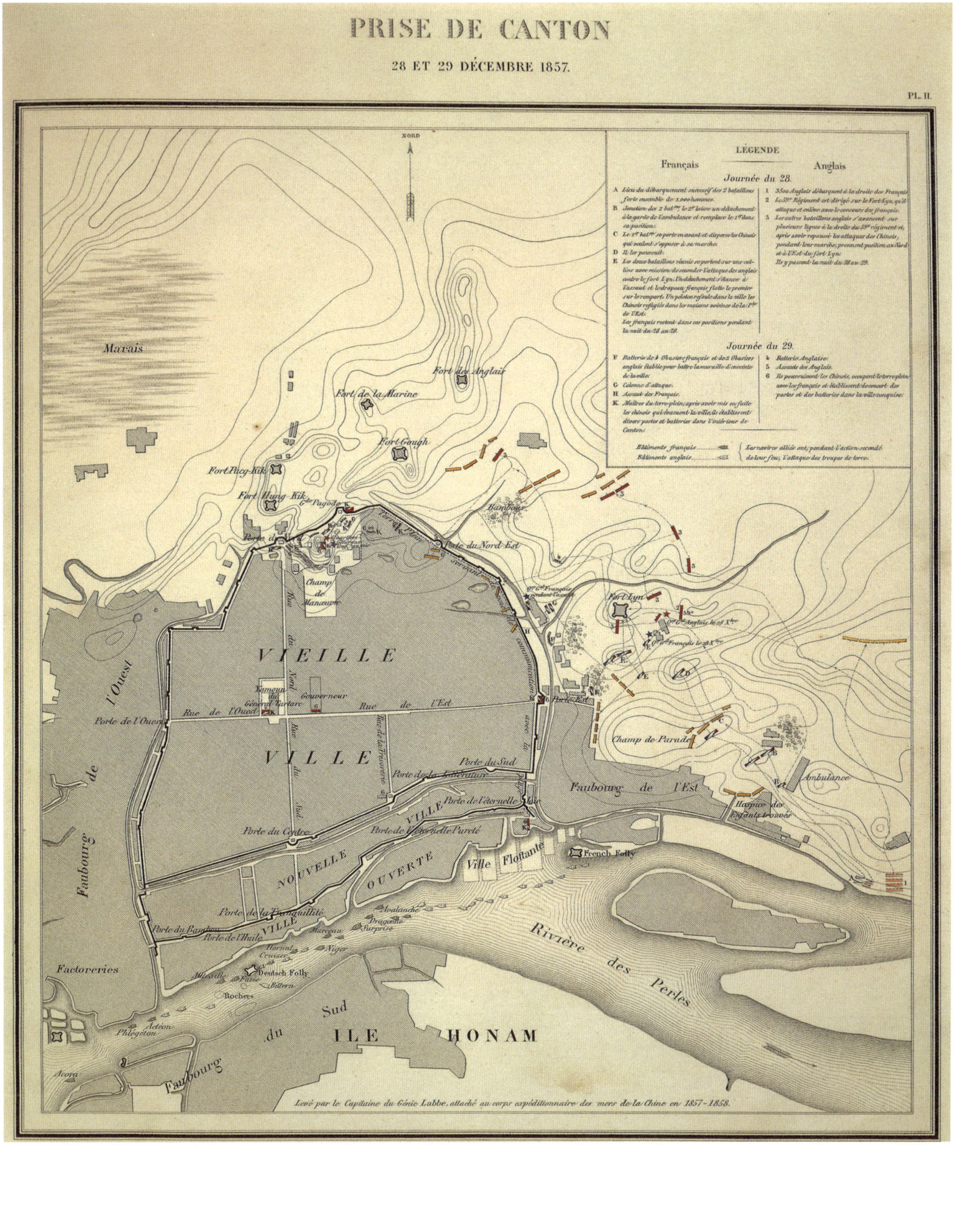

◀

1857 年法军绘制的夺取广州城（Canton）地图

这幅由法军绘制的地图将第二次鸦片战争中英法联军的两次关键作战行动区分开来。同时，旷日持久的太平军起义危机大大降低了中国人抵抗英法联军攻击的可能性。战斗开始时，英军十分依赖海军作战，他们在通往广东的海路上占领了要塞，但为了对付印度兵变，英国人不得不调走了部分部队，所以在法国援军到来之前，他们很难再进一步采取行动。1858 年，人们将注意力转移到了中国华北，联军开始向北京施压，并于 1860 年侵占了北京城。

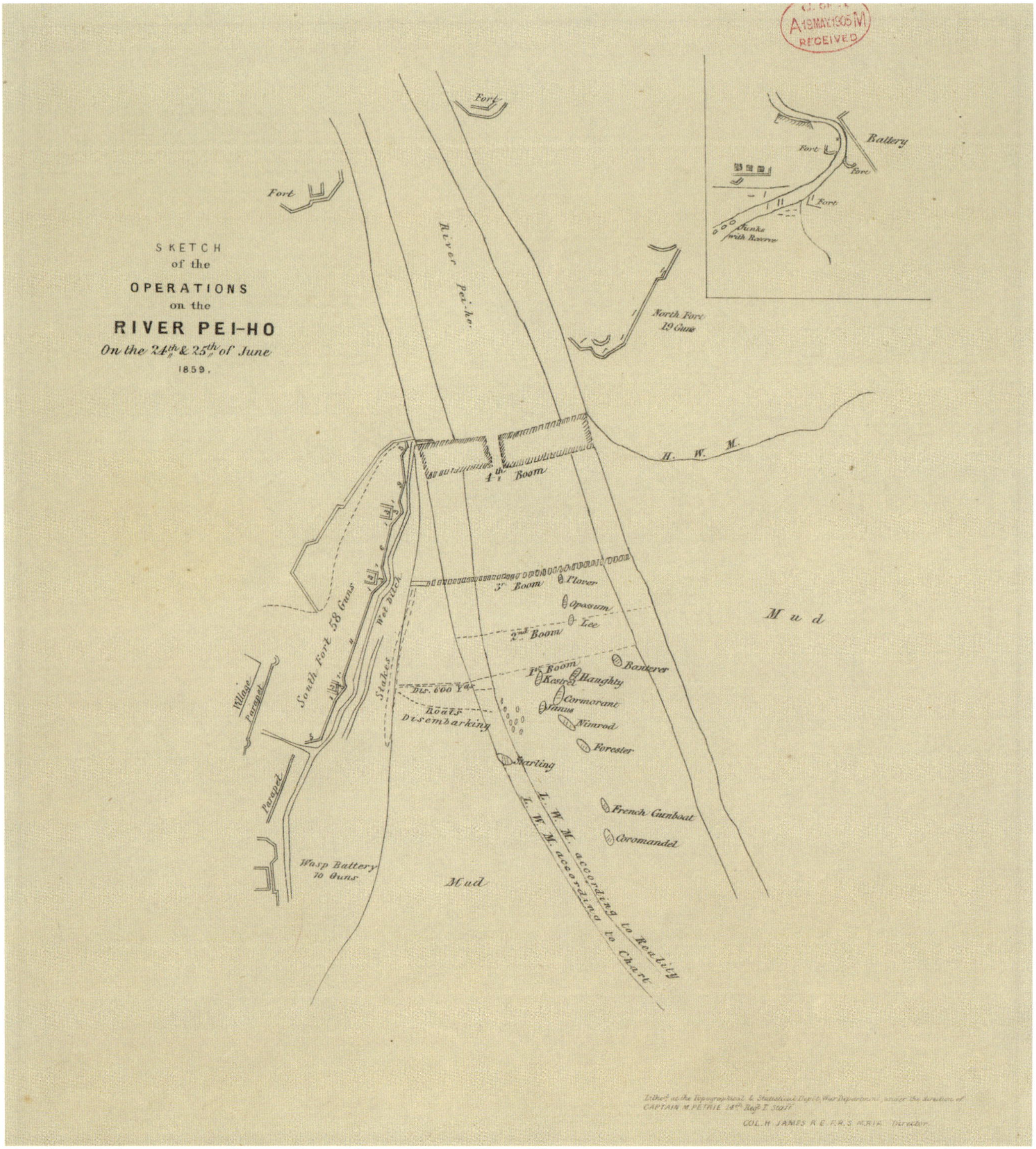

▶

1859年6月24日至25日白河军事行动草图（由英国战争部地形数据统计库印制）

詹姆斯·赫布（James Hope）爵士海军少将率领的一支英国舰队试图强行通过白河区域，却遭到了中国军队的顽强抵抗。这支英国舰队由11艘炮舰和一支1 000人的登陆部队组成。英军共有6艘炮舰被击沉或击毁，造成89名英军死亡，345人受伤。英国人发现中国军队的射击命中率竟然和他们自己的差不多，加上浅滩地形的缘故，英国军舰和护卫舰不得不徘徊在大沽口炮台的射程之外，仅留下木制小炮舰来对付中国军队的炮火。中国的土制防御工事也分散了英军的炮弹火力。然而，1860年，一支更加强大的英法联军发动了新一轮袭击，并击毁了大沽口炮台。

◀ 土伦〔Tourane，即岘港（Du Nang）〕战役（越南地图，1859 年）

1857 年，越南嗣德（Tu Duc）皇帝处决了两名西班牙传教士，为法国对越南进行军事干预提供了借口。1858 年，一支由法国和西班牙联盟组成的远征军在土伦登陆。接着，西贡于 1859 年被占领了。越南人在军队制服、武器和纪律上都借鉴了西方的模式，同时还学习了西方的防御工事，但事实证明，他们学到的只是皮毛而已，距西方军事的核心实质还相去甚远。越南人较难从战术上及技术上触及西方军事发展的前沿成就，而更为严重的是，他们没有选择进行持续化的军事发展和改革，西方国家仍在依靠不断发展进步而越来越强大。这一选择的原因之一是文化偏好，主要指的是儒家思想及其教育的保守性。而更多的原因是越南军队的编制形式不能适应国际战争环境：当时的越南军队的编制和布防主要是为了应付农民起义。

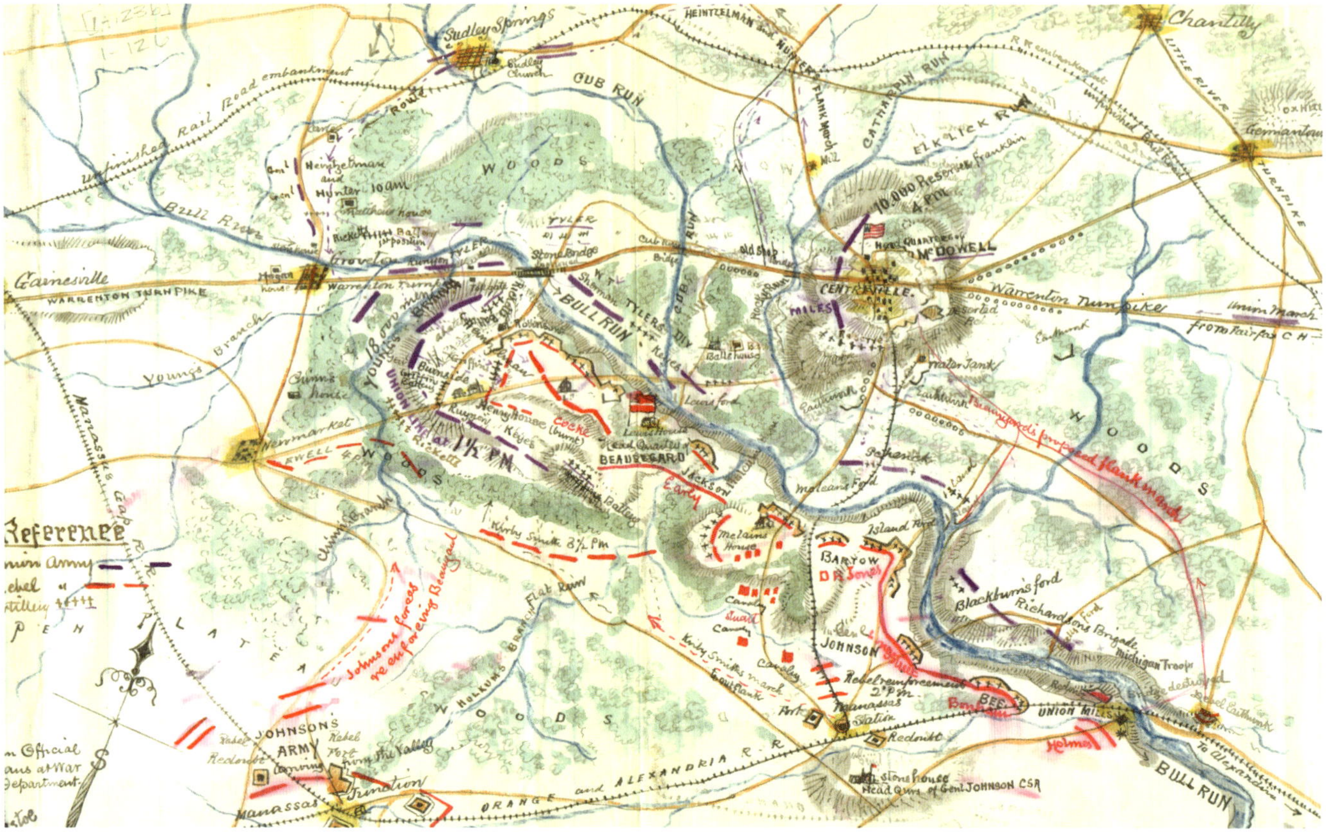

▶
1861 年第一次布尔河（Bull Run）战役地图〔罗伯特·诺克斯·斯内登（Robert Knox Snedon）〕

由于缺乏经验丰富的指挥官，南北双方几乎每一次试图结束美国内战的努力最终都迅速以失败告终。对于 1861 年 7 月 21 日的布尔河战役来说，决定胜负的不是指挥官的战术，而是援军能否到来。在这一点上，南方同盟军在行军路线上受益匪浅，他们从谢南多厄河谷派来的增援部队对北方军侧翼发起了进攻，并对这次战役起到了决定性作用。这场战役最终以北方军受到重创并仓皇逃走告终，而战斗后疲惫不堪、士气低落的南方军也未能成功利用这次胜利的机会继续向前推进。

开始制造大量廉价纸张。同一时期，蒸汽动力印刷机也发展了起来，带来了大规模的经济模式和实践模式的变革。

此外，给地图着色不再是一个手工工艺过程，机械彩印的普遍出现带来了巨大的改变。彩色印刷可以以更低的成本传递更多的信息。由于彩色编码等高线的运用，可传递信息的密度和复杂性也直线上升。

19 世纪 20 年代，平版印刷术的发展对印刷业产生了重大影响，它比雕版印刷要便宜得多。此外，随着平版印刷使用金属印刷版代替了石材印刷版，转移技术得到了开发利用。平版印刷术自身也在不停更新换代，线条变得越来越纤细，字体也越来越整齐。

参谋系统

在军事系统里，负责军事规划工作的专业人员发挥着越来越重要的作用。地图作为总参谋部系统里的基础工具，其重要性与日俱增，地图规划和绘制也随之愈加重要。地图是一个高效迅捷的决策系统中的关键要素，在实时调度决策和相互关联的战术行动中实施战略计划时，其重要性不言而喻。

普鲁士总参谋部在 1816 年建立了土地测量部门，专门负责地图的绘制，其军官必须接受三角测绘、地质学和制图技能方面的专业训练。总参谋部的所有工作人员都要在这一部门轮岗几年。1820 年至 1914 年，

◀ 卡通式战略计划：蟒蛇计划（Anaconda Plan）〔辛辛那提（Cincinatti）画师 J. B. 埃利奥特（J. B. Elliott），1861 年〕

温菲尔德·斯科特（Winfield Scott）中将作为一位总司令和一名杰出的美国老兵，一直呼吁北方军向密西西比河的方向推进，再结合海军力量的封锁，从地理位置上将南部同盟一分为二。他的计划被媒体称作“蟒蛇计划”。这个计划的初衷是通过提供支援力量来使北方军收回兵力，让平民大众免受战乱之苦的同时，敦促南方军达成和平协议；即使不能达成和平协议，也能为北方军在未来的军事行动中争取到最佳战略位置。斯科特强调提前做好准备和计划，进行迂回作战，注重训练，以及将进攻推迟到 1861 年的秋天，而这些计划在实施中都遇到了不小阻力。斯科特寻求的是“一场大战役”，然而得到的却是缓慢到来的“一系列零碎的小胜利”。北方军向密西西比河的进军也成了第一次布尔河战役的导火索。

普鲁士的 6 名总参谋长中的 4 人都曾在该部门工作过一段时间，通常是 1 到 3 年不等。事实上，1866 年至 1871 年，在德国统一战争期间被誉为“最成功的总参谋长”的赫尔穆特·卡尔·毛奇（Helmuth Karl Bernhard von Moltke，即老毛奇），曾在土地测量部门度过了他的前 3 年试用期。土地测量部门所制地图对于模拟作战来说很重要，在这种作战演习里，战斗策略的制订实施是参谋部人员的必修课。老毛奇充分意识到战斗中铁路的作用和潜力，这是一种与地图紧密相连的新式运输手段。

在 1866 年和 1870 年的战争中，普鲁士分别战胜了奥地利和法国，取得了辉煌的胜果。此后，其他国家纷纷试图效仿普鲁士军队的战争策略和方法。在 1870 年至 1871 年的普法战争中，法军手中并无足够可用的法国东部地图，仅有的几幅存图质量也远赶不上德国军队的地图。但当普鲁士的地图绘制方法传播开来之后，这种情况就得到了改善。巴黎高等战争学院于 1878 年成立，它的宗旨是为法国提供一所专业参谋学院。1887 年，战争学院开始设立陆军地理服务部。学院设有测地学、精密测量、地势学、制图学，以及救援建模和精密仪器等专

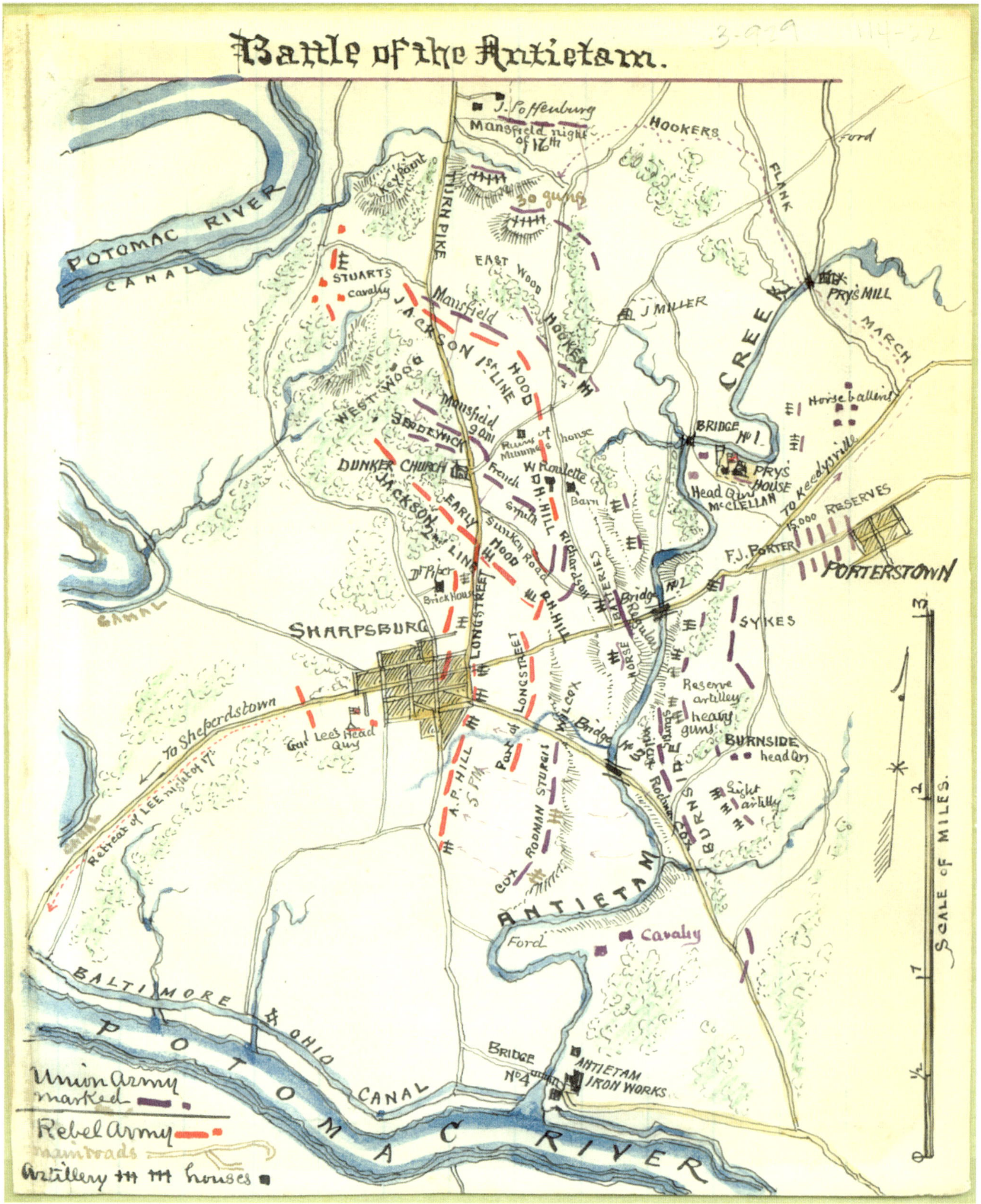

▶

1862 年 9 月 17 日的安蒂特姆河（Antietam）战役地图（罗伯特·诺克斯·斯内登）

北方联邦军波托马克（Potomac）集团军司令乔治·B. 麦克莱伦（George B. Mc Clellan）少将的战略计划的实施是失败的，在攻破南方同盟的核心区域之前，他未能顺利实施打击南军侧翼的计划。然而，北方军在 1862 年 9 月 17 日的一系列零星攻击更是收效甚微，反而使正面攻击变得十分费力而危险。在攻击南方军的中心位置和右翼之前，北方军发起了对其左翼的攻击。最终，北方军在安蒂特姆河湾处突破了南军右翼，可惜为时已晚，这次胜利无法确保北方军战斗的顺利进行，麦克莱伦也未能取得最终胜利。他的这次失败使得寡不敌众的南方同盟军扳回一局，双方打成了平局，南方军在坚守阵地长达两天之后才最终撤退。但战斗中，南方军的防御部队也因为防御工事不够牢固而导致大量人员伤亡。

▲

1863 年的维克斯堡（Vicksburg）地图（罗伯特·诺克斯·斯内登）

在北方联邦没有希望快速结束南北战争时，其战略重点逐渐转变为如何在长期冲突中成为最后赢家。这使得北方军第一阶段军事行动的焦点集中于确保对密西西比河的控制，以及对南部同盟的分裂行动之上。以此为目标，北方军结合已取得的胜利成果，进行着下一步的战略行动。维克斯堡是密西西比河上非常重要的南方军要塞。一旦北军司令尤利西斯·S. 格兰特（Ulysses S. Grant）少将取得维克斯堡战役的胜利，他就有机会集中军事力量，夺得作战先机，并有可能将南方军围困在这个城池中。美国驻巴黎特使称：“对于叛军（南方军）的整体战斗事业来说，密西西比河的失守带来的损失比打了多场败仗还要严重。”铁面无情的格兰特将军在驻营地靠山吃山，这也帮助他解决了补给问题。然而，他们急缺大炮等武器设备。1863 年 6 月，北方联邦军长达 12 英里（约 19.3 千米）的包围线的炮台上，仅装备了 220 门大炮。

▶ 里士满（Richmond）周边战场鸟瞰图〔约翰·巴赫曼（John Bachmann）1862 年〕

这幅地图展示了1862年6月29日的奇克哈默尼河战役（the Battle of Chickahominy River）的战场范围。从约翰·巴赫曼的空中俯瞰视角可以看出，在北方军于里士满城东发动了一次大规模渡海登陆之后，这座南方同盟首府所受到的军事威胁的具体情况。北方军的进攻起初看起来很有威胁。在面对这些人数众多而手脚笨拙的敌人时，南方军一开始选择了撤退。然而，5月31日，南方军司令约瑟夫·约翰斯顿上将在费尔奥克斯（Fair Oaks）受伤后，罗伯特·E. 李（Robert E. Lee）上将接替了他，并在随后的“七日之战”（1862年6月25日至7月1日）中成功遏制了乔治·B. 麦克莱伦少将小心翼翼的进攻。南方军以这场胜仗为起点，开始向东部地区进军，并取得了一系列的胜利。

业，并直接归属总参谋部管理。

其他国家又开始纷纷效仿法国的做法。阿根廷于1870年成立了国家军事学院基金会，并于1872年成立海军学院。在随后的20世纪初期，一所专为训练高级军官的战争学院——阿根廷高级战争学院成立了。

在许多国家的军事实践中，军队都以中型标准比例尺地形图作为“总参谋部地图”。实际上，德国总参谋部的测绘部门已经制出545张比例为1∶10 000的德国地图。这种模式并不局限于欧洲，普鲁士的军事影响促使土耳其总参谋部于1895年创建了一个专业制图部门。而7年之前，日本军队已在总参谋部内部创建了日本帝国土地调查处。但中国直到1902年才成立了类似的军事调查机构。

在考虑如何最好地提供地图信息以协助军事规划和行动时，地图制作者们就应传递多少信息展开了讨论。1892年，具有影响力的英国军事地图委员会发布了报告，称其支持使用含有等高线、道路分类和符号（不是名字）的彩色地图，以改善地理信息过于混乱的

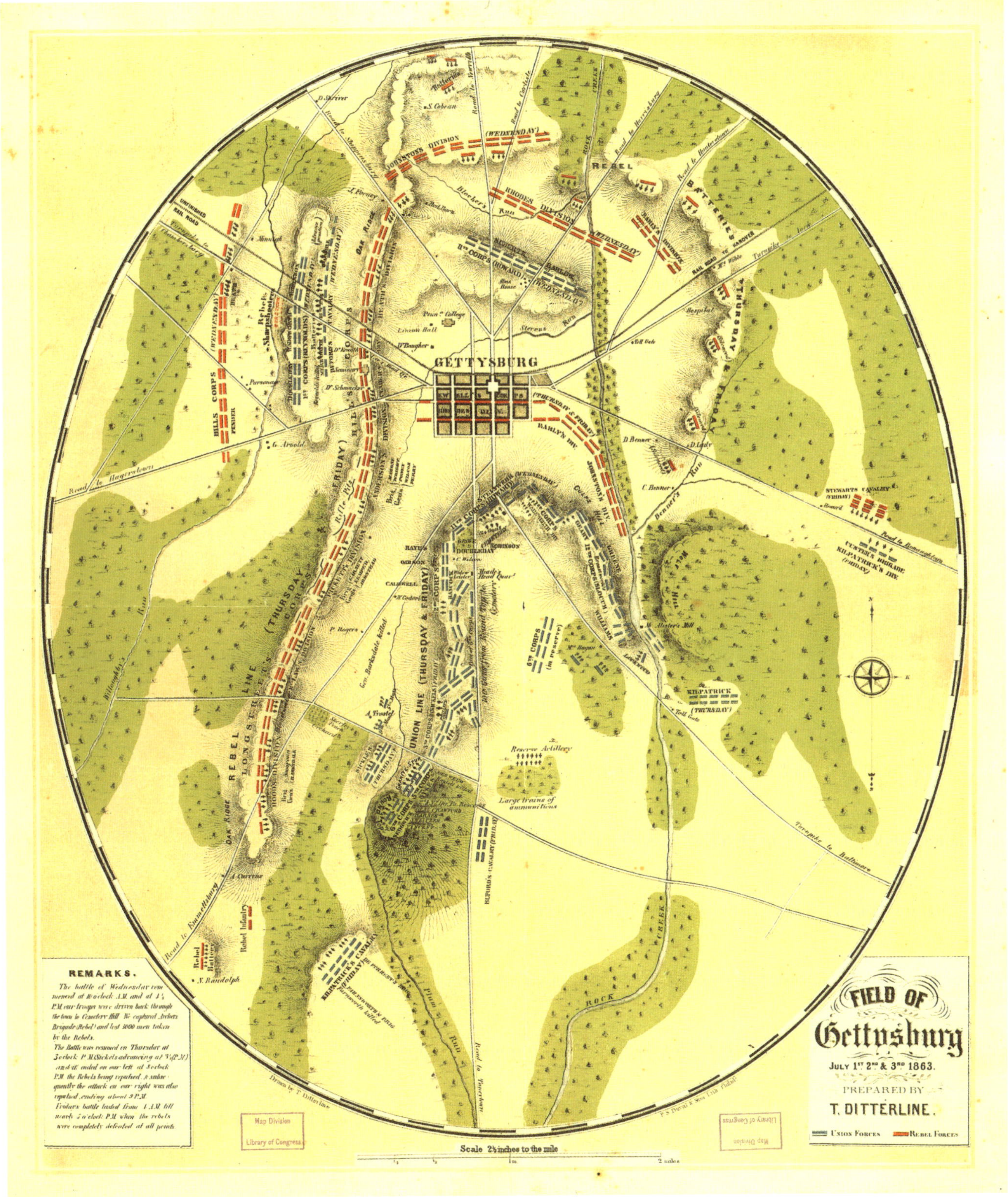
GETTYSBURG
REMARKS.
The battle of Wednesday commenced at 10 o'clock A.M. and at 4½ P.M. our troops were driven back through the town to Cemetery Hill. We captured Archers Brigade (Rebel) and lost 3000 men taken by the Rebels.
The Battle was resumed on Thursday at 3 o'clock P.M. (Sickels advancing at ¾ P.M.) and it ended on our left at 8 o'clock P.M. the Rebels being repulsed & subsequently the attack on our right was also repulsed, ending about 9 P.M.
Friday's battle lasted from 4 A.M. till nearly 5 o'clock P.M. when the rebels were completely defeated at all points.
FIELD OF Gettysburg
JULY 1ST 2ND & 3RD 1863.
PREPARED BY
T. DITTERLINE.
UNION FORCES
REBEL FORCES
Scale 2½ inches to the mile
Map Division
Library of Congress

◀

1863 年 7 月 1 日至 3 日的葛底斯堡战役地图（纽约电铸版印刷技师 C. A. 奥尔沃德（C. A. Alvord），1863 年）

由于缺乏足够的侦察能力，“叛军”（北弗吉尼亚南部同盟军）司令罗伯特 · E. 李上将在对前方敌情一无所知的情况下，陷入了 1863 年 7 月 1 日至 3 日的这场葛底斯堡战役之中。战役第二天，李没能成功协调起南方军的进攻，这让北方军司令乔治 · 米德（George Meade）少将有机可乘，从堡垒内部向南方军发起了反击。米德察觉到了朗斯特里特（Longstreet）正带着得州和亚拉巴马军准备袭击北军侧翼，于是他将张伯伦（Chamberlain）军移动至小圆顶山丘处，以应对这一侧翼威胁。第三天，南方军对北方军中部皮克特（Pickett）突击队发起的袭击未能得到足够的侧翼支援。战斗结束后，李撤退了。这次战役加上格兰特 7 月 4 日在密西西比州维克斯堡取得的胜利，暗示着南北局势开始彻底扭转。

局面。地图使用者们也开始追求更加统一、实用的地图产品，所以上述地图彩绘方法随之变得更加普遍。

美国内战

19世纪最后30年，欧洲各国在和平时期表现出来的对地图的需要，尤其是在对征募兵和后备军人进行频繁的训练演习时对各类地图的需求，与美国在内战时期（1861—1865）表现出来的对地图的战时需求形成鲜明对比，后者成了军事争议和大众讨论的焦点所在。起初，美国内战双方的战地指挥官均因缺乏足够可用的地图而受到严重束缚——不论是在战略、战役还是在战术施展上，他们都需要使用地图。甚至在设计全面战略时，地图也是核心工具。在不同规模的军事行动中，以及在各个战场间协调和移动军队时，地图的使用无处不在，而对于不熟悉地形、需要地理细节的军队来说，情况更是如此。

除了战场层面之外，战斗的规模有时会十分庞大，以至于从战术角度来说，在交战过程中，完全依靠单个指挥官的视野和作战指令的安排是不够的，提前的计划显得更有必要。这在布置炮兵阵地、发起和应对正面攻击，以及协调多角度进攻等操作中尤为重要。

为了控制战役进程，了解战场地形是很有必要的。掌握地形往往还出于其他特定原因，诸如铁路连接与野战之间的相互影响、能否最大限度地利用诸如密西西比河之类的水路等。在第一次和第二次马纳萨斯之战〔Battle of Manassas，又称布尔河之战（Battle of Bull Run），分别发生于1861年和1862年〕、夏洛之战（Battle of Shiloh，1862）等许多场战役中，铁路联络和野战的相互作用是非常重要的。例如，在这些战役中，将小股部队运输到战场区域需要运用铁路，这也充分诠释了为什么那些特定的铁道站点是兵家必争之地。此时，北方联邦军正在向南部同盟进军，他们急需可用的地图，以便更好地利用他们的军事储备。

商业制图已不能满足军用地图的需求，南部同盟军和北方联邦军不得不开始建立自己可用的地图库。1864年一年内，海岸测量局和陆军工兵部队每年可以为北方军提供大约4.3万张印制地图。同年，海岸测量局还制作了一幅1英寸（2.54厘米）比10英里（约16.1千米）的标准地图，涵盖密西西比河以东邦联治下的大部分区域。平版印刷机可以快速地印制出同版地图的复制品。在战争区域固定的情况下，战地地图标准副本的生产变得至关重要。测量人员和制图员被征召入伍，这给私人制图商们的地图生意带来了许多困难。

美国的媒体认为，大量制作地图是恰当且很有必要的，而这些报纸上之所以能出现这么多地图，

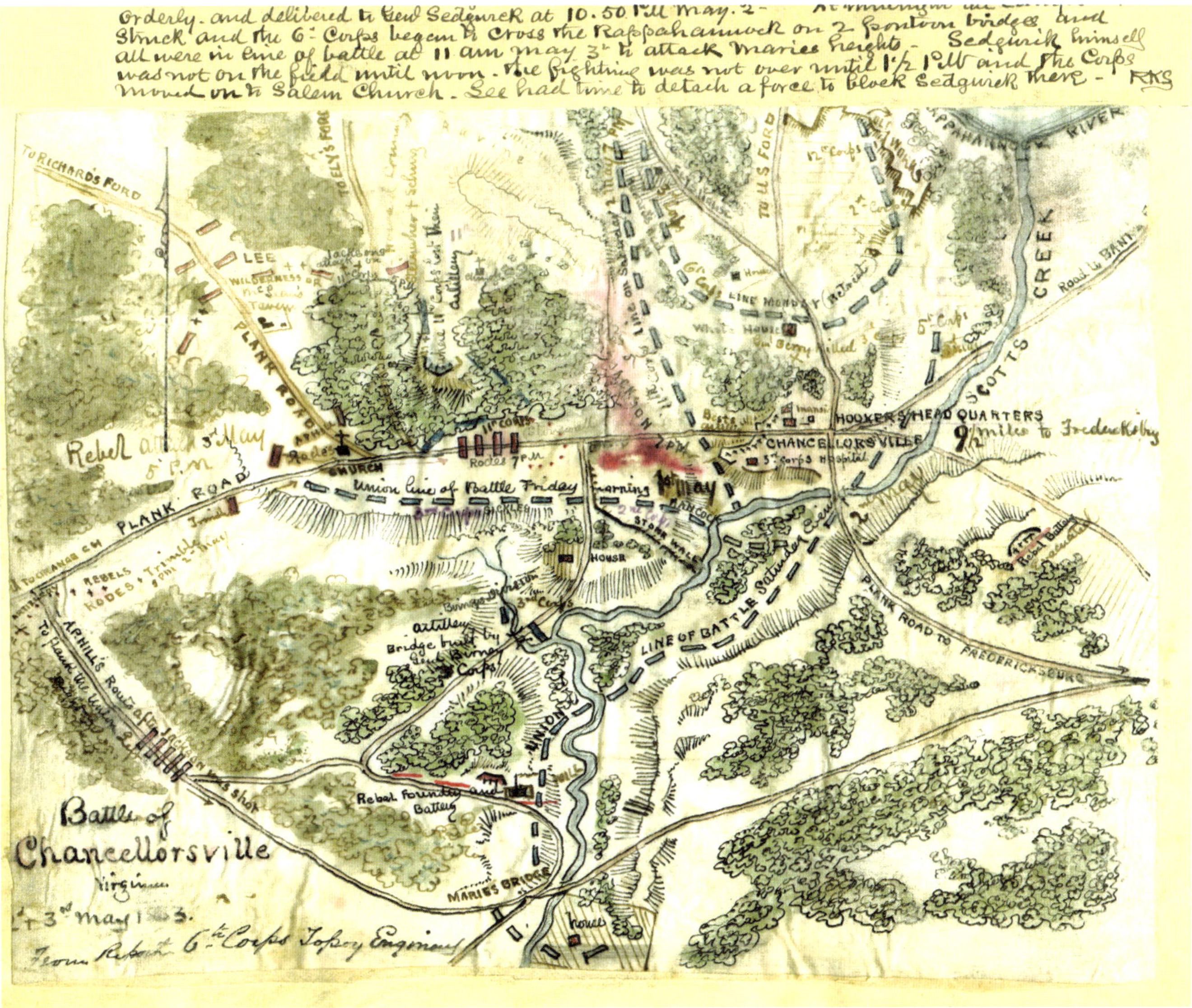
Orderly. and delibered to Genl Sedgwick at 10.50 P.M. May. 2 -
Struck and the 6th Corps began to cross the Rappahannock on 2 pontoon bridges and
all were in line of battle at 11 am May 3rd to attack Maries heights - Sedgwick himself
was not on the field until noon - the fighting was not over until 1½ P.M. and the Corps
moved on to Salem Church - Lee had time to detach a force to block Sedgwick there - RKS
RAPPAHANNOCK RIVER
TO RICHARD'S FORD
ELY'S FORD
U.S. FORD
LEE
PLANK ROAD
CHURCH
HOOKERS HEAD QUARTERS
CHANCELLORSVILLE
9½ miles to Fredericksburg
SCOTTS
CREEK
Rebel attack 3rd May 5 P.M.
Union line of Battle Friday Evening 1st May
STONE WALL
HOUSE
LINE OF BATTLE
PLANK ROAD TO FREDERICKSBURG
Rebel Fountain and Battery
MARIE'S BRIDGE
Battle of Chancellorsville Virginia
2+3rd May 1863.
From Robert 6th Corps Topog Engineers

◀ 1863 年的钱瑟勒斯维尔（Chancellorsville）战役地图（罗伯特・诺克斯・斯内登）

这是东部战场一系列令人筋疲力尽的战役中的一场。北方联邦军指挥官约瑟夫・胡克（Joseph Hooker）少将计划包抄李将军的左翼，但由于胡克不得不于 5 月 1 日谨慎地应对与南方军的交战，这次侧翼包围行动以失败告终。反倒是“石墙”将军杰克逊（Jackson）的南方军第 2 军展开了一次成功的侧翼行动，在北方军于 5 月 2 日有能力发起有效袭击之前攻击了他们的右翼。然而杰克逊中将在夜间行动时不幸被一名南方士兵射中误杀。在北方军 5 月 4 日的进攻行动受阻之后，胡克撤退到了拉帕汉诺克河（Rappahannok River）的另一侧河岸。这说明联邦军虽在人力和物资上占有优势，却未能将这种优势转化为军队的战斗能力，以击败南方军的北弗吉尼亚（Northern Virginia）集团军，也未能让联邦军承受住对手的进攻并取得胜利。

一是源于战地记者和通讯员们的贡献，二是依靠印刷术和雕刻技术的最新发展。插图新闻的产生和发展为地图的频繁使用铺平了道路，战地通讯员们发来的现场素描草图被迅速重绘、刻印并刊登出来。此外，出版商们发行了大量的单张地图，地图的生产规模变得巨大。1861 年 4 月 1 日至 1865 年 4 月 30 日，北方的报纸共印刷了 2 045 张与战争有关的不同类型的地图。

这一时期，大量独立的地图印刷品开始发行，极大地满足了公众对地图的需求，在美国北部，情况尤为如此。这些地图中有战区地图和战役地图，依托那场极为重要的波托马克河战役（Battle of Potomac）所绘的《培根的新弗吉尼亚陆战局势图》（1862）就是很好的例子。那一年，当北方军还在密西西比河沿岸积极作战时，为了实现北军沿着战区中轴将南部联盟一分为二的夙愿（最终也取得了成功），詹姆斯·劳埃德（James Lloyd）发布了他的名作《从圣路易斯至墨西哥湾的密西西比河下游区域地图》。这一时期的地图开始采用十分有趣的新视角，如约翰·巴克曼（John Bachmann）的《路易斯安那、密西西比、亚拉巴马和佛罗里达部分地区鸟瞰图》（1862）。这幅地图可以很好地诠释 1862 年发生的海军战役。此战中，新奥尔良和巴吞鲁日（Baton Rouge）最终被北方军的戴维·法拉格特（David Farragut）海军上将占领。巴克曼在描绘这些战斗区域时采用了一系列令人惊艳的环形鸟瞰视角。

这些地图使得那些位于战争后方的人们可以及时跟上军队行进的脚步和了解具体情况。它们的视觉冲击力堪比第二次世界大战期间理查德·伊兹·哈里森（Richard Edes Harrison）的地图，他的地图也有着引人注目的空中视角，并且覆盖的地理区域要更加广阔些。

相反地，在资源比较匮乏的南部同盟，由于严重缺乏媒体经营者、印刷工、雕刻工和印刷材料，地图作品在南方报纸上比较罕见。然而，如《查尔斯顿·墨丘利》和《奥古斯塔的立宪主义者》等部分地图作品还是出版了一些。

在报纸上发布战争地图可能导致政府采取行动。1861 年 12 月 4 日，《纽约时报》的头版刊登了《华盛顿前方的国境线：一幅展示首都防御工事及北方大联邦军各部位置的地图》。而后，北方军总司令乔治·麦克莱伦（George McClellan）少将愤怒地要求惩罚该报纸，因为这种行为可能给南方军提供信息指导和帮助。战争部长采取了折中的处理方式，仅是警告了该报编辑以避免再次出现此类事情。第二年春天，战争部建立了一项义务性的制度，以阻止波托马克军队的随军记者再一次出版类似不宜公开的事情。

地图还可以表达出讽刺性的观点，如《斯科特的大蛇》，描绘并讽刺了 1861 年温菲尔德·斯科特

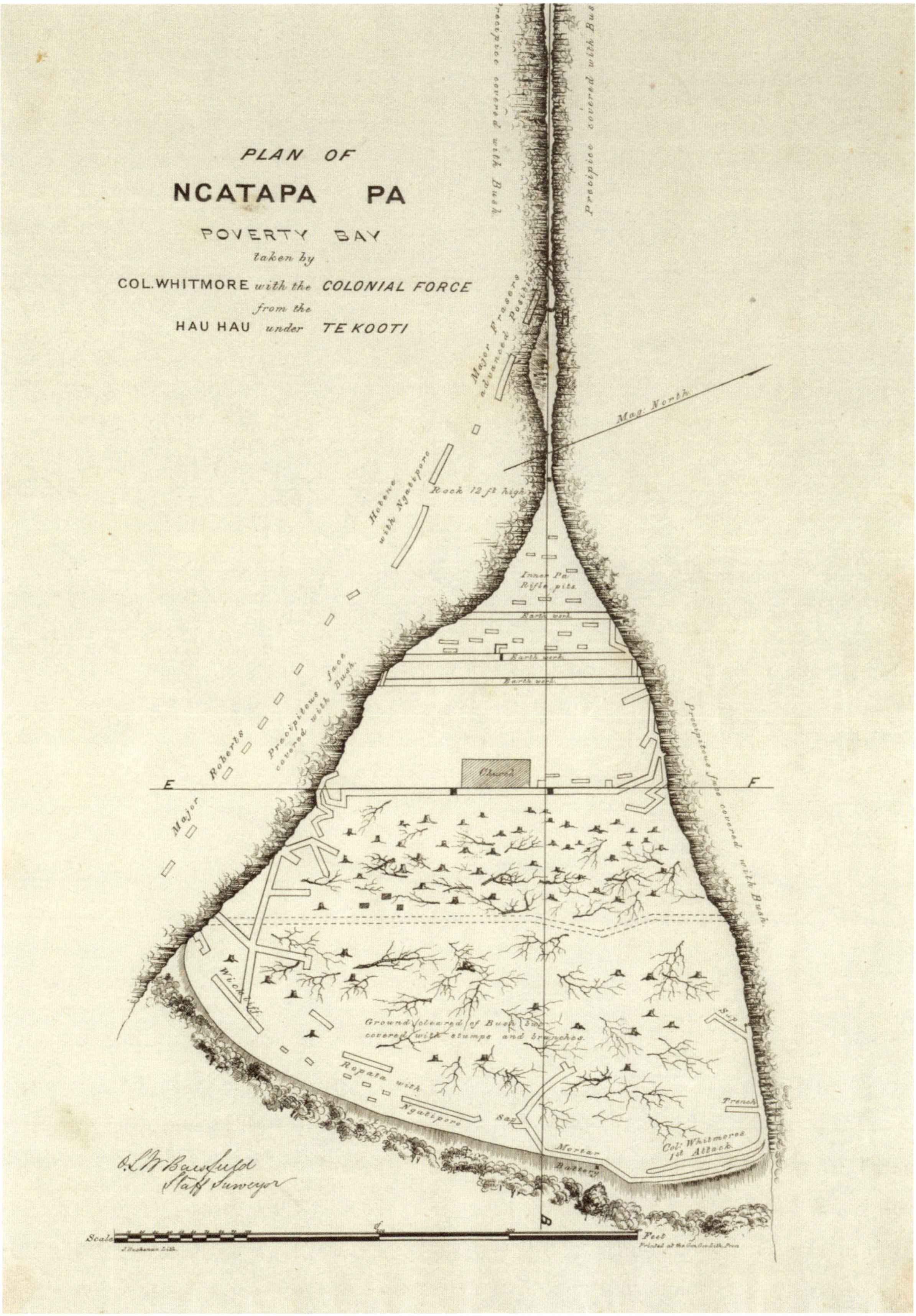

◀
毛利（Maori）战争示意图（摘自波弗蒂湾纳塔帕计划）

蒂托库瓦露（Titokowaru）和此次战役中的蒂・库梯（Te Kooti）领导毛利人在具有优势的地理位置建起了防御战壕和堡垒系统，减少了英军炮火对他们的影响，同时由于占有地形优势，堡垒也很难被英国人轰炸或突袭。毛利人在自己的毛瑟枪上加装了刺刀，用来增加武器的攻击力。19 世纪 60 年代，毛利人曾成功阻断了英军的数次进攻。随着修建道路和堡垒等扩展控制进程的不断深入，在英国军队、殖民当局及部分部落武装力量的强大压力下，毛利人后来还是按照英国人的条款达成了最终解决协议。尽管蒂・库梯的军队在 1869 年 1 月的纳塔帕（Nga tapa）围攻战中成功突围，及时从陡峭的悬崖上逃走了，但忠于英国政府的其他毛利部落还是逮捕并处决了 130 多名蒂・库梯的支持者。毛利军队的最大堡垒又被他们称为“帕”，那是一座坚固而古老的山顶堡垒，占据了最佳防御位置。然而，“帕”缺乏安全的供水系统，防御军最后因为耗尽了堡垒中的水而不得不投降。“帕”的防御军大约由 200 名战斗防御士兵和 600 名攻击士兵组成。“帕”的内部设有许多散兵壕坑，它的其余三面都是陡峭的悬崖。

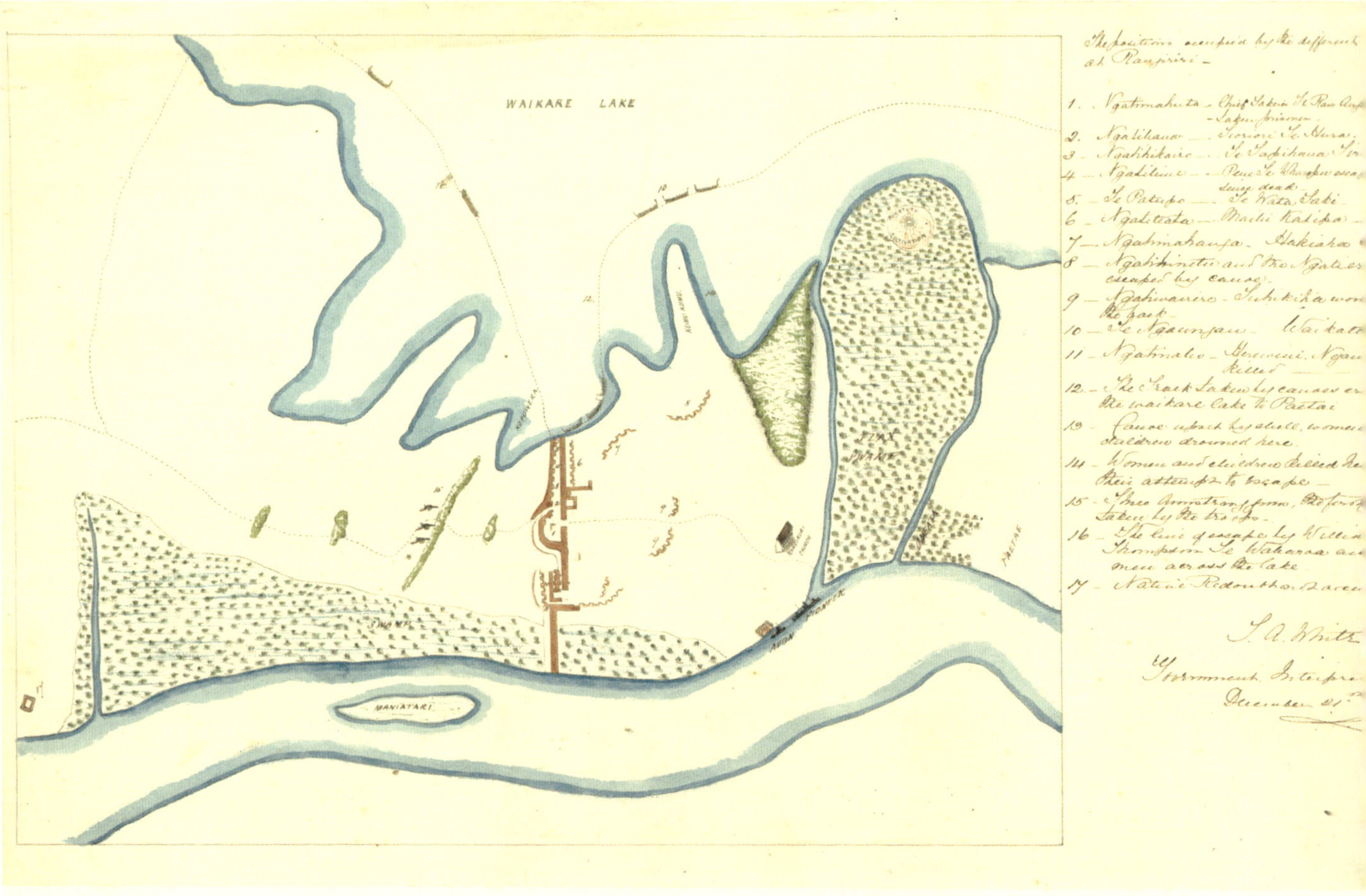

1863 年 11 月的毛利战争地图

这幅地图里的郎吉里里（Rangiriri）位于怀卡雷湖（Waikare Lake）和怀卡托河（the Waikato River）之间，从图中可以看出当时毛利人的部队及其多面堡的位置，还可以看到携有三门阿姆斯特朗炮的英军已经占领的位置。毛利人的防御工事由两边挖有壕沟的坚固矮护墙组成，护墙两边还筑有多面堡和隐蔽的带有木桩护栏的步枪壕坑。然而，毛利人没有足够的人手来保卫这些大型防御工事，当 860 名英军士兵从陆路和河道两边夹击时，毛利人措手不及。11 月 20 日，尚未进行必要侦察的英国人发动了正面袭击，却发现敌方中心的多面堡地势太高，随后他们遭到毛利人的顽强抵抗，引发了一场混战，战斗局势一时间十分不明朗。最终，双方都损失了大约 50 名士兵。当晚，包括部落首领在内的大多数毛利人撤出了战场。第二天，剩下的毛利人选择了投降。这是怀卡托之战中较为关键的一场战役。

（Winfield Scott）中将为击败南方军而制订的“蟒蛇计划”（Anaconda Plan）。

在战后，公众对战争的关注和兴趣催生了更多的战争地图。约翰·巴切尔德（John Bachelder）在他的指导手册《葛底斯堡：我们能看到什么，应该怎样看》（1873）中印制了一幅战场地图。亨利·卡林顿（Henry Carrington）为纪念独立战争创作了《以地形插图解读美国革命战争》（1876）。

这是战争地图应运而生的一个普遍过程，尤其是在当代公众对新闻信息和瞬息万变的世界局势十分关注的情况下更是如此。这些地图向人们展示了战争区域的概况，尤其是近期战争冲突频发的那些区域。这

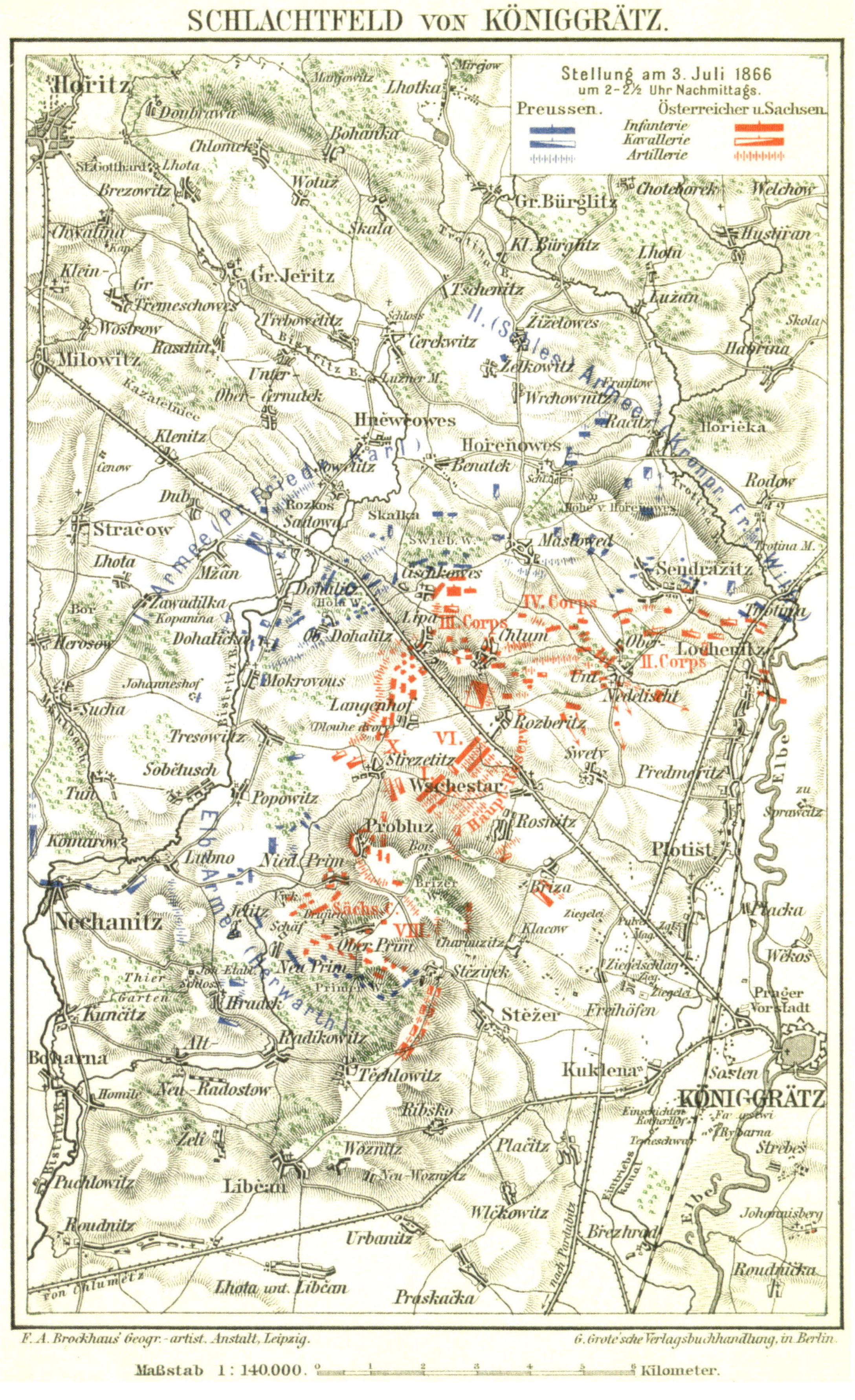

◀

1866 年萨多瓦（Sadowa）战役〔或称为克尼格雷茨（Königgrätz）战役〕

在 1866 年 7 月 3 日的这场普奥战争的决定性战役中，作战双方在战场上分别部署了 25 万兵力。奥地利指挥官路德维希·奥古斯特·冯·贝内德克（Ludwig August von Benedek）处于一个有利的防御位置，同时还拥有更好的火炮及可以从内线将普鲁士军队各个击破的机会。然而，实战开始后，贝内德克举棋不定，无法充分利用自己的有利位置，奥地利军逐渐落入下风，并开始变得士气不振。与此同时，普鲁士人试图集中他们战场上的分散的兵力，以一举攻克敌方。虽然普鲁士的包围战没有完全成功，但却摧毁了奥地利军队的凝聚力和士气，使奥地利军遭受了严重的伤亡。在战术层面上，普鲁士部队拥有敌方所缺乏的灵活性，这使得奥地利军阵地在侧翼夹击中被交叉火力覆盖。与之相反，这场战役中奥地利人在发起大规模进攻时却遭受了惨重的损失。

ANNESLEY BAY to MAGDALA.
Sheet 1.
ABYSSINIA
Line of March of the Army under Lieut. Genl. Lord Napier of Magdala, 1868.
1 Points marked H.S. are fixed by triangulation from Base Lines measured at KUMAYLI, SENAFE, ANTALO, ASHANGI and MAGDALA. The Ends of these Base Lines are connected inter se, and also with initial Station at Mulkatto by Theodolite Traverse, and the Positions thus obtained are verified by Astronomical Observations.
2 Position of Initial Station at Mulkatto Longitude E. 39 44 10. Latitude N. 15 15 46. determined by Astronomical Observations.
3 Heights determined by boiling point Thermometers.
Scale - 4 Miles to an Inch.
DOHUL
R E D S E A
MASSOWAH I.
DISSEE I.
A N N E S L E Y B A Y
1870

▶

1868年英国入侵阿比西尼亚（Abyssinia）

英国于1868年入侵了阿比西尼亚〔即今埃塞俄比亚（Ethiopia）〕，目的是营救包括英国领事在内的英国人质，这些人质被特沃德罗斯二世（Tewodros Ⅱ，1855年至1868年在位）关押在马格达拉（Magdala）。特沃德罗斯二世是个与众不同的皇帝，他曾试图将阿国军队现代化以加强国家的力量，并购进了大量的步枪。在一场计划完备的战役中，罗伯特·内皮尔（Robert Napier）中将率领一支来自印度的强大的英国部队，到达了红海的安斯利湾（Annesley Bay），也就是地图上所示的马尔卡托港〔Malkatto，即穆卡托港（Mulkatto）〕，而后进入了多山的内陆区域。阿比西尼亚人在阿洛吉（Arogee）战役中被打败了。这场战役中，英国人以1.3万兵力对战0.7万的阿比尼西亚军，占据了人数优势，并以更先进的火炮和后膛步枪战胜了他们。马格达拉被英军以雷霆之势占领，人质也被成功解救。特沃德罗斯二世自杀后，约翰尼斯四世（Yohannes Ⅳ）继位，并被英军赠予武器装备，随后英军就撤退了。根据1868年的当地军事调查的原始资料，这幅地图于1870年由英国陆军测量局用锌版印刷术制作完成。

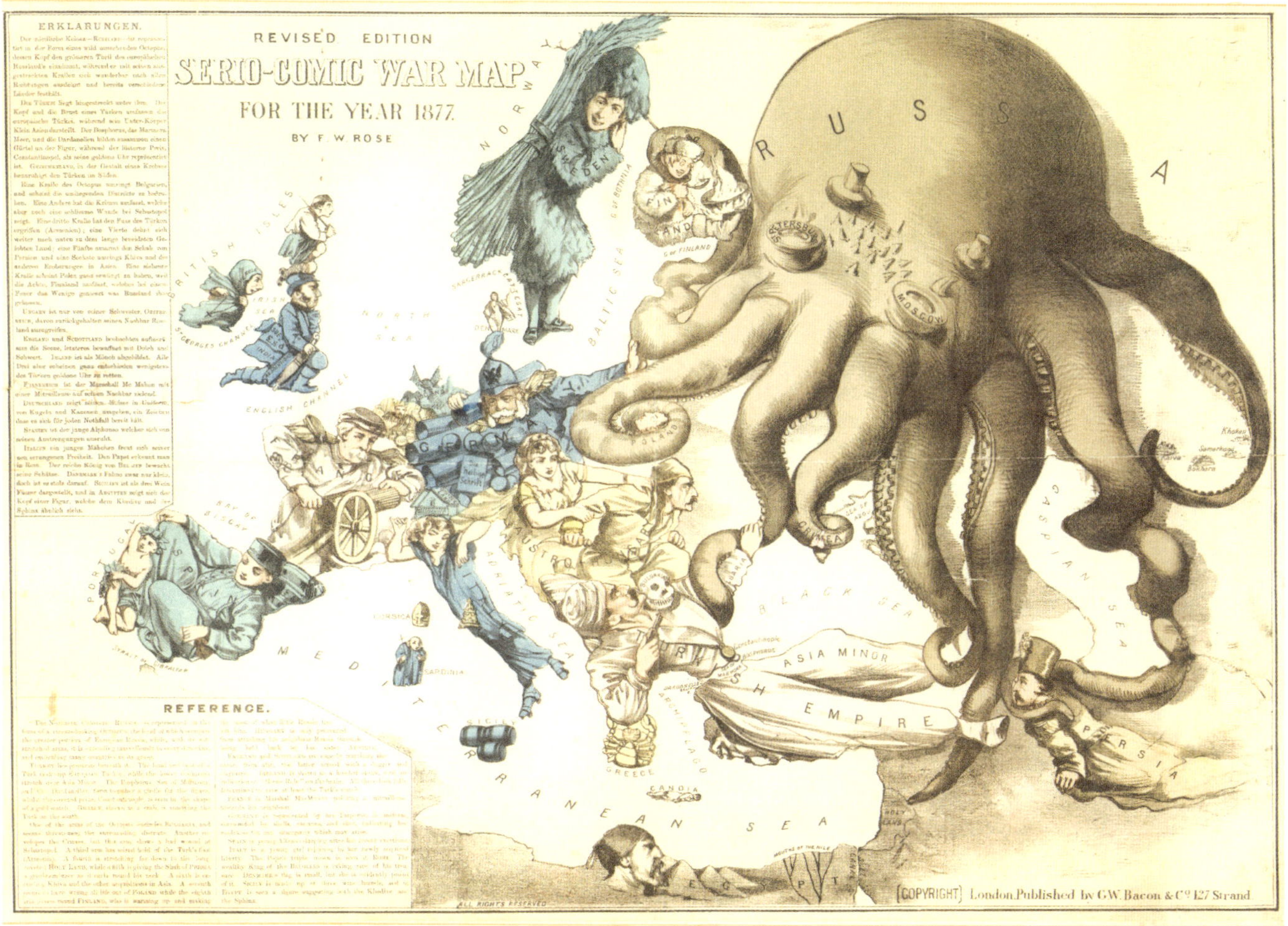

◀
1877 年的战争漫画〔由伦敦画家 G. L. J. 培根（G. L. J. Bacon）及其团队印制〕

在这幅英国漫画中，俄罗斯被视为具有威胁性的扩张主义国家。俄国当时已经占领了芬兰和波兰，对土耳其和波斯（伊朗）的袭击也正在进行中，这些军事扩张阻碍了英国通往印度的路线。1877 年至 1878 年的俄土战争中，俄国人在 1877 年那次艰苦的围攻战之后占领了普列文那（Plevna）堡垒〔现代保加利亚的普列文城（Pleven）〕，然后挺进到距土耳其首都君士坦丁堡（伊斯坦布尔）城郊仅 15 英里（约 24.14 千米）处。1878 年，英国带来的军事压力迫使俄罗斯放弃了与土耳其争夺巴尔干半岛的野心勃勃的计划。

▶

袭击伊散德尔瓦纳（Isandlwana）营地示意图（詹姆斯・怀尔德，1879年）

该地图展示了1879年1月22日这个英国营地遭受的一场灾难式袭击，同时显示出了祖鲁人（Zulu）的攻击范围，尽管我们无法从中看出他们的行动速度有多快。当天，一支两万人的祖鲁军队击败了1 800人（其中仅581人是正规军）的英军部队。祖鲁人包围了英军侧翼，随着英军弹药耗尽，祖鲁人开始占据优势，但英军的马蒂尼-亨利步枪也让祖鲁人伤亡惨重。不喜热兵器的祖鲁人将英国人称为“不愿徒手战斗的懦夫”。这张地图是由维多利亚女王特聘的地理学家詹姆斯・怀尔德印制的，作为商业印制地图的一个范例，它还附有作者为自己的南非地图和祖鲁战争地图所做的广告。

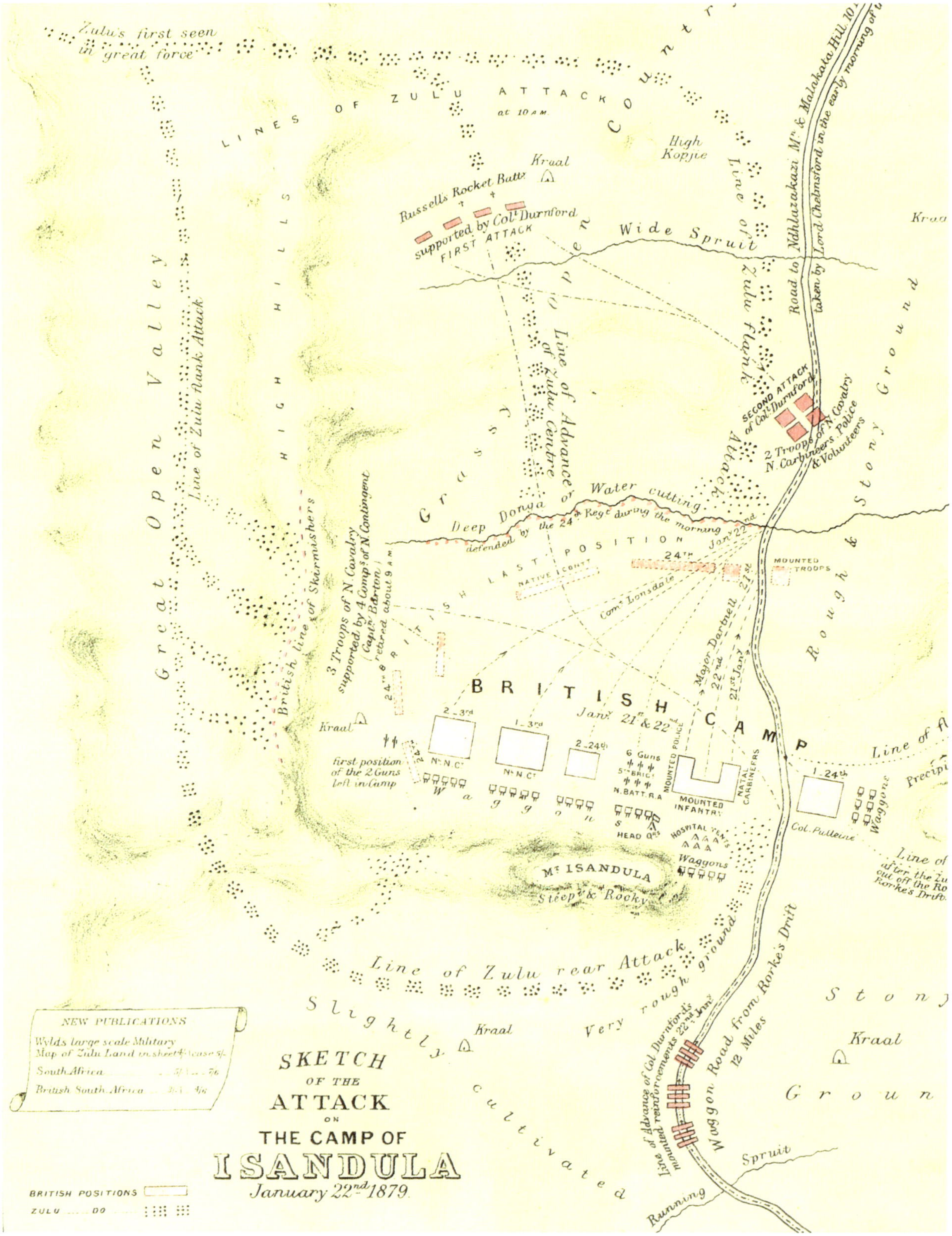

一时期，最新的战争地图集有西班牙地图集《1859 年和 1860 年非洲战争的历史和地形证据》（1861）和巴西地图集《巴拉圭战争的历史》（1871）等。

当美国征服菲律宾之后，美国国家地理学会于 1899 年在自家杂志上印制了一幅包含菲律宾群岛的地图。这场源于一年前的美国同西班牙的战争，已经促使两本地图集在美国本土诞生，即《圣保罗美西战争地图集》和《包含有关西班牙与美国冲突的真实历史信息、统计数据表及官方地图的休伊官方口袋百科全书》。在 20 世纪战争范围变得更加广泛、冲突变得更加激烈之前，战争中对地图的参考利用已经发展得十分成熟了。

战争的本质

与即将到来的 20 世纪相比，19 世纪的战争局势和性质都要简单得多。热气球在 18 世纪 90 年代是一种重要工具，但它也仅是一个小角色而已。从本质上来说，19 世纪是平面战斗空间存在的最后一个时间段，在这种战斗空间中，垂直作战是十分有局限性的，它被等高线系统和炮弹高度所限。我们可以从地图上直观且轻松地理解这些因素，而随着测量技术的改进和等高线系统的标准化，等高线的描绘也变得更加准确。

在 19 世纪，随着手持型武器和大型炮弹的射程和杀伤力的增加，人们更加需要了解战斗空间产生的变化。在此过程中，武器及零件也迎来了一系列重要的发展变化，其中包括雷管、子弹、栓式枪机、步枪、后膛装弹、钢制火炮、机枪和自动调整装置的更新换代。每一项进步都是一个需要不断改进的过程，常常需要反复地进行试验和纠正错误。

这就带来了火力覆盖范围更为广阔的武器，从而需要绘制覆盖更大区域的地图。武器杀伤力增加后，军队编队的密集度也降低了，形成了所谓的“空战场”，由此又促使战斗区域变得更加广阔。例如，来复枪（步枪）的射程是比较远的，它能让步兵撤至离敌人较远的地方进行射击而又不降低射击的准确率。火炮炮管的改进提高了火炮的射程、精准度和使用寿命。无烟子弹取代了黑火药后，战场的物理特征也随之发生了改变。这种变化有助于隐蔽秘密开火的射击点——一种地图上无法显示出来的元素。

防御工事也是如此。各个防御堡垒正在承受更大范围的轰炸和袭击，因此，防御工事被加固成了范围更大也更坚固的防御系统，例如克里米亚战争期间俄国人在塞瓦斯托波尔（Sevastopol）的防御基地，以及 1863 年南方同盟军的维克斯堡（Vicksburg）等。在 19 世纪后期，已有的防御系统进一步演变为覆盖范围更加广泛的防御体系，例如比利时军为了抵御 1914 年德国的入侵，在列日（Liège）附近建造的防御基地。法国在贝尔福（Belfort）和凡尔登（Verdun）附近也有类似的防御系统。反过来说，这些防御系统同时也受到了发展进步后的枪炮的挑战，特别是气动驻退机、钢制后膛步枪装载和延发引信等技术。这些新技术使得武器更加复杂和沉重，也就对铁路轨道的运输能力提出了新要求。

同样地，上述这些因素也对地图绘制提出了新要求，特别是在进行作战准备及为特种军事作战绘制地图时。这类军用地图的测绘要求也与民用地图大相径庭。枪支火炮的射击能力成了变革的关键驱动力。作战范围扩大后，需要在更大的区域内考虑到地形的影响力，这种影响带来了战场空间的重叠和变化。不论是在冲突和作战规划中，或是在战术和操作层次的标准中，这种重叠变化都是战略考量的重要参照物。19 世纪战争的发展给人们带来了一种直观感受：变化即常态，且变化同发展进步一样是十分有必要的。军事测绘和军事地图的使用（两者是不同的）受到了这些发展变化的全面影响。地图似乎成了一种阐释，或说是解锁三个传统作战层次的方式——不论是从战术层面、实战层面，还是战略层面。地图的使用也给军事训练提供了关键要素，亦可运用到未来军事培训的其他方面。然而，人们没有预料到的是，即将爆发的第一次世界大战将给地图的使用和绘制带来翻天覆地的变化。

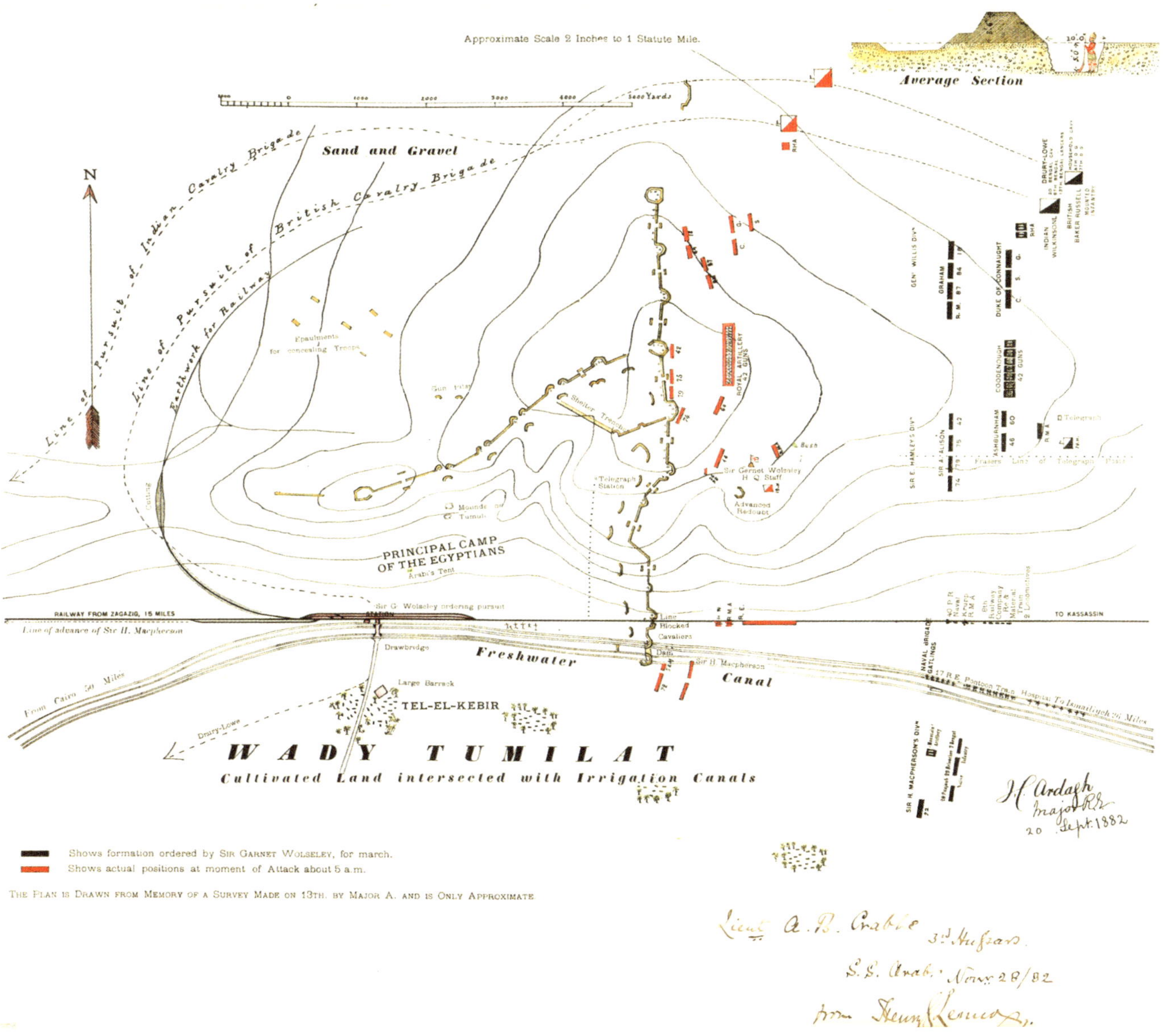

◀
1882 年 9 月 13 日泰勒凯比尔（Tell el Kebir）战役地图〔由 H. 阿德（H. Ardagh）少校和 A. B. 克拉布（A. B. Crabbe）中尉署名〕

这张印制的手绘地图展现了 1882 年在埃及发生的泰勒凯比尔战役的战场情况。在吉贝特（Gibert）和沙利文（Sullivan）的“现代模范少将”加尼特·沃尔斯利（Garnet Wolseley）子爵的指挥下，英国在 1882 年 9 月 13 日对埃及据点发动了一场成功的拂晓袭击，并迅速地结束了这场战争。在没有任何预先轰炸的情况下，英军袭击了埃及军的土垒。沃尔斯利倾向于通过突袭取得优势，他的步兵使用的是刺刀武器。埃及人虽然拥有雷明顿步枪、加特林机枪和克虏伯大炮，但这些武器并没有对埃及人的防线起到加持作用。

▶

1882 年埃及泰勒凯比尔战役中的英军进攻编队草图（战后印制的地图作品）

在没有任何预先轰炸的情况下，英军袭击了埃及军的土垒。加尼特·沃尔斯利子爵倾向于通过突袭取得优势，他的步兵使用的是刺刀武器。

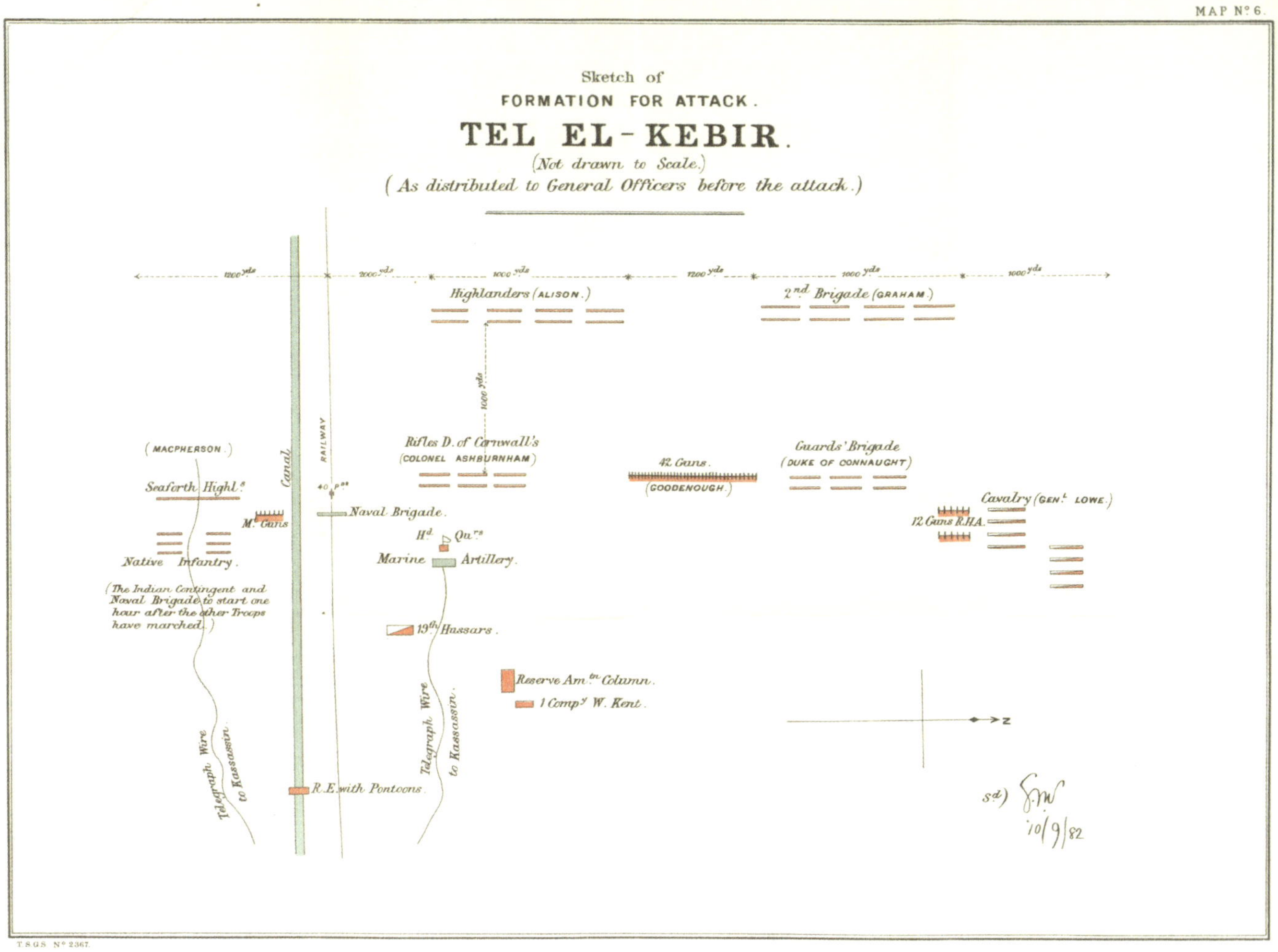

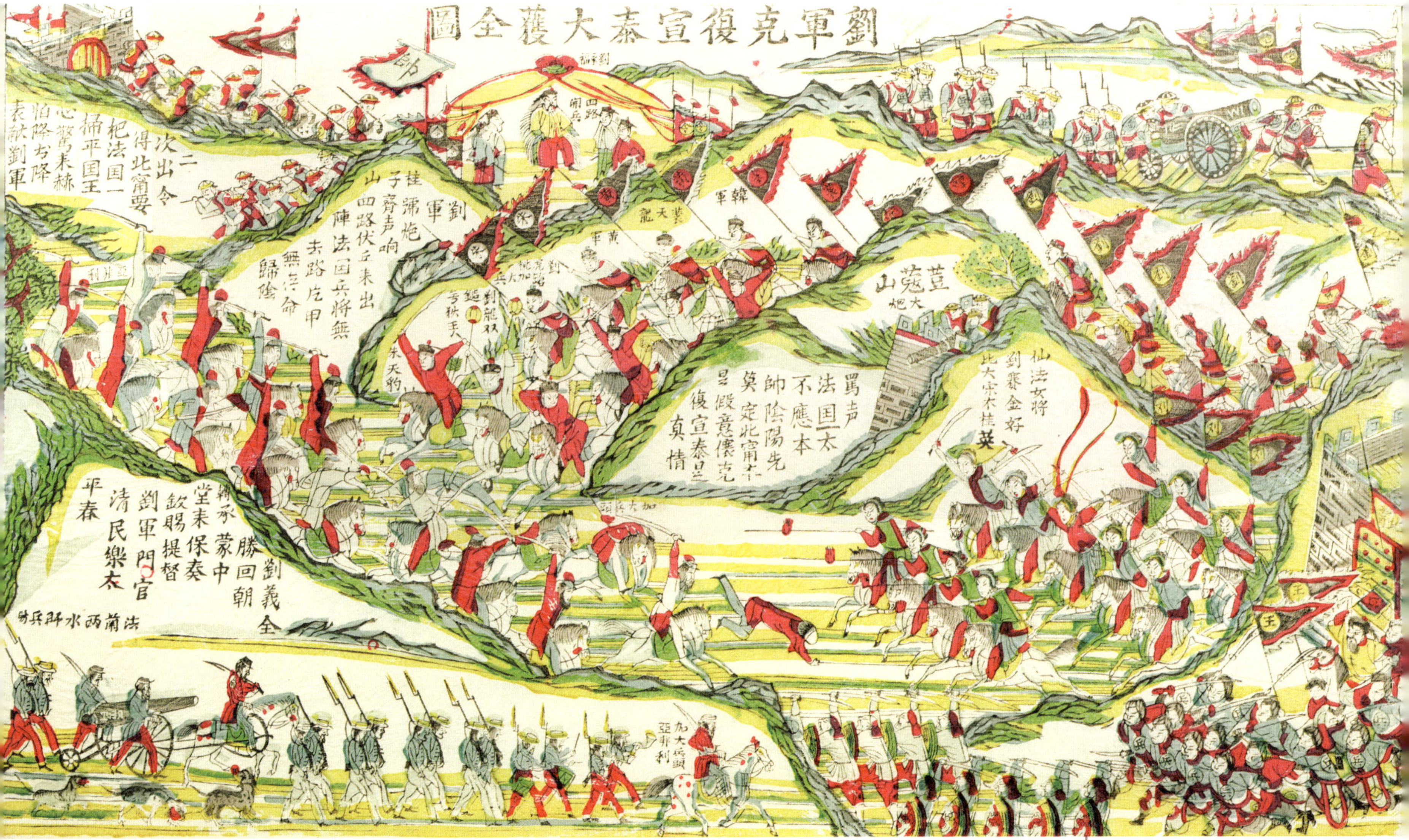

▲
1885 年越南山西（Son Tay）战役地图（中国学院派 19 世纪作品）

1883 年至 1885 年法国和中国之间的这场战争是法国向印度支那的扩张行动导致的。在这场战争中，法国人取得了最后的胜利，并于随后吞并了越南东京（Tonkin）。法国人胜利的关键因素在于其强大的两栖作战能力和优势明显的火力。当时，中国的边境军队战斗力疲软，而且被 19 世纪 50 年代至 70 年代的国内农民起义拖累，这也加大了法国取胜的可能。

▶

乌姆杜尔曼（Omdurman）战役地图〔塔尔博特（Talbot）少校，1898 年〕

这幅地图由两幅小地图组成，展示了 1898 年 9 月 2 日开始的乌姆杜尔曼战役中，第一阶段和第二阶段战役里英埃联军与他们的对手德维什〔Dervish，属于马赫迪派（Mahdist）〕军的位置所在，以及该地的地形特征。这些地图是皇家工程师塔尔博特少校在战役结束 6 天后，进行土地调查时绘制的。当月晚些时候，塔尔博特在战争办公室的情报部门使用平版印刷技术将它们印制了出来。当时在场的丘吉尔（Churchill）评论道：“这事关装备部署的问题。”大炮、机枪和步枪摧毁了马赫迪军的进攻。英军基钦纳（Kitchener）部队有着 80 门大炮、44 挺机枪，他们的步兵的有效攻击距离可达 1 500 码（约 1.37 千米）之远。在第一阶段战役中，防御军在刺木围栅（荆棘制成的防卫墙）的掩护下进行火力回击。在第二阶段战役中，防御军开始发起进攻，却将自己暴露在了马赫迪预备队的火力中。但在基钦纳 2.6 万人的军队中，仅有 48 人死亡，434 人受伤。而在哈里发 · 阿卜杜拉（Khalifa Abdallahi）5.2 万人的伊斯兰军队中，大约 9 700 人被杀，1 万至 1.6 万人受伤，5 000 人被俘。马赫迪军不恰当的策略和战术，尤其是在平地上进行激战和正面进攻的错误决定，反而为英国的胜利做出了贡献。

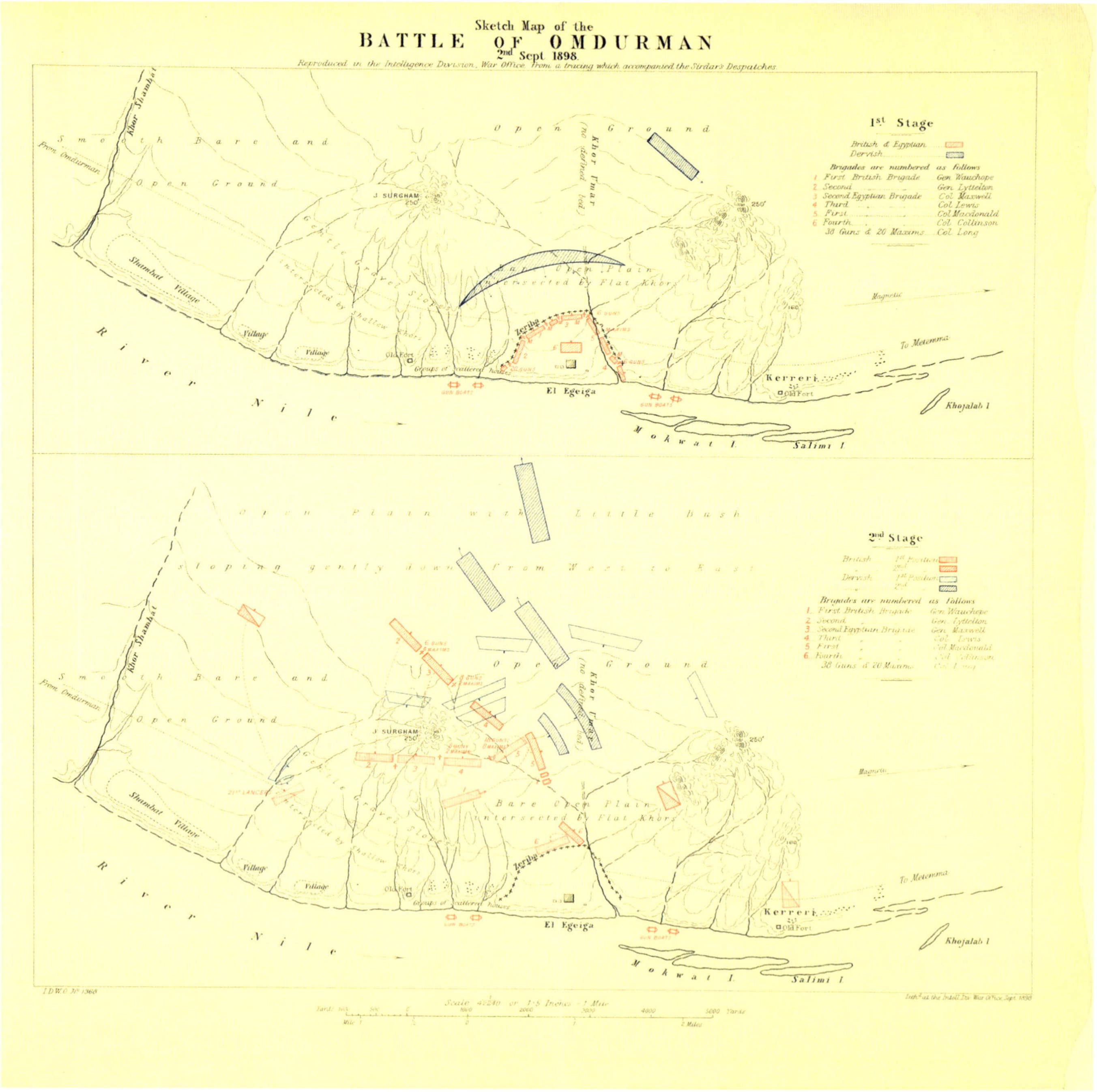

◀
1886 年广西省地图

这张广西省地图上展示的是 1886 年驻扎在与越南交界处的广西省镇南关的守备部队的位置。这张地图反映了中国历史悠久的制图学传统，而与此同时，西方国家的制图模式正在迅速发展变化，尤其是等高线技术的发展十分迅猛。

▲

1896 年的古巴暴动

发生在 1896 年的这次暴动，是这个世纪里古巴人为了反抗西班牙统治而进行的第二次大暴动。镇压暴动的过程中，古巴人的游击战和暴动武装的问题对西班牙人来说十分棘手。暴乱分子破坏了国家经济，摧毁了制糖和烟草企业，他们的目的是造成大范围的集体失业，从而使得失业难民成为西班牙政府的负担。起初，暴动者成功地避免了与当局正面交战，这是因为西班牙的军力试图覆盖整个国家而部署得过于分散。这场战争中，突袭和伏击发挥了重要作用，同时，后勤供应的稳定也有着不小的作用。此时的西班牙人需要确定他们的敌人的所在地，以确保更集中地使用他们的火力。在瓦莱里亚诺·韦勒（Valeriano Weyler）的率领下，西班牙人形成了联合防御线，并进行了有效的野战行动，组织人手向城镇迁移。暴动分子在 1896 年被驱逐出古巴西部地区。1898 年，美国对古巴成功的干预措施，结束了西班牙的统治，也让后人再也无从得知韦勒在古巴的系列政策最终会取得多大的成果。

STRATEGIC MAP OF OUR WAR WITH SPAIN
Daily positions of American and Spanish Ships and Troops.
A Birdseye view of the Great Struggle for Free Cuba.
The War Map Publishing Company,
821 Carteret Street, Trenton, N. J.
DIRECTIONS.
Blue pins and discs represent American Navy.
Red pins and discs represent Spanish Navy.
White pins represent Cuban Troops.
Blue pins represent American Troops.
Red pins represent Spanish Troops.
The pins used to represent the navies should be stuck through the discs bearing the names of the vessels.
Stick the pins in the map where the different armies and navies are stationed, changing them each day according to news received.
By following these directions the map will show at a glance the position of the different armies and navies each day.
PRINCIPAL AMERICAN VESSELS.
PRINCIPAL SPANISH VESSELS.
UNITED STATES
GULF OF MEXICO
CUBA
SPAIN
PORTUGAL
FRANCE
AFRICA
PACIFIC OCEAN
CHINA SEA
PHILIPPINE ISLANDS
RELATIVE RESOURCES, Etc.

▲

为美国公众绘制的 1898 年美西战争地图

在这幅地图上，公众可以使用彩色大头针做出标记，以追踪美国陆军和海军的每日动向。尽管美国凭借实力获得了这场战争的最终胜利，但古巴的气候和地形还是给美军带来了不少麻烦。这场战争与其说是美国陆军的胜利，不如说它很显然应归功于崭露头角的强大的美国海军舰队。战争过后，菲律宾和波多黎各（Puerto Rico）成了美国的附属国，而古巴则成了独立的共和国。当时美国军队的海外地图测绘经验十分有限，战争期间，他们不得不用热气球在古巴当地进行军事侦察。

▶

1900年雷德弗斯・布勒（Redvers Buller）上将解救莱迪史密斯（Ladysmith）地区的军事行动草图

这幅佐有风景插画的草图是由H. 德尔姆-拉德克利夫（H. Delmè-Radclife）绘制的，后来由于公众对它的浓厚兴趣而有了印刷品。布尔人在围攻了金伯利（Kimberley）、莱迪史密斯和马弗京（Mafeking）等地区后，丧失了刚与英国发生冲突时的勇猛势头。英军布勒上将在经历了科伦索（Colenso）、斯皮温山（Spion Kop）和瓦尔崖（Vaal Krantz）的作战失利后，最终成功从布尔人手中解救了莱迪史密斯并接管了这个城市。

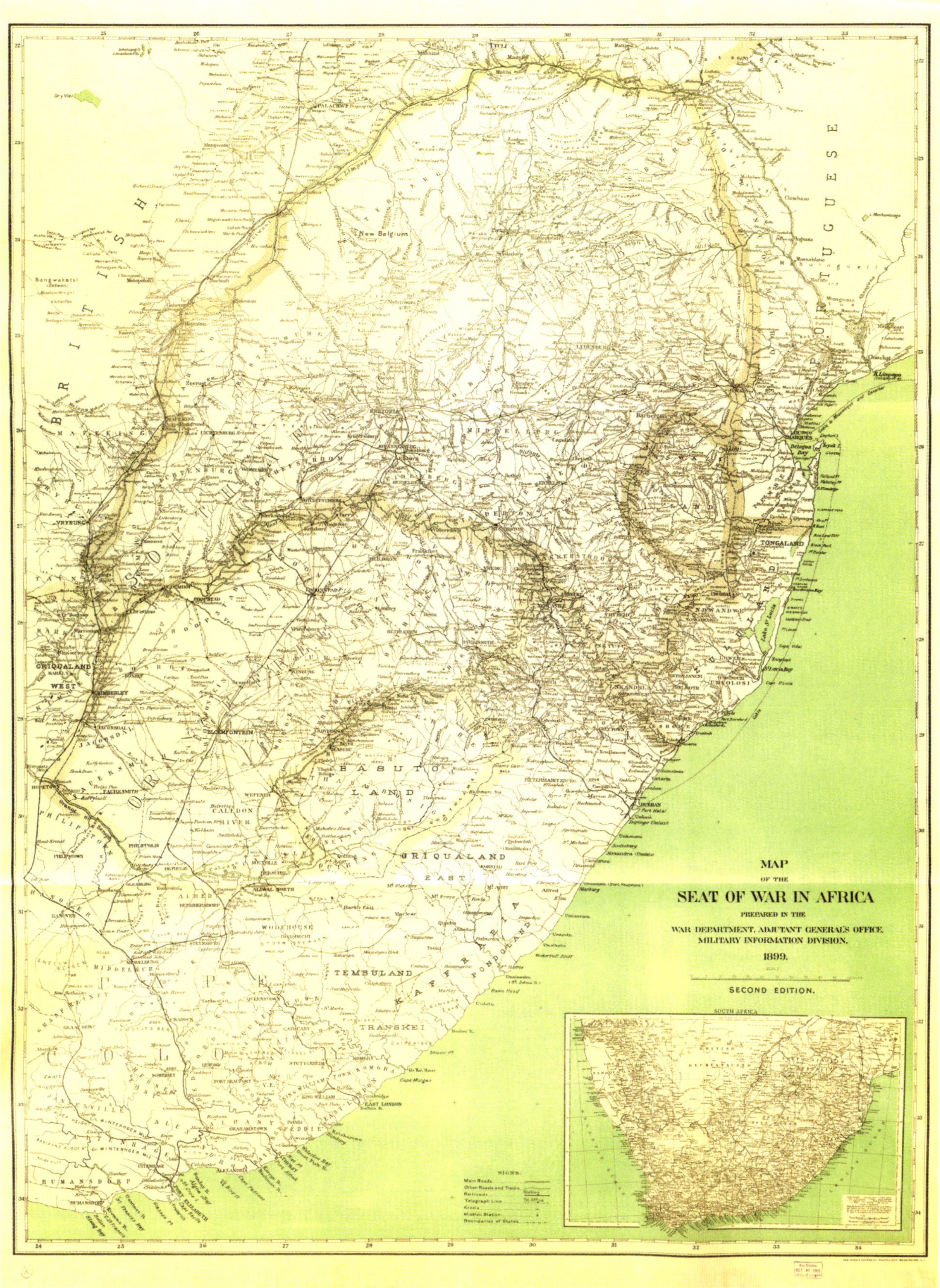

非洲战场局势图（由美国陆军部绘制，1899 年）

这张布尔战争地图是由美国陆军部副官长办公室的军事情报部门制作的，它的诞生说明了公众对国际战争越来越感兴趣，并试图通过地图等渠道获取相应的知识。军事观察员成了一种常见的职业，美国大众对海外冲突的这种兴趣还是由过去一年里美国与西班牙的战争带来的。1909 年，陆军战争学院建立了地图复制部门，从而使陆军的地图测绘工作更加专业化和系统化。

▶

德兰士瓦（Transvaal）战争地图
（英国出版业工会绘制，1899 年）

这幅地图是由英国出版业工会的版权办公室印制的，但是因为地图上缺乏地形指南，所以实用性并不强。广告留白处说明了这是一张有着商业用途的地图。填补空白最简单的办法就是在上面加上战争指挥官的头像插画。

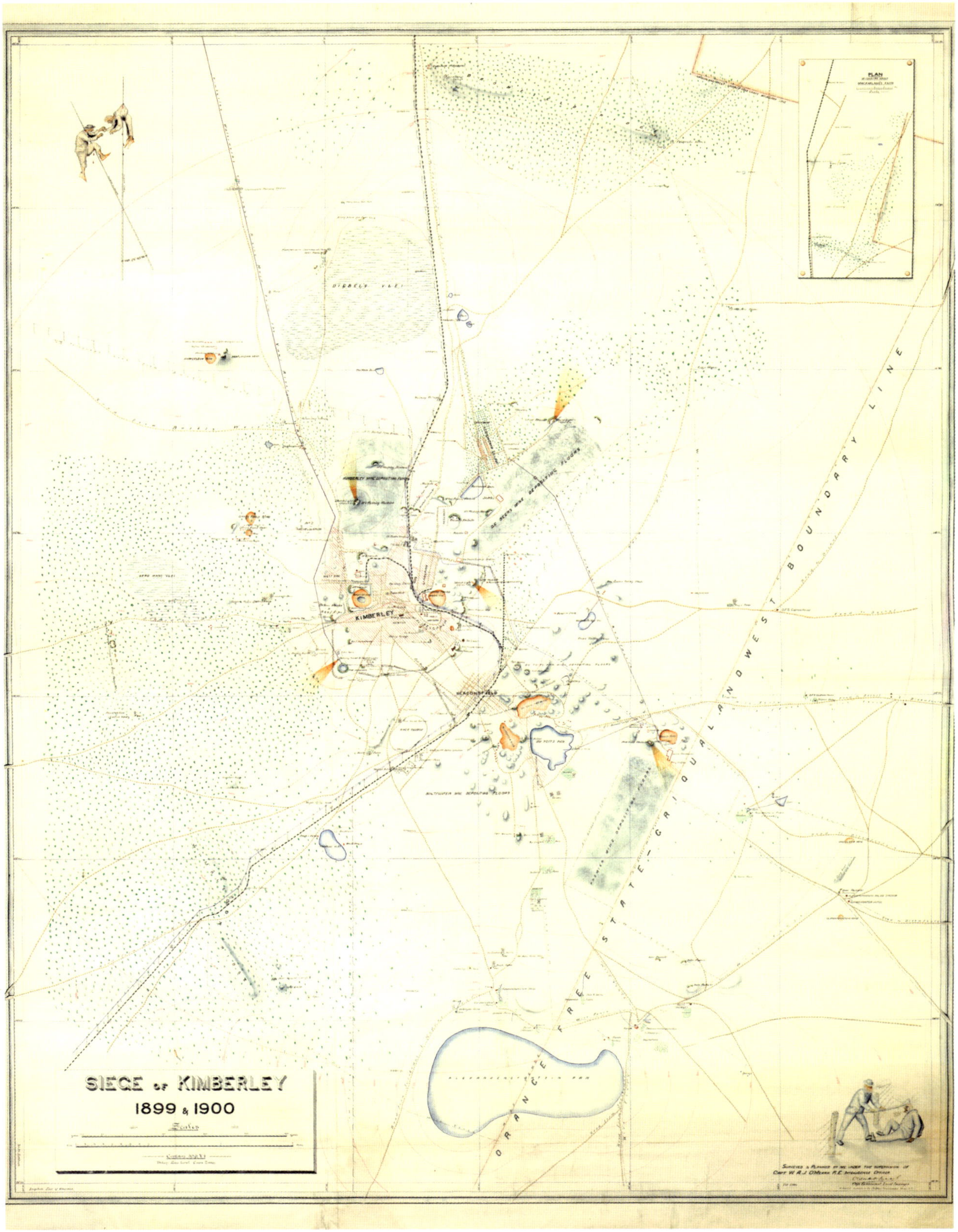

◀
金伯利（Kimberley）围城战地图
〔A. J. 奥米拉（A. J. Omeara）上校，1900 年〕

这是一幅 1899—1900 年间进行的布尔战争的地图。图上扎着布尔小人的长矛是地图的方向标，负责本图测绘工作的是皇家工程师 A. J. 奥米拉上校。此图于 1900 年 2 月由开普敦官方测量员克劳德·卢卡斯（Claude Lucas）署名，并于同年在南非印刷出版。那个冬天，由于布尔人事先取得了战斗的主动权，因此给英国人带来了不小的压力。英军在战术和训练方面的严重缺陷包括过于倾向于正面进攻，难以把握射击时机，不会使用掩护战术，缺乏增强防御火力的意识，等等。无烟火药的使用也是英军的重要失误之一。英军由于缺乏实用的地图而大受影响，他们被迫使用质量较差、不准确的实地调查汇编图表集进行军事行动。这促使英国人于 1904 年在总参谋部成立了专业的地形研究部门。实际上，布尔人也较为缺乏实用的地图。

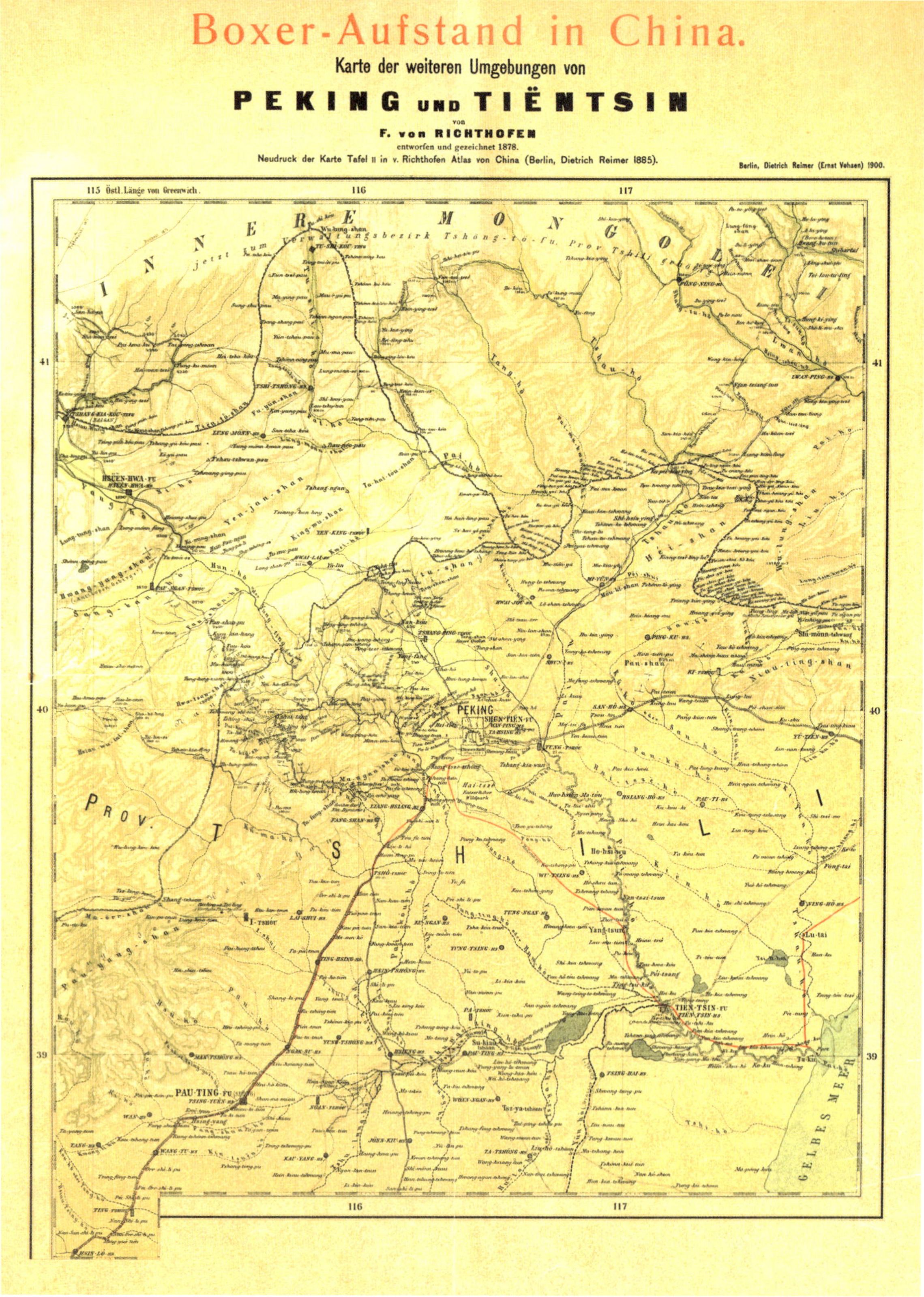

▶ 中国战区军事行动图〔斐迪南·冯·李希霍芬（Ferdinand von Richthofen），1900年〕

这幅地图于1900年在德国出版，第二次世界大战后收藏于德国国会图书馆。1900年，义和团运动在中国国内和国际上都产生了重大影响，当时的清帝国愈发倾向于同反对外国势力的义和团结盟。而义和团则开始了对外国军队的敌对行动，清政府也同步向外国势力宣战。在这种局势下，基督教徒们遇到了危险。6月20日，北京（地图上的Peking）的外国使馆遭到袭击并被包围。作为回应，国际上开始开展救援行动。外国军队的第一次救援行动被清政府阻断了，他们被迫撤退到天津（地图上的Tientsin），随即被义和团包围，但义和团的刀剑长矛等冷兵器在西方的枪炮面前没有任何抵抗能力。在突破了天津的包围之后，联军第二支部队被派往北京。在途中，他们击败了中国军队，破坏了北京城的城墙，并于8月14日到达大使馆。西方和日本的联军大摇大摆地穿过紫禁城，这让清政府丢尽了“面子”。后来，在联军与清政府于1901年签订的条约中，清政府欠下了大数额的赔款，还被迫给予外国联军在北京至渤海岸边的区域内派驻12支部队的权利。

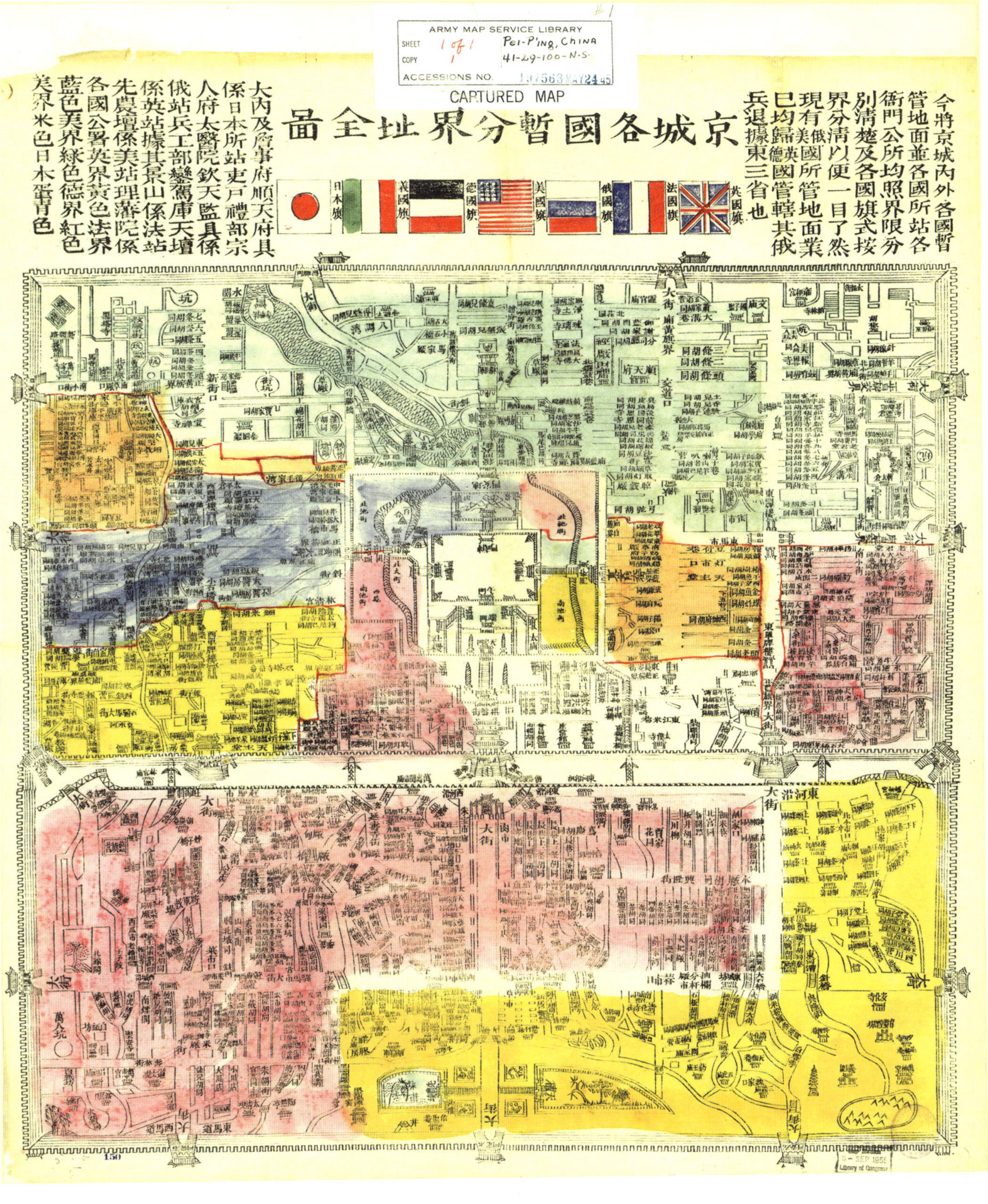
ARMY MAP SERVICE LIBRARY
SHEET COPY
Pei-P'ing, China
41-29-100-N-S-
ACCESSIONS NO.
CAPTURED MAP
京城各國暫分界址全圖
今將京城內外各國暫管地面並各國所站各衙門公所均照界限分別清楚及各國旗式按界分清以便一目了然現有俄美國所管地面業已均歸德英國管轄其俄兵退據東三省也
英國旗
法國旗
俄國旗
美國旗
德國旗
義國旗
日本旗
大內及府事府順天府具係日本所站吏戶禮部宗人府太醫院欽天監具係俄站兵工部鑾駕庫天壇係英站據其景山係法站先農壇係美站理藩院係各國公署英界黃色法界藍色美界綠色德界紅色義界米色日本蛋青色

◀ 义和团运动期间，北京的外国使馆地界图（约于 1900 年在北京出版）

图中，英国、法国、德国、日本和美国的使馆区域都被绘成了不同的颜色。义和团对外国使馆的围攻最终失败了，但这让辖区内的外国人感受到了压力，尤其是在当时的中国军队仍拥有一门克虏伯速射炮的情况下。

第五章 第一次世界大战

THE FIRST WORLD WAR

综合性大战

◀前页
1914年9月5日至15日第一次马祖里（Masurian）湖战役

第17军和东普鲁士后备军（预备役部队）手持步枪，蹲守在勒岑（Lötzen）附近的一条战壕里。

纵观整个20世纪，战争的白热化大大推动了对地图的军事化使用，也让公众对军事地图产生了浓厚兴趣。这两方面的发展过程既相互独立，又有所联系。首先，相较前几个世纪而言，此时的参战人员制作和使用的地图量有了很大增长，在数量上远远超过了早期战争中使用的。在20世纪，这个数量激增的过程始于1914年，那一阶段爆发的诸多战争起到了主要推动作用。英国军队于1900年在中国应对义和团大规模起义时，便在战场上制作了战役草图，并将草图送往印度进行印刷后，再送返中国战场。这些实用地图得以便捷地运输要归功于当时蒸汽船快速的运输能力，这也使得帝国主义势力可以整合利用分散的殖民地资源。

在1904年至1905年俄国和日本的大规模战争中，俄国人从他们已经测绘过的中国东北的南部地区撤退了，在日军的压力下，他们转而开始对中国东北的北部地区进行土地测绘。在巴尔干半岛，1912年至1913年的战争导致土耳其人失去了他们在欧洲的大部分疆土，他们不得不重新绘制帝国疆域地图，这和1911年意大利入侵利比亚时的情况是一样的。

地缘政治学

地图的使用对于“地缘政治”这个新概念来说同样意义非凡。地缘政治思想早就存在了，然而这个词直到19世纪末才被创造出来，随后它被用来给“权力和领土的协同作用”这个概念提供明确的科学支撑。这些理念在20世纪二三十年代得到了德国评论家们的推崇和改进。然而在20世纪的前20年里，地缘政治这一概念的使用已经非常重要了，当时的作家和其他人已用其来分析国际舞台上的机会和威胁。

其中，最著名的实例是哈尔福德·麦金德（Halford Mackinder）在1904年就欧亚大陆地缘政治变化所做的演讲和论文。虽然他没有明确使用“地缘政治”这个词，但他十分强调技术变革与战略潜力的联系。的确，这场演讲的听众都直观感受到了铁路技术的发展潜力，以及国家之间关系紧张的气氛。麦金德使用特制地图说明了他的论点，在他其他的出版作品中，也有着类似的辅助地图。虽然这些都不是纯粹的军用地图，但地缘政治学家们的这种地图的使用方式证实了一个观点，那就是大国强权在进行知识武器部署时，地图是其中必不可少的组成部分。

第一次世界大战（1914—1918）的范围空前广阔，

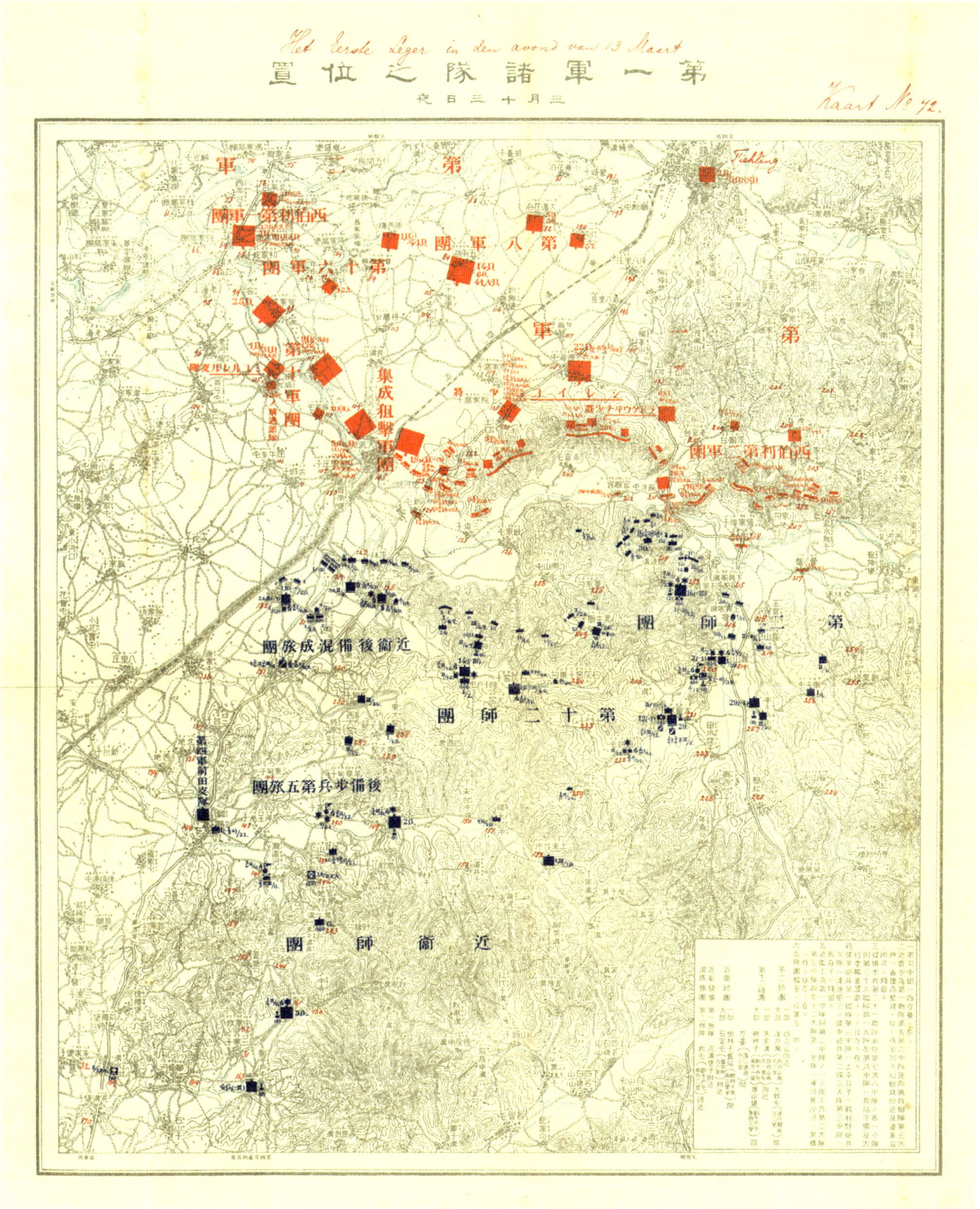

◀
1904 年至 1905 年的日俄战争地图

这是一幅日本绘制的 1905 年 3 月 10 日奉天会战（2 月 19 日至 3 月 10 日）之后的中国辽宁铁岭附近地区的地图。蓝色代表日本军队，红色代表俄国军队。这是日俄战争的最后一场陆地战役，双方在近 50 英里（约 80.47 千米）的战线上部署了大约 30 万军队。尽管俄国人处于侧翼被包抄及可能最终被包围的担忧之下，他们还是在撤退前击退了日军的进攻。虽然日军遭受了惨重的人员伤亡，但他们在正面攻击中凭借机枪和速射炮的火力优势，仍然在堑壕战中占了上风。采取主动攻击的一方较易获得胜利，这一历史经验被后来第一次世界大战中的作战部队充分吸取了。

右页 ▶
1913 年第二次巴尔干战争地形图

这幅什蒂普（Stip）地区的地形图显示了 1913 年 6 月 30 日至 7 月 8 日布雷加尔尼察（Bregalnica）战役期间，塞尔维亚军队和保加利亚军队的具体位置。等高线处显示的是援军的位置。保加利亚人同时与塞尔维亚、罗马尼亚、希腊和土耳其军队交战，在人数上处于绝对的劣势，但保加利亚军队的将领们却具有出色的领导能力，而且他们的步兵队伍纪律严明、士气高昂，火炮武器的战斗效率也较高，所以他们在对希腊和塞尔维亚的防御战中取得了胜利。然而在布雷加尔尼察，保加利亚军队却被塞尔维亚军队打败了。在随后的 7 月 18 日至 19 日的卡利曼齐（Kalimanci）战役中，保加利亚军设法保住了他们的防线，并挫败了塞尔维亚人将他们赶出马其顿，然后同希腊联军会合的企图。保加利亚史学家们认为，这是一场大战役中的两场战斗。在这场大战役中，他们获得了全面的胜利。如果作为单独的战斗，塞尔维亚赢得了布雷加尔尼察之战，而保加利亚在卡利曼利之战中取得了重要的防御性胜利。但当罗马尼亚人穿过多瑙河，与塞尔维亚人建立联系后，保加利亚人决定结束战争，放弃他们的部分领土。

规模和强度也是前所未有的，它对于地图绘制的发展而言有着特别重要的意义。在某种程度上，它对于制图学的意义在于反映了已有制图技术的不足之处。这种不足在欧洲以外的地区爆发的冲突中尤为突出。因为在这些地区，如果没有大规模战役的话，一般是比较缺乏正式军用地图的。

从这一角度来说，1899 年至 1902 年南非布尔战争期间的英国是不太幸运的——他们在战后绘制了大量该地区的军用地图，却做了无用功，因为布尔地区再也没有卷入战争冲突中。同样地，英国和法国在没有相应可用地图的情况下，无意中攻击了德国的非洲殖民地。当时，在非洲东部的德国辖区〔即后来的坦噶尼喀（Tanganyika），现代坦桑尼亚（Tanzania）的大部分地区〕，英国海军从 1914 年截取的电讯信号中获知德国巡洋舰“柯尼斯堡”号正停靠在萨拉勒（Salale），但萨拉勒在英国海军的航海图上并未被标记出来，以至于英国海军花费了 11 天时间来对该地区的具体位置进行识别。这种情况会导致该地标附近战斗频发。

此外，由于缺乏足够可用的非洲地图，地形和水道的走向预测变得十分困难。但另一方面，布尔战争期间暴露出来的这些问题使得英国在战后改善并发展了军事测绘技术，也让英国的军事测绘技术在此后的第一次世界大战期间大放异彩，令人印象深刻。此时英国的地图技术已不可同日而语。

同时，1914 年间在高加索地区（Caucasus）进行军事行动的土耳其，以及 1915 年计划入侵埃及的德国，都面临着地图绘制方面的问题。美索不达米亚地区（Mesopotamia，主体部分为今伊拉克）和巴勒斯坦的军事地图均极为缺乏。事实上，在欧、亚、非交界处，只有土耳其帝国的欧洲部分有着相对较详尽的地图作品。于是西亚地区出现了信赖“心理地图”（依靠经验设计的行军路线和行动规划）的非常规部队，如在汉志（Hijaz，阿拉伯西部）地区反抗土耳其人的阿拉伯部队。

其次，对欧洲现有地图的解读也存在着问题。1914 年德国入侵比利时和法国时，这个问题尤为明显。此时，地图的解读方式取决于敌方部队移动速度的快慢，而部队的移动一定程度上又受到地形地势和发动攻击的难度的影响。1914 年的法国可以轻易地使用自己的铁路系统将刚刚在法国东部与德国人交战却吃了败仗的军队送回巴黎，为巴黎提供紧急防御支援。另一方面，德国人也面临着接管已占领的比利时和法国的部分地区的铁路系统问题，其中还涉及了他们并不熟悉的轨道测量技术。地图的使用一时间不能完全覆盖到这些问题（参战大国在战后研制出了应对这些问题的专业化图表），甚至不能确保指挥官能如预期的那样准确地定位自己的部队。

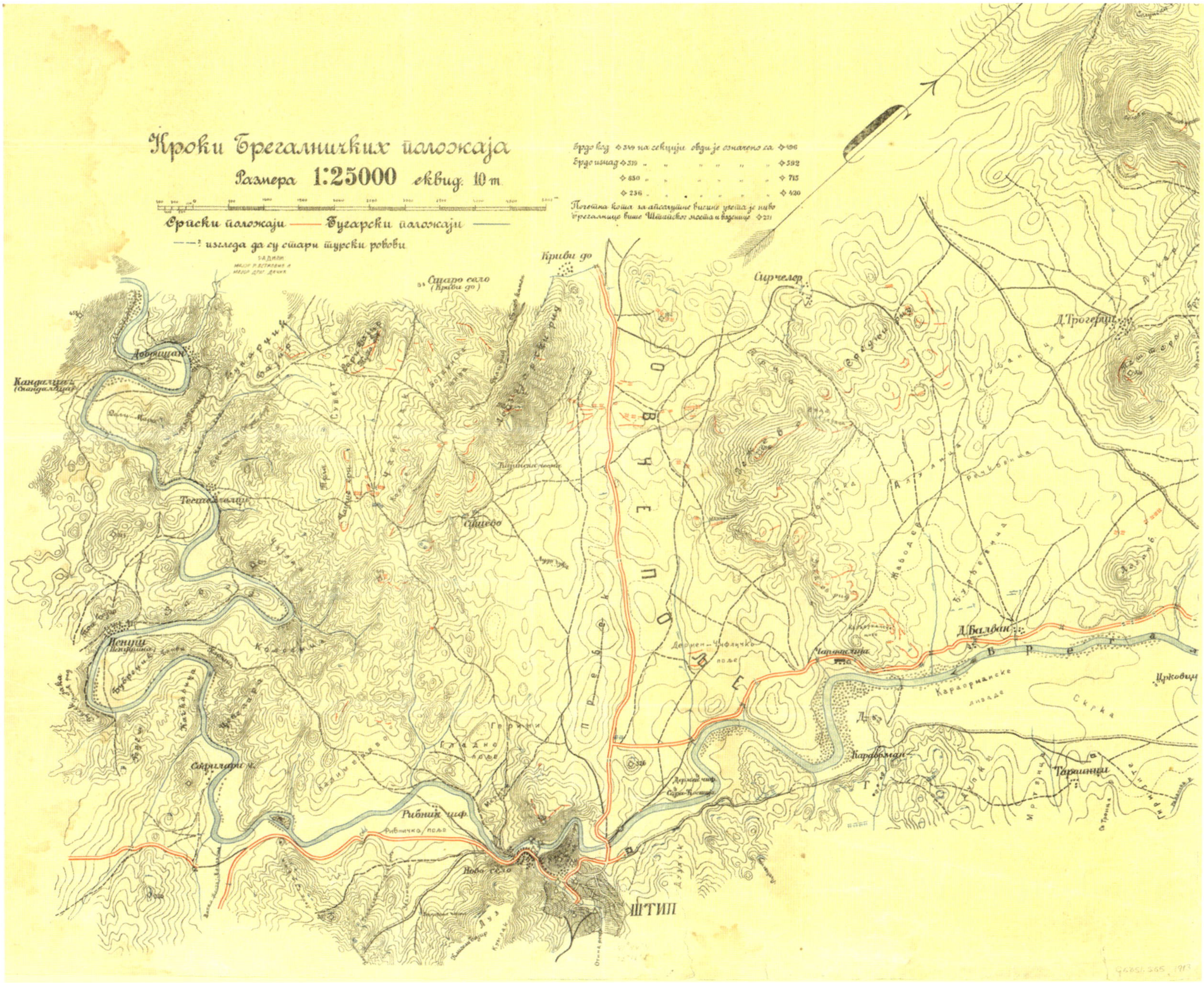
Кроки Брегалничких положаја
Размера 1:25000 еквид. 10 m
Српски положаји
Бугарски положаји
изгледа да су стари турски ровови
брдо код ◇349 на секцији овде је означено са ◇196
брдо изнад ◇319 ◇392
◇350 ◇715
◇236 ◇420
Почетна кота за апсолутне висине узета је ниво Брегалнице више Штипског моста и вадениде ◇211
Криви до
Старо село (Криви до)
Сирчелор
Д.Трогерци
Д.Балван
Караорман
Тарашци
Рибник чиф
Рибничко поље
Ново село
ШТИП

堑壕战

堑壕战的特殊性对地图测绘提出了新要求，这是军事制图师们意料之外的情况。例如，法国人将军事地图绘制区域集中在贝尔福（Belfort）等防御据点，却发现大部分战斗都没发生在这些地方。他们对 1914 年发生在法国境内的运动战也缺乏准备。实际上，他们要做的应是积极应战，然后从 1914 年末开始，根据需要制作详细的战壕地图，以便进行更有效的防御规划和反击。在 1914 年 10 月至 11 月艰难的第一次伊普尔（Ypres）战役中，德国人在小区域内和英法联军进行了激烈的战斗，但最终未能突破对方防线。德国人的这次失败使英国人意识到绘制堑壕地图的必要性。

对于一次成功的战役来说，不论是进攻还是防守，步兵和炮兵的有效协同是非常重要的。而在堑壕战中，精确的测绘使得部队在发起进攻前不必再花时间精准定位目标，并为突袭行动留出了发挥的空间——突袭行动是成功进行防御战的关键。

此外，在保持指挥的连贯性方面，地图也起到了重要作用，特别是在依据限时行动决策和关联战术行动实施战略计划的时候。如果不具备对地图及其含义的足够理解，指挥实践就会不够系统化，也就无法和其他行动命令紧密相连。这会使得策略变得散乱，最终会使战斗指挥缺乏有效的总体计划，战术也会变得零碎和不连续。所以尽量避免这些不确定性是很有必要的。

在 1914 年英国远征军（BEF）被派往法国时，负责绘制地图的仅有一名军官和一名办事员，此时的地图作品可靠性较差。而后续成立的三个英国大地测量部门，直到今天仍然存在。到了 1918 年，BEF 的人员规模已经扩大了许多，专门设置的土地调查机构的人员也已增加到约 5 000 人，并已绘制出超过 3 500 万张地图。在 1918 年 8 月的地图印制高峰期，该部门曾在 10 天之内制出了不少于 40 万张的成品地图。

鉴于堑壕战的特殊性质，堑壕地图的制作精确度的要求比机动作战部队的战场地图要高得多。英国军队将使用中的比例尺为 1∶80 000 的地图全部替换成了比例尺为 1∶10 000 的地图，这对于战时地图的制作和生产来说是一项工作量巨大的任务。这些地图需要及时更新以维持高度的准确性来保证间接火力的有效性，而不是让大炮在开阔的视野中随意开火。高度的准确性部分依赖于更好的枪支大炮，但更多的是依靠摄影测量制图技术（通过摄影手段进行的测绘）的改进。航空测绘信息时代已经来临。

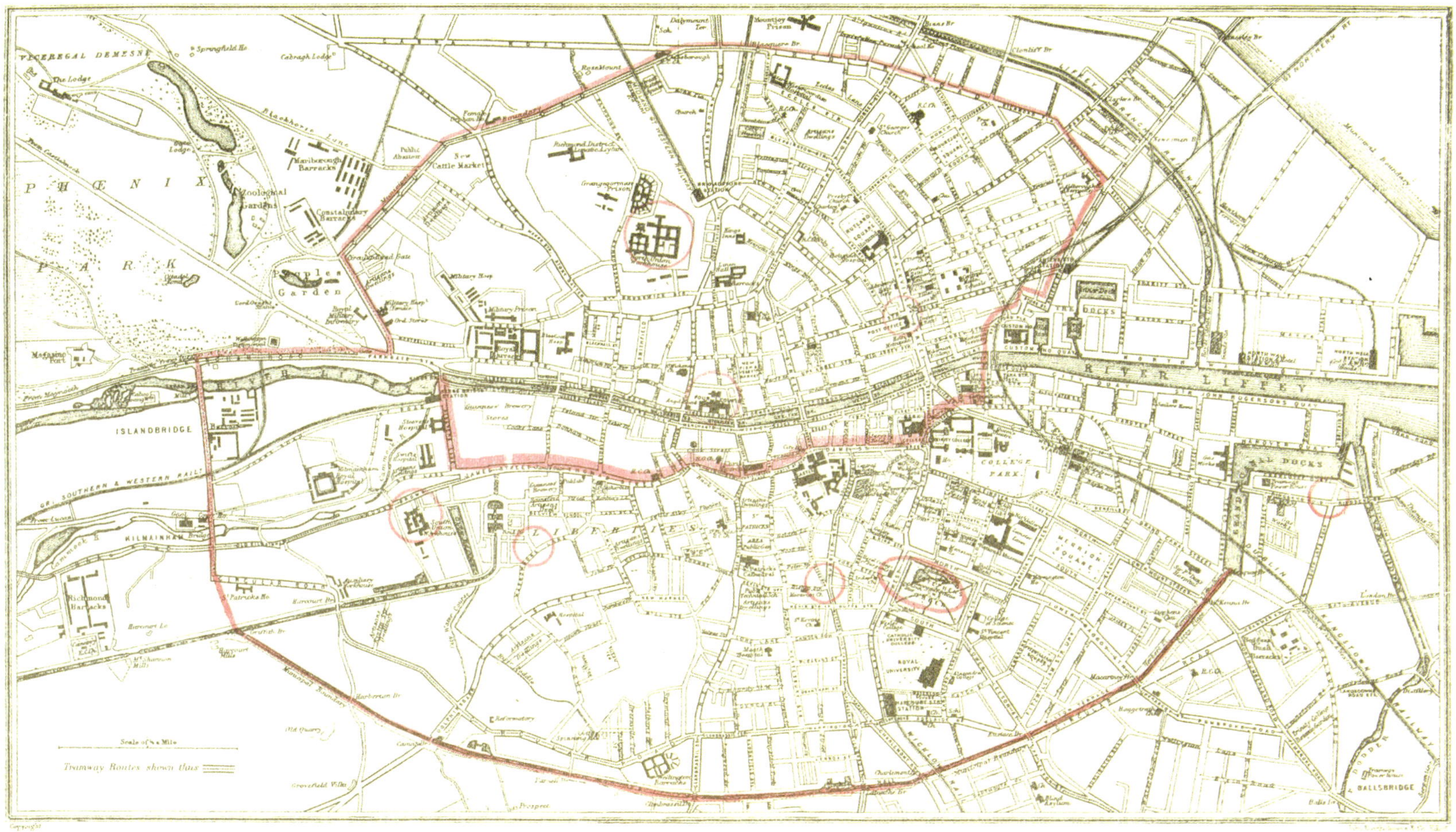

"Irish Life", Record of the Rebellion.

The light red line shows the cordon of troops surrounding the city; the heavy red line shows the wedge of troops which divided the forces of the rebels into two, cutting all communications. The red circles show the rebel strongholds. On the north from left to right. North Dublin Union, Four Courts and General Post Office; on the south, South Dublin Union, Marrowbone-lane Distillery, Jacob's Factory, Stephen's Green, and Boland's Mill.

19

▲

1916 年“复活节起义”期间的都柏林

1916 年 4 月 24 日，大约 1 200 人参与了“复活节起义”，他们占领了都柏林城的数个据点，并宣布成立一个独立的爱尔兰共和国。然而，这些起义军的计划性较差，同时又因为缺乏战术考虑，加上德国军队的支援并未如期而至，而英国方面已对他们做出强势回应——宣布不妥协并将都柏林设为计划中的炮击目标，他们最终失败了。在其他城市，由于领导层的分歧，计划中的民族主义起义尚未发动就失败了。在沉重的压力下，都柏林的“叛乱”分子于 4 月 29 日无条件投降。爱尔兰公众对英国的这次坚定的应战态度印象深刻，英国此举甚至一定程度上激起了民愤。考虑到英国（包括爱尔兰）此时正处于战争状态，且在国际战场上处于下风，因此这之后的《戒严令》的颁布、一系列的判决、对 15 个“叛乱者”的处决，以及无数“叛乱者”被拘留，都不足为奇了。这次起义虽是一次失败的军事行动，却表明了在实践中，具有影响力的政治派别并不一定同时具有军事战斗能力，而大多数的爱尔兰人仍衷心支持向德国开战。

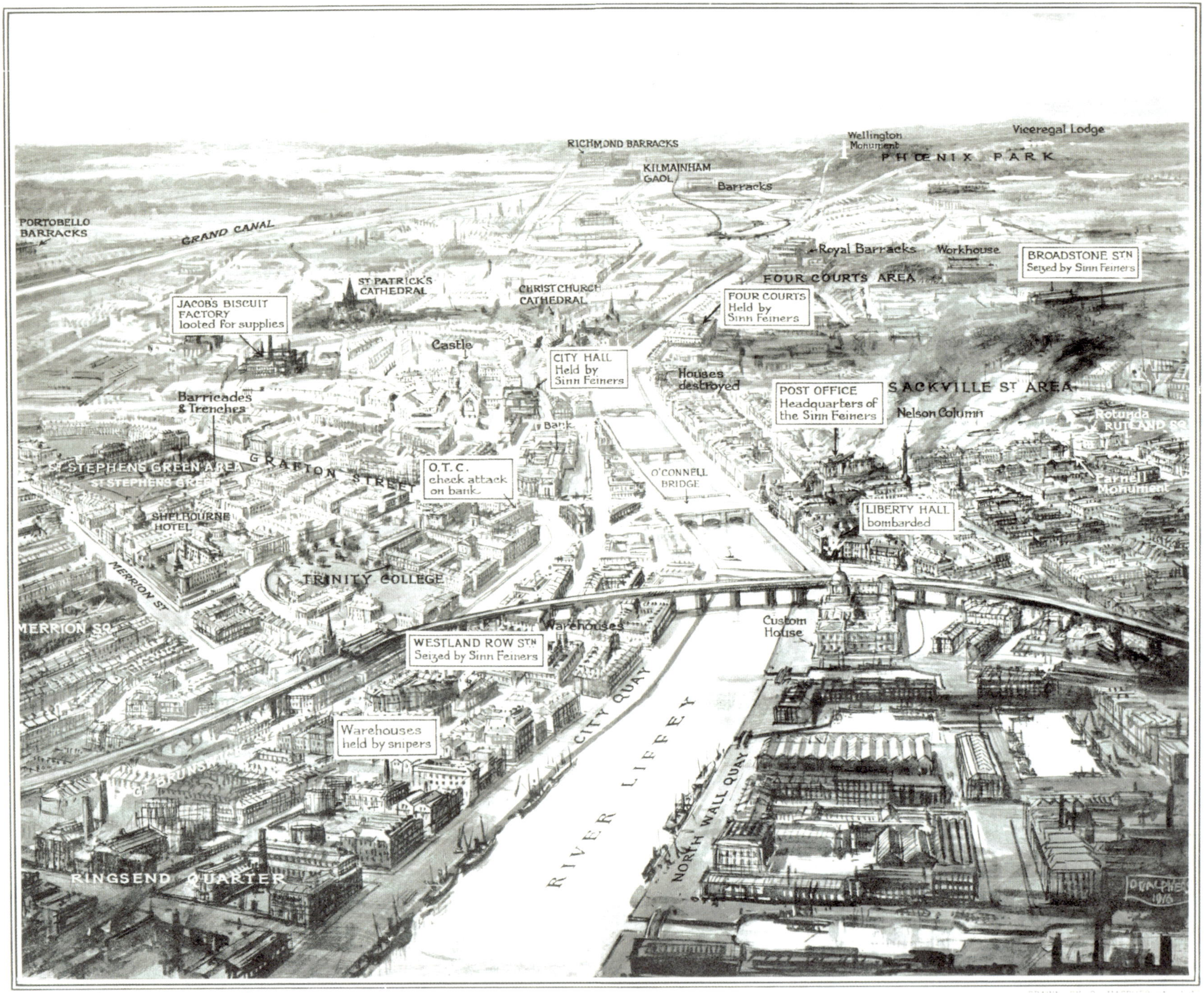

▲

都柏林（Dublin）鸟瞰图〔D. 麦克弗森（D. Macpherson），1916 年〕

这张由 D. 麦克弗森绘制的地图采用了从东往西沿着利菲河（the Liffey River）进行俯视的视角，展示了“复活节起义”期间叛乱分子所占据的战略位置。这幅地图于 1916 年 5 月 6 日出版。

航空器的使用

事实上，航空监测技术的突破是从 1903 年载人飞机的应用开始的，而不是基于当时已较为成熟的热气球。最开始，人们把照相机固定在气球上，后来又固定在了飞行器上，以此来记录细节，并从不同高度和角度仔细观察地形。空中摄影的机械绘图仪器于 1908 年得到了发展改进。1909 年，威尔伯·莱特（Wilbur Wright，莱特两兄弟之一）驾驶着飞机拍摄了意大利的部分地区，成了空中摄影第一人。飞行器的覆盖范围、速度和机动能力使它们比热气球具有更大的优势，而且它们不像热气球那么容易受到防御火力和其他飞行器的攻击。

第一次世界大战开始后，军队开始进行空炮协同。起初，军事地图在这一方面并没有起到多大作用。因此，1914 年 12 月 27 日《泰晤士报》上的一篇报道提到了法国和比利时的西部战线：

> 飞机的主要用途是指挥炮兵的火力。有时他们会在准备炮轰的位置上方盘旋，炮兵部队的观察员看到之后会通知炮兵部队指挥官，几秒钟之后，猛烈的炮火就开始轰击该地点或邻近区域。飞行员还会为炮手做好观察工作，并向他们发出信号，告知他们发射的方向是否准确，射程是否过长或过短，炮口该往左或是往右进行调整。

然而，随着时间的推移，战场上出现了用以躲避炮火袭击的静态据点和隐蔽场所，这就要求火炮的火力更猛、精准度更高。这也使得地图成了精确定位和策划进攻的关键手段。在 1915 年 3 月 15 日英国的第一次堑壕攻击战——新沙佩勒（Neuve-Chapelle）战役中，战斗计划就是基于航拍照片所绘的地图制订的。

可以重复拍摄照片的相机甫一问世，便成了空中侦察和测量工作中非常重要的装备，而摄影技术中的三维相片解读技术的发展更是有着重要意义。地图既可以记录位置，又能传播信息。建立精确的敌方战壕模型的能力只是一个方面，为了解多重战壕的防御纵深而进行的空中侦察使这一能力变得愈加重要。在 1915 年 9 月的卢斯（Loos）战役中，英军突破了德军的第一个据点，但在进攻第二个据点时，由于不了解壕沟纵深而遇到了阻碍。详尽的地图使得更大火力的炮击成了可能，而攻击火力的增强则带来了更加分散的炮弹弹坑，所以也在战术层面上改变了战斗形势。

以精确的三角测量系统定位火炮的攻击位置也是十分必要的。这种网格定位系统使我们能够向特定坐标定向准确地使用远程火炮。英国步兵军官珀西·沃勒尔（Percy Worrall）中校在 1918 年 4 月的笔记中提到了西部战线，当时他们正在绝望当中对抗德国的春季攻势，但最终获得了胜利："炮兵和机枪部队的密切合作非常出色……每次当我处于'X－2分钟'的紧张状态时，炮手总能在2分钟之内做出反应，并向正确位置进行炮击。"

沃勒尔的笔记说明了精确制图的重要性，而网格系统的使用是精确制图过程的一部分。标准军用地图应具备方向标、磁偏角和网格偏差等数据，这些指向系统有助于日常使用精确信息。精确信息系统中的每一个因素都十分重要。

协调作战

更广泛地来说，军队的规模、新型武器的推广和防卫工事范围的扩大，都迫使指挥官们开始考虑火力、机动性、障碍物、后备部队的位置等要素在时间和空间上的协同。这种预见性极强的协作通常是依赖地形图、航空摄影和强化通信等技术手段来完成的。这些技术在防御战里至关重要，但也为进攻思想的完善提供了基本技术支持和战略结构设想。坚守西部战线的英军总司令道格拉斯·黑格（Douglas Haig）元帅在1916年7月3日对法国元帅霞飞（Joffre）提出了批评，他说："这个可怜的家伙既不会和人争辩，又无法读懂地图。"

火炮的协同联动，涉及地图、钟表和通信仪器的协调使用。在穿越敌人防御工事的军事行动中，同步协调使用上述工具的要求更高。正因如此，沉重且巨大的无线电仪器成了步兵进攻部队的沉重负担，然而指挥所却不太可能与行进或战斗中的步兵部队进行电话通信。所以要准确确定步兵部队的实际位置，对现场指挥官和后方的指挥所来说都是较为困难的。相比之下，相对固定的炮兵部队和指挥所就有着良好的通信。

随着战争的继续，地图需求的范围也在急剧扩大，尤其是当竞争中的各个大国势力在不停寻求作战优势的情况下。新的需求包括了由于飞行器数量快速增长而产生的对航空导航地图的需求，透视地图也是其中的一种重要形式。西部战线的战斗人员使用的地图还包括了水文地质测绘图、交通规划地图和大范围的地下采矿地图。

地图展现的地理范围反映了战场边界广阔的特性。英国在巴勒斯坦前线和美索不达米亚地区使用航空摄影技术进行的土地侦察，正是基于该地广阔无垠的战场性质；而此时英国对埃及和印度的土地调查已经完成，并批量印刷了诸多地图作品。侦察摄影技术的效率是如此之高，以至于德国人每两周就能画出一张整个西部战线的新图像，因此，他们可以迅速根据地面变化制作出相应的地图。

战时地图制作

更普遍的是，战争需要地理知识，这与拿破仑时期的战争情况不同。英国皇家地理学会（RGS）是一个与情报机构密切关联的重要制图机构，它主要根据当局的要求绘制各种地图。1914 年，皇家地理学会完成了在比利时和法国的大范围地图上编制地名索引的紧急任务，并将成品迅速交给英国军官，以便送往作战地点。为了帮助陆军部制订国内防御战略，抵御预计中德国将于 1914 年发起的入侵行动，学会制作了一幅比例尺为 1：500 000 的英国四联挂图。随后，皇家地理学会再接再厉，尝试以 1：1 000 000 的比例尺绘制一整幅欧洲地图。到战争结束的时候，该地图已经完成了 90 多页，范围覆盖了欧洲绝大部分地区和中东地区。陆地测量局和许多商业机构在战时地图的制作中也发挥了重要作用。

并不是所有的作战方都以同样的速度发展了战时制图学。在较为缺乏地图成品的大面积区域开展行动时，作战方通常会面临资源有限、压力巨大等情况。例如，身处陌生战场的俄罗斯军队和奥地利军队，他们并未在作战过程中使用和西欧国家类似的空中摄影技术或辅助火炮瞄准的高新技术。

信息情报与政治宣传

第一次世界大战也极大地引起了公众对地图的关注和兴趣，报纸的读者们每天翘首企盼附有各色地图的新闻报道。地图在作为客观描述手段的同时，也会被当作具有目的性的宣传工具，尽管这两种用途的区别其实并不太明显。在作为客观描述手段时，报纸上出现大量地图的目的是定位和关注冲突发生的地区。和照片相比，它们可以为文字提供更有价值的补充，而那些传统地图未涉及的遥远的新区域的地图更是显得尤其有价值。它们还提供了追踪或定位堑壕战的必要细节。由于此时尚未出现彩色摄影技术，因此彩色照片还没有成为报纸和出版物的必备附件，黑白地图仍是报刊附图的最佳选择。然而，制作实用的报纸地图并不是一件易事，这些简单的黑白地图通常无法显示地形地貌、通信障碍及前线的特点等要素。

同时，制图商们正在批量、快速地进行地图集的生产，以满足消费者的巨大需求。这些地图集作品包括《欧洲冲突地图集》（芝加哥，1914 年），《〈每日电讯报〉战争地图集口袋本》（伦敦，1917 年），《战争地理》（巴黎，1917 年），《西部战线一瞥》（伦敦，1917 年），《战争与和平小地图集》（巴黎，1918 年），以及《布伦塔诺的手账地图集》（纽约，1918 年）。还有一些非常具有民族主义色彩的主题地图册，如《英国在海上的胜利相册地图集》(1914)，该地图集由官方新闻局批准出版，并由军队随行牧师撰写，册子里还附有英国海军大臣温斯顿·丘吉尔(Winston Churchill)的签名画像。内页里写着：“谨此纪念1914年大战中为了英国曾在陆地和海洋战争中服务过的军官和士兵们。”文字顶端附有莎士比亚的名句：“这是一个英雄豪杰的诞生之地……这是英格兰。”

向公众展示历史连续性的知名作品有《牛津历史挂图》(1915)。这个系列的地图包括1914年低地国家的地图，并附有1702年该地区的插图。而1702年西班牙王位继承战刚开始的时候，英国便在该地区部署了一支主力军队来保护自己的利益，并对抗对英国有敌意的邻国势力（很讽刺的是，在当时的情况下，这个敌国就是法国，但法国在1915年却成了英国的重要盟友）。对于国内外民众来说，用于传达信息和进行宣传教育的两种地图是难以区分开来的。这些地图反映了战争总体上达到了白热化程度，特别是它们带回了那些需要动员“后方”支

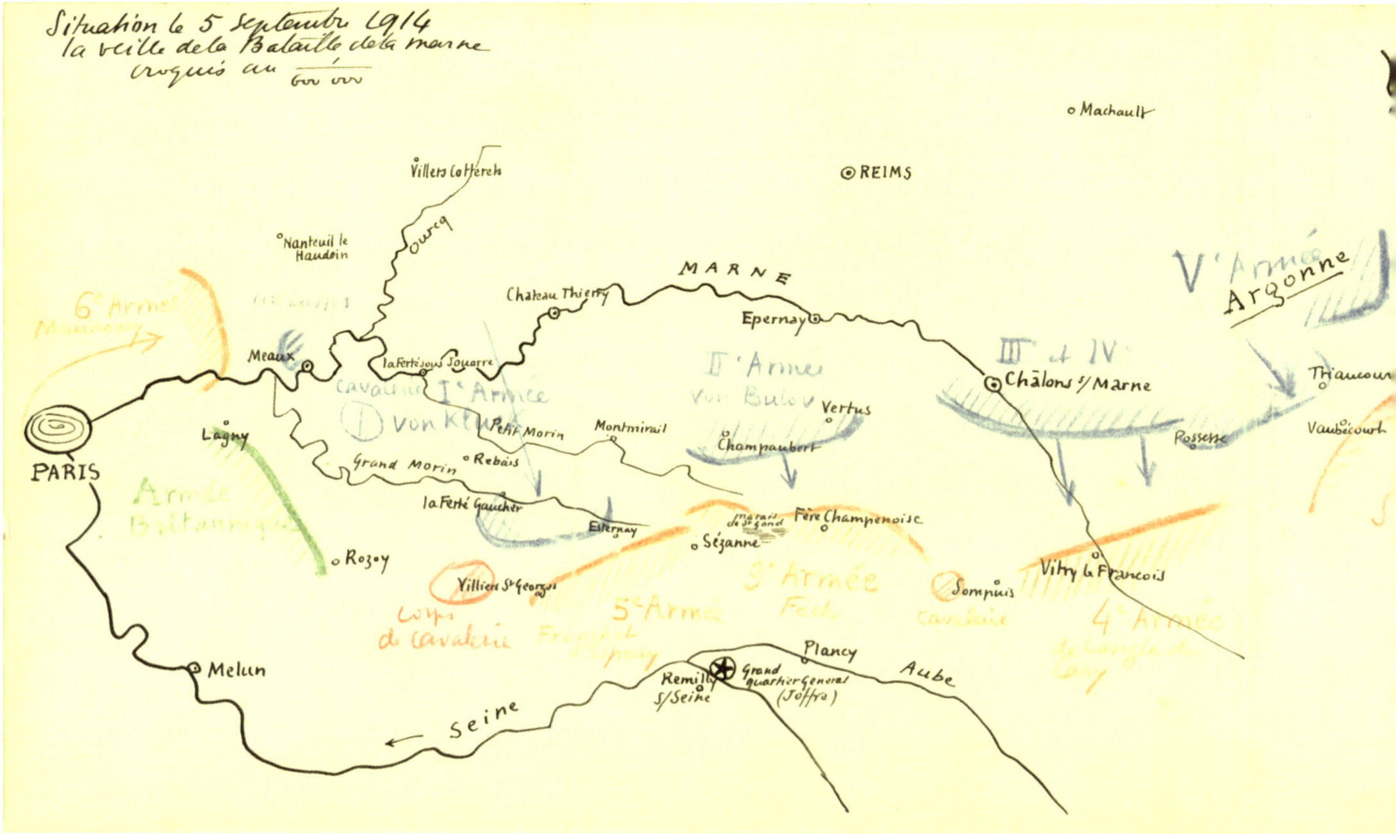

▶ 1914年第一次马恩河(Marne)会战的钢笔素描地图

这幅素描地图描绘了1914年9月5日战争前夕的整体局势。德国人在进军到巴黎附近时犯了一个重大失误，以致给协约国（主要是法国人）提供了反击的机会。克卢克(Kluck)上将率领的德国第1集团军已经偏离了最初的战略方向，德军的原定计划是向巴黎西部进军，形成大包围圈，最终包围法国人。然而，8月30日，克卢克在与小毛奇协商之后，决定向南移动，而后向巴黎东部推进，以求和位于他们左边的比洛(Bülow)上将率领的德国第2集团军保持联系。这一行进路线使得克卢克极易受到法国第6集团军（法军在巴黎附近组建的新部队）的攻击。法国人的航空器报告了德军进军方向的重大变化。9月3日，法军立刻派出第6集团军前往乌尔克河(the Ourcq River)攻击克卢克的右翼。作为回应，9月7日，克卢克将集团军行进方向调转向西以积极应对这次袭击，他这么做是为了在他的集团军和比洛的集团军之间制造一个缺口，吸引英国和法国部队于9月8日朝缺口处进军。

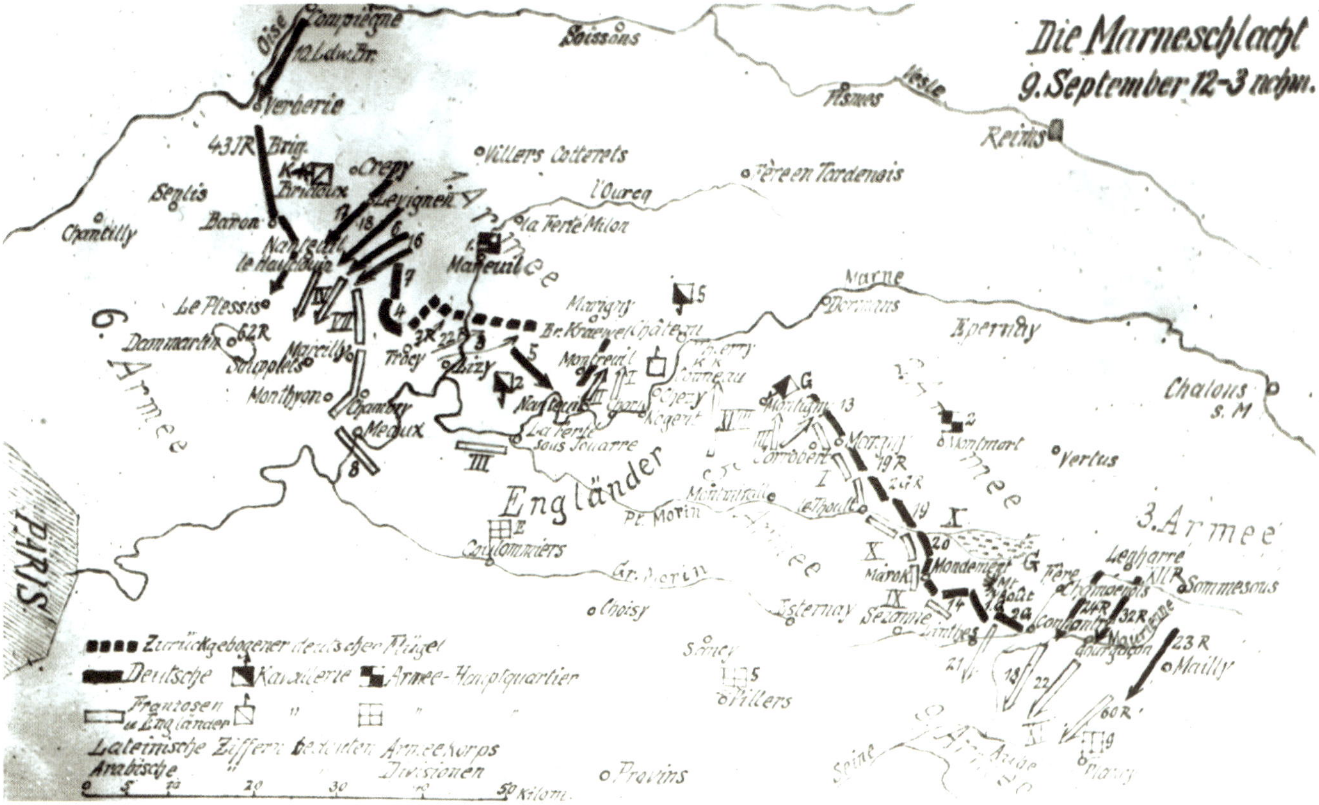

马恩河战役（德军战役规划图，1914 年）

1914 年英国和法国部队的进攻对德国第 1 集团军和第 2 集团军都形成了不小的威胁。但德国人没有被打败，他们决定继续让第 1 集团军和第 3 集团军向前挺进，并开辟如地图所示的新战场。然而，面对着协约国部队的猛烈攻势，德国最高统帅部在缺乏胆识的情况下，于 9 月 10 日命令克卢克的集团军撤退。德国人退到了埃纳河（the Aisne River）旁，这里也成了挫败德军的重要战役地点。自此以后，德国人再也没有在西部战线上占据有利作战位置。在战争的这个阶段，德国人的地图和地理数据资料都较为匮乏。

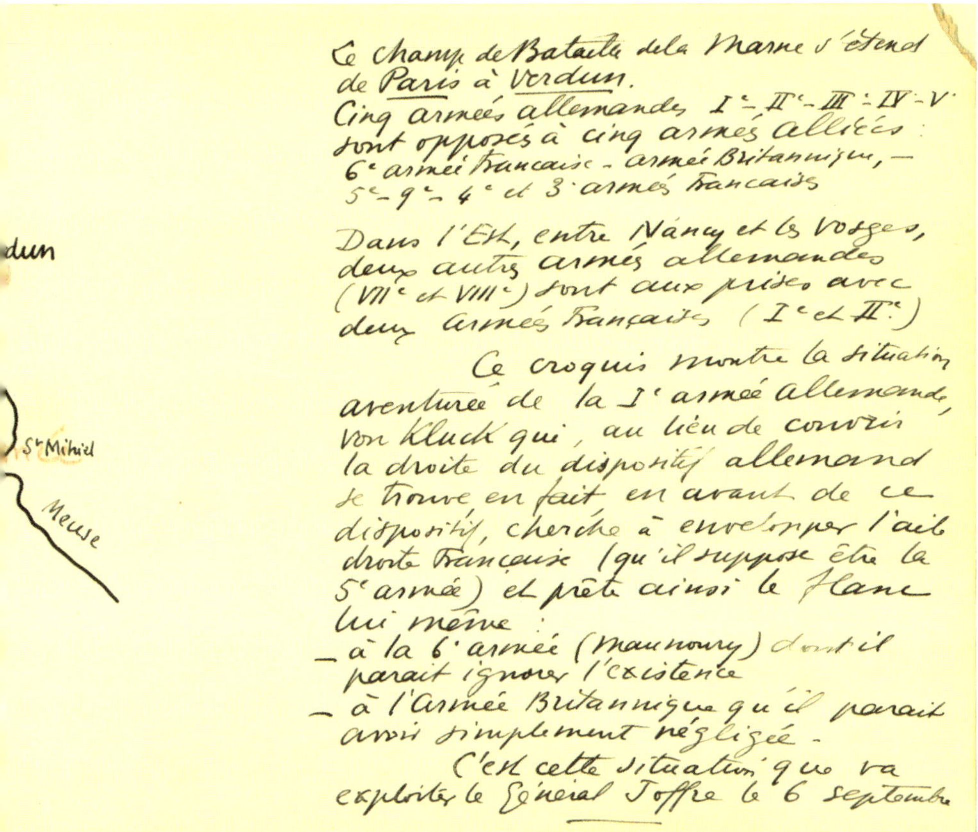

Le champ de Bataille de la Marne s'étend
de Paris à Verdun.
Cinq armées allemandes Ie - IIe - IIIe - IVe - Ve
sont opposés à cinq armées alliées :
6e armée Française - armée Britannique, -
5e - 9e - 4e et 3e armées Françaises

Dans l'Est, entre Nancy et les Vosges,
deux autres armées allemandes
(VIIe et VIIIe) sont aux prises avec
deux armées Françaises (Ie et IIe)

Ce croquis montre la situation
aventurée de la Ie armée allemande,
von Kluck qui, au lieu de couvrir
la droite du dispositif allemand
se trouve en fait en avant de ce
dispositif, cherche à envelopper l'aile
droite Française (qu'il suppose être la
5e armée) et prête ainsi le flanc
lui même :
- à la 6e armée (Maunoury) dont il
paraît ignorer l'existence
- à l'Armée Britannique qu'il paraît
aussi simplement négligée.
C'est cette situation que va
exploiter le Général Joffre le 6 septembre

▶

英军西奈半岛（Sinai Peninsula）报告的附件地图（英国总参谋部制作，1914 年）

这幅地图的批注上标记着“由总参谋部地理科地图室签收”。此时的巴勒斯坦是土耳其的领土，而埃及则在英国的控制之下。1915 年 2 月，由英法两国军舰支持的印度部队击退了进攻苏伊士运河的土耳其军。土耳其军没有得到来自埃及方面的任何支援，而英国战机随后发现了在运河上行进的土耳其纵队。随后，协约国军队在运河区的战略从积极防御转变为向前进击，英国人进入了西奈半岛。然而，直到 1917 年春天，英军把战略重点集中到加沙（Gaza）附近的土耳其阵地上后，巴勒斯坦的土耳其人才感受到了明显的压力。英军此时的大计划是建立必要的运输和后勤基础设施。1917 年秋天，战局焦点转移到了巴勒斯坦的贝尔谢巴城（Beersheba），协约国军队随后占领了这个城市。

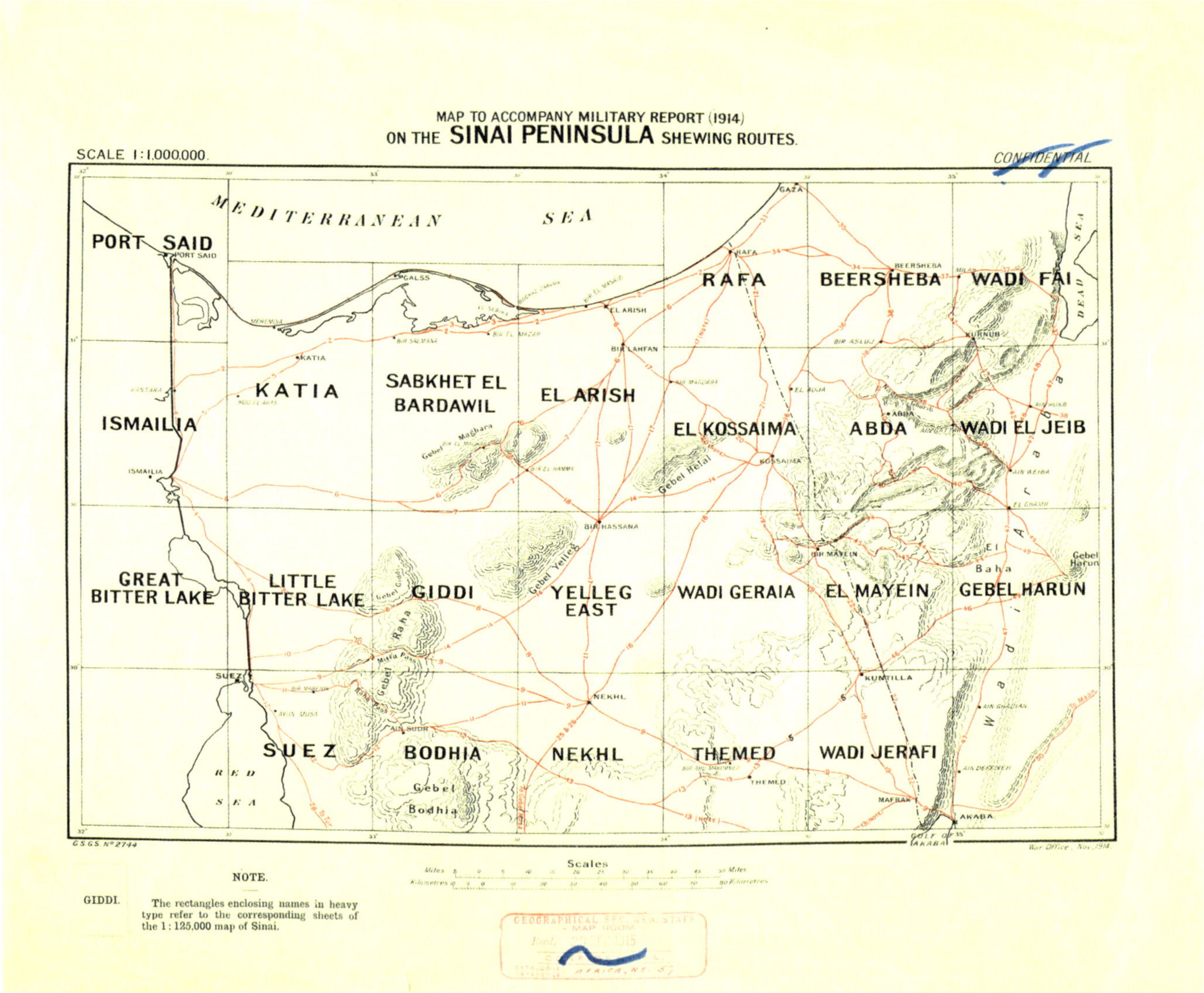

1915 年 加 里 波 利（Gallipoli）战役

这幅地图展示了被澳大利亚和新西兰军团（澳新军团）占领的地区。由于土耳其人在德国的指导下加强了当地的防御措施，而澳新军团此时缺乏优秀将领和完备的作战计划，这都使得澳新军团在登陆过程中受到了阻碍。澳新军团最初的进攻显得软弱无力，土耳其人很快反过来占领了制高点。他们的战斗技巧和防御火力的优势都起到了重要作用。战斗很快进入胶着状态，澳新军团的驻地暴露在敌军火力下。这些据点空间狭小，还受到高温、痢疾和伤寒的威胁，形势愈发严峻。这些要素无法在地图上得以显现。到了 5 月，澳新军团司令威廉·伯德伍德中将（William Birdwood）发出报告称，土耳其人的不断攻击迫使他们不得不退回到防御状态，并且“实际上已经陷入了被包围的状态”。此外，他们还失去了战斗机动性。6 月时，伯德伍德抱怨道：“我们和敌军的距离应该已经在 10 码（约 9.14 米）之内了，但我们却无法攻入他们的战壕，这有点儿太荒谬了。”

▲

1915年8月7日加里波利全景图〔莱斯利·弗雷泽·斯坦迪什·霍尔（Leslie Fraser Standish Hore）上校〕

此图展示了澳大利亚军第八和第十轻骑兵团在“山口之战”当天的军队部署情况。这些战地地图于1916年在开罗（Cairo）出版，它们提供了许多战斗中的细节。其中，图中的箭头处标明的是澳大利亚战场的前线位置。澳军于8月战斗失败的原因有二：一是糟糕的指挥决策；二是土耳其军发起了顽强抵抗。这和他们在4月进攻时失败的原因是一样的。战斗失败后，澳军再也无法保持机动性。5月，澳大利亚的一名旅长约翰·莫纳什（John Monash）在观察笔记中提到：“我们已经没日没夜地持续战斗了近22天，这期间，我们绝大多数人的观感是，机枪和步枪真正停止射击的间隔时间不超过10秒。”

援的战争信息。这涉及征兵制度和战争金融的发展，在当时特定的社会政治和制度环境下，二者的发展变化已和19世纪截然不同。公众文化水平的提高意味着对战争新闻的需求及新闻传递范围的扩大，而报纸作为其主要传播形式，确保了信息的日常更新。要做到这点，就需要每天更新图像和地图，而那个年代摄影技术的局限性使得地图显得更加重要。

这种每天都要进行的信息更新构成了一项挑战，因为战场态势如果没有每天发生变化的话，就很难保证能够满足公众每天对新信息的兴趣和需求。

包括胶卷在内的技术创新并未涉及制图学。与综合炮空火力信息系统的重要组成部分——精确的航空摄影技术的发展相比，那些报刊媒体上为大众绘制的战争地图并没有出现具有可与之比拟的技术创新。在第二次世界大战时出现的理查德·伊兹·哈里森（Richard Edes Harrison）的航空地图测绘技术此时仍未发展成熟，尽管有些地图也采用了空中视角，但那主要是为了展示空战和地面战斗的相互作用。然而，服务大众的制图技术在连续定位图的制作技巧上已经较为成熟，我们可以从1899年至1902年南非布尔战争的地图上看出这一点。这些技术的公众接受度是比较理想的。从不同角度看，战争的战略机遇、策略选择和各类问题此时还没有在公众舆论中引发广泛讨论，这是因为当时的报纸和政客们都处于舆论管控之中。所以，服务于大众需求的仍是简单的定位地图。在本书最后两章中你可以看到，这种情况一直到20世纪的重大战役爆发后才发生了天翻地覆的变化。

◀ 诠释战斗策略：佛兰德斯的局势〔G. F. 莫雷尔（G. F. Morrell），1915 年〕

这是 1915 年秋天英国人描述佛兰德斯的局势时所配的附图，阐明了英国首相赫伯特 · 阿斯奎斯（Herbert Asquith）在下议院对该战役做出的评论。德国人 4 月份在伊普尔（Ypres）通过使用瓦斯毒气弹取得了战斗的胜利，而英国则在 4 月的新沙佩勒战役及 9 月的卢斯战役中打了胜仗。这些战役显示了堑壕防御系统的总体防御力量，由于防御力量太强，法国在 9 月的香槟（Champagne）战役中被打败了。在一个相对较小的区域集中大批兵力，可以确保防守方能召集足够的后备部队来阻止敌方步兵的进攻。一般来讲，最初的得胜方没能乘胜追击，部分是因为指挥有误，以及通信手段太老旧过时了。德国仍然控制着 1914 年所占领的区域，这是一个关键的战略背景。此外，德国打败俄国之后，协约国开始意识到迫切需要在西部战线采取措施，以减轻德国对俄国施加的压力。

PICTURE MAP TO ILLUSTRATE THE BATTLE OF NEUVE CHAPELLE.

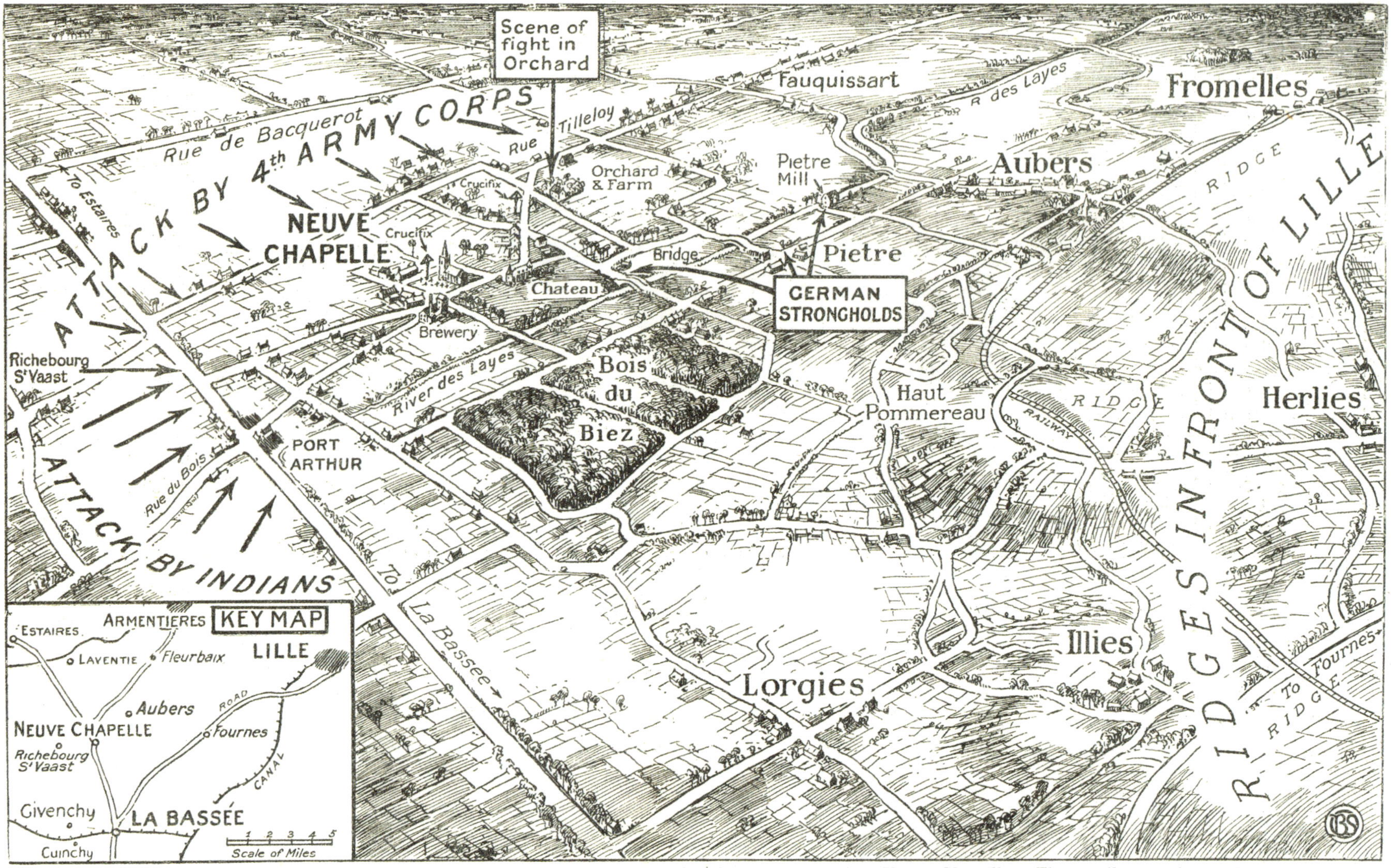

The large map indicates the approximate lines of advance of the British and Indian troops against Neuve Chapelle. The small map shows the position of Neuve Chapelle in relation to Lille, the great French manufacturing town held by the Germans.

▲

1915 年的新沙佩勒战役地图

这幅地图展示了新沙佩勒战役的战场情况，左下角有一张小插图，简要说明了战役的发生地点新沙佩勒和里尔城（Lille）之间的地理关系。1915 年 4 月 10 日，新沙佩勒城遭到了一场小轰炸，但这次轰炸未能切断德国的所有电线。此时的德国战壕还未具规模（到了 1915 年下半年，德国人就已筑起构造复杂、难以攻破的战壕），英国人还有着足够的军力来突破德军战壕的防御线，他们的正面攻击仍然进行得很好。在英军缺乏重炮和弹药的情况下，德军的防御工事撑过了这轮攻击，英军同时还因为通信不力，失去了对战场的控制。尽管如此，英国人仍然差点儿获得了新沙佩勒战役的胜利。事实上，和那些后续的战斗相比，这是英国人最接近成功的一次战役。然而，德军迅速使用火车带来增援部队，并建立了新的战线；而英军炮兵在新战线上准备不足，加上许多英军部队都已经精疲力竭了，他们就这样和胜利擦肩而过，而他们发起的另一轮攻势也以失败告终。英军列兵斯特利·格林（Stanley Green）在回忆录中记录了在这次攻击中幸存下来的士兵们震惊的心情，他说这次行动与他和他的同僚们预期的“激动人心的进攻和肉搏战”截然不同。

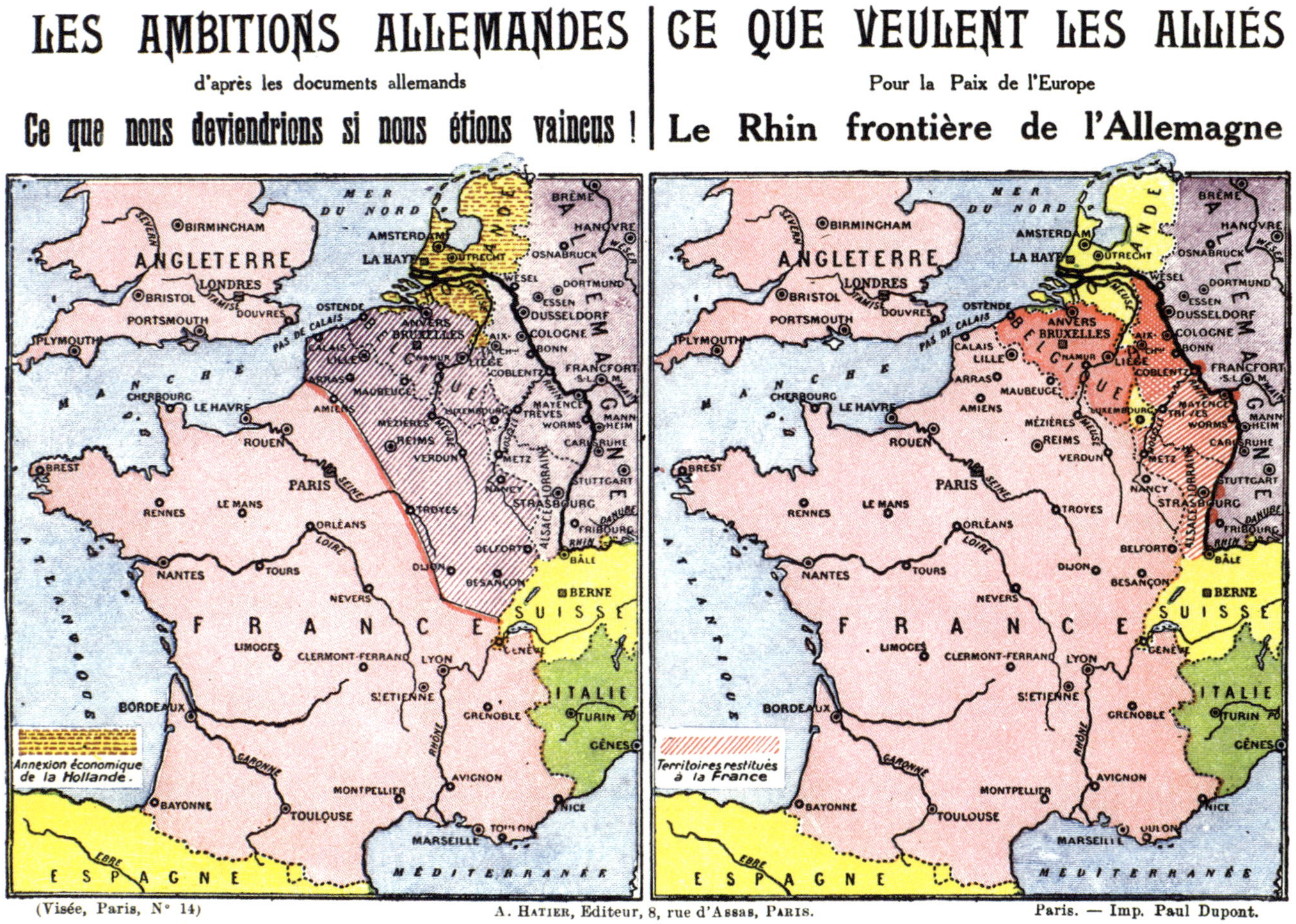

◀ 战时宣传明信片（法国爱国主义者于 1915 年印制）

左边的地图显示的是德国的战争目标，右边的则是协约国宣称的将为欧洲带来和平的作战目标。1914 年 9 月 9 日，德国首相贝特曼 - 霍尔维格（Bethmann-Hollweg）宣称的德国官方的战斗目标还没有暴露出太大的野心，但还是覆盖了法国的隆维 - 勃利耶（Longwy-Briey）铁矿石盆地、比利时的领土和非洲的殖民地。此外，德国的海军指挥官们热衷于占领比利时的海岸军事基地，如果可以占领法国的那就更好了。

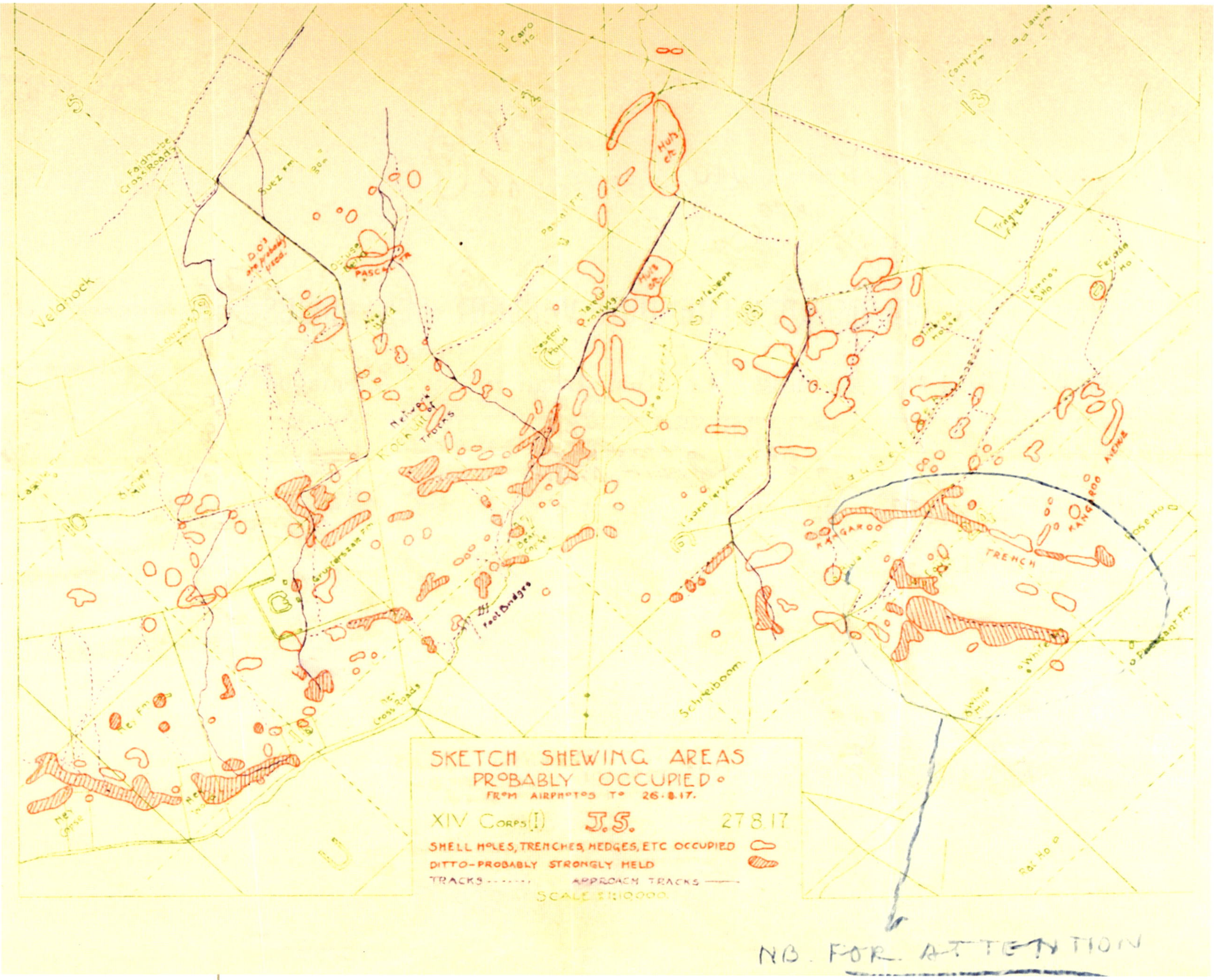

▲

1917 年的空中侦察图

这是一幅从空中视角展示 1917 年 8 月 26 日可能被占领区域的地图，英国派出的侦察机侦察到了德军在西线所处的位置（并用蓝色圆圈标注了出来）。如下面画线标注的注释所示，这是一幅标示重点战斗区域的地图。飞行器对于航空制图来说非常有用，尽管基于航空摄影的空中地图的正确使用方法仍处于研究的起步阶段。1916 年至 1917 年的冬季，德国人在航空作战中获得了优势，这要归功于 1916 年 9 月德国人引进了利用空气动力学原理制造的高效、快速、操作灵活的“信天翁 D-1”战机，这些战机上还配备了两挺同步机枪。由于协约国军队也装备了越来越多配备新技术的飞机，德军最终在 1917 年中期失去了空中优势。这些新战机中的佼佼者有法国的“斯帕德 7”和“斯帕德 12”战机，英国的“布里斯托”战机（配备了 180° 轴承武器、基于波形脉冲的同步齿轮），以及非常灵活的“骆驼”式战斗机。这些战机确保了协约国空中部队的数量优势，也为侦察机提供了火力支援。

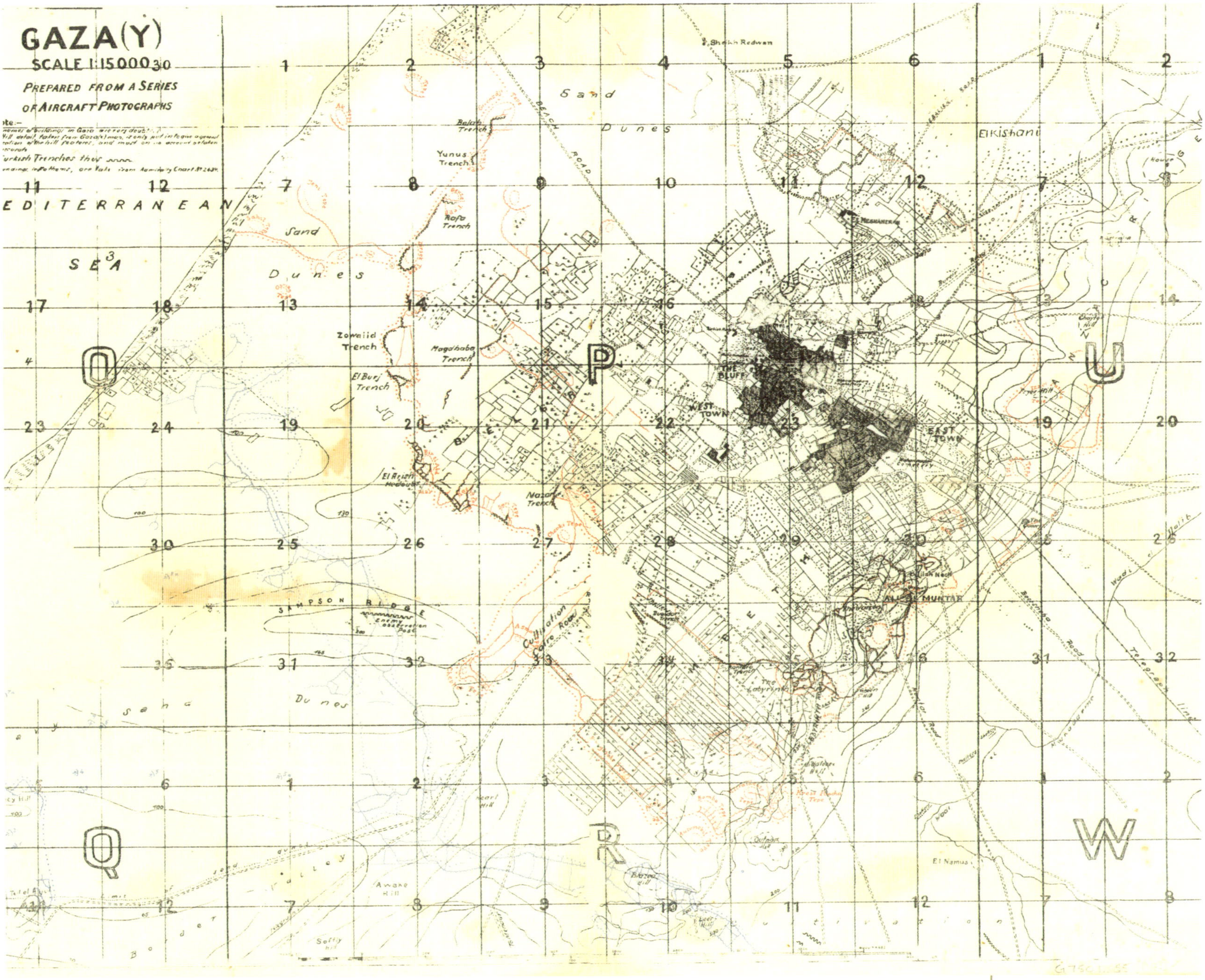

▲

1917 年的加沙（Gaza）地图（埃及测绘局作品）

这幅埃及测绘局的地图作品是使用航空摄影技术绘制的。埃及测绘局是英国对地中海东部沿岸地区进行地图绘制的主要机构。在早期的粗略尝试之后，他们在 1917 年开发出了一种成功的航空摄影测绘方法，并完成了从加沙到贝尔谢巴（Beersheba）的全部路线的地图测绘。1917 年春天，英国军队发起了两次并不成功的进攻战，意图攻下土耳其在加沙地带建起的坚固防线。到了 10 月，他们又开始了第三次进攻，在来自西线战场的战术经验的帮助下，英国人突破了土耳其的阵地。而此时，在相去甚远的东部战场上，澳大利亚军发起的突袭也攻下了贝尔谢巴城。

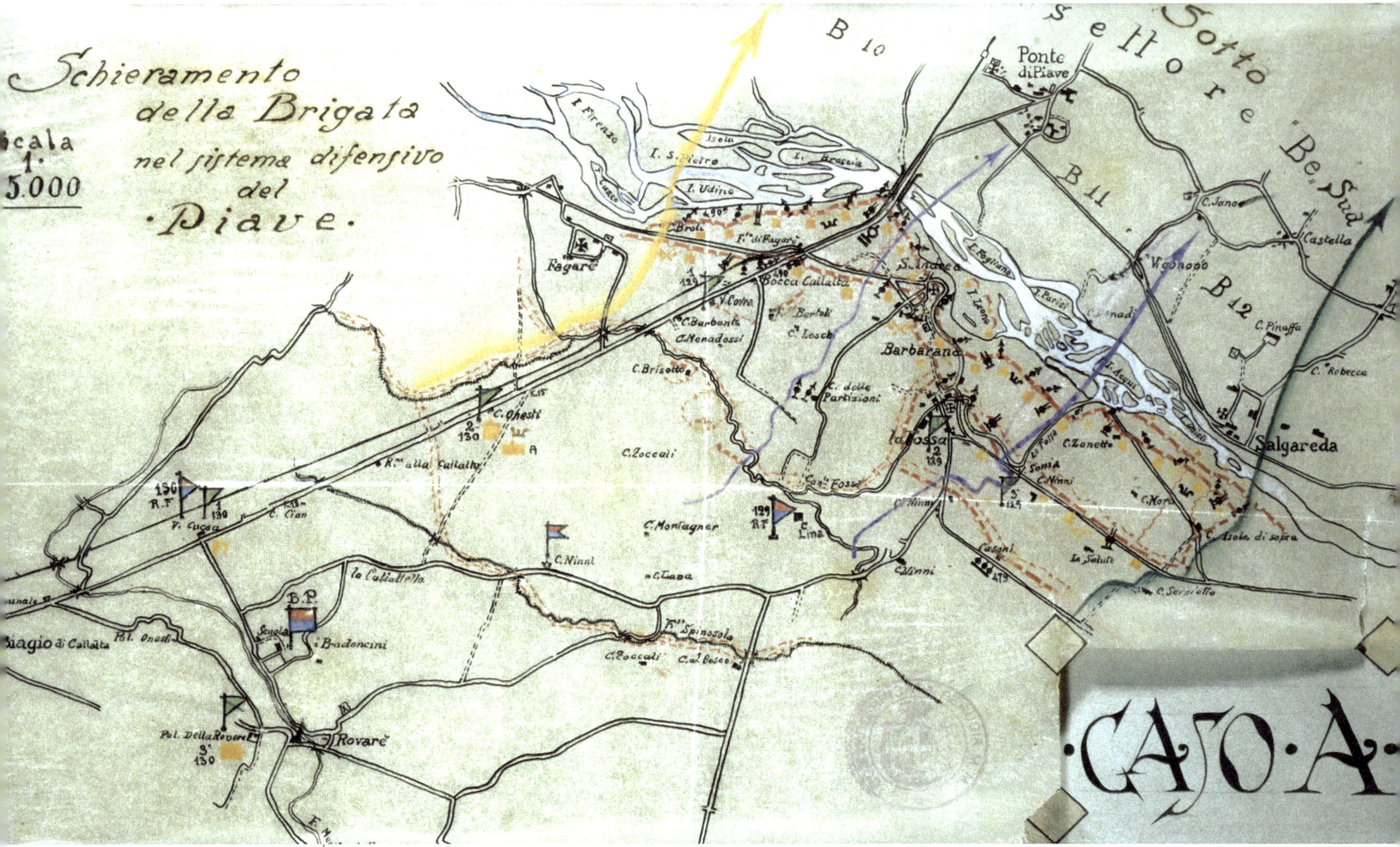

▲

有关敌人的信息（1918 年）1917 年意大利皮亚韦河（the Piave River）防御系统

这幅地图展示了意大利军第 20 旅在皮亚韦河防线上的部署情况。意大利军于 1917 年 10 月在卡波雷托（Capretto）袭击奥地利军和德军失败之后，于 11 月联同协约国军分遣队在皮亚韦河上开辟了一条新的战线。1918 年 6 月，奥地利人在皮亚韦河发起了针对帕多瓦城（Padua）的袭击，但遭到了沉重的打击。英国人借助自己丰富的防御经验，帮助意大利军队提高了堑壕战的防御效率，这是意大利军在战争期间提高战术素养的过程的一部分。奥地利人渡过了皮亚韦河，却未能保住他们在河流西岸的阵地。奥地利军还受到了空袭的影响，再加上补给路线上的河流的水位由于连日大雨而暴涨，导致他们的后勤补给也出现了严重问题。意大利军也开始部署预备部队积极应战，所以奥地利被迫撤回了他们的部队。这幅于 1878 年获得授权的国家大地图（比例尺为 1 ∶ 25 000 的《意大利地形图》）主要是基于军事目的绘制的。

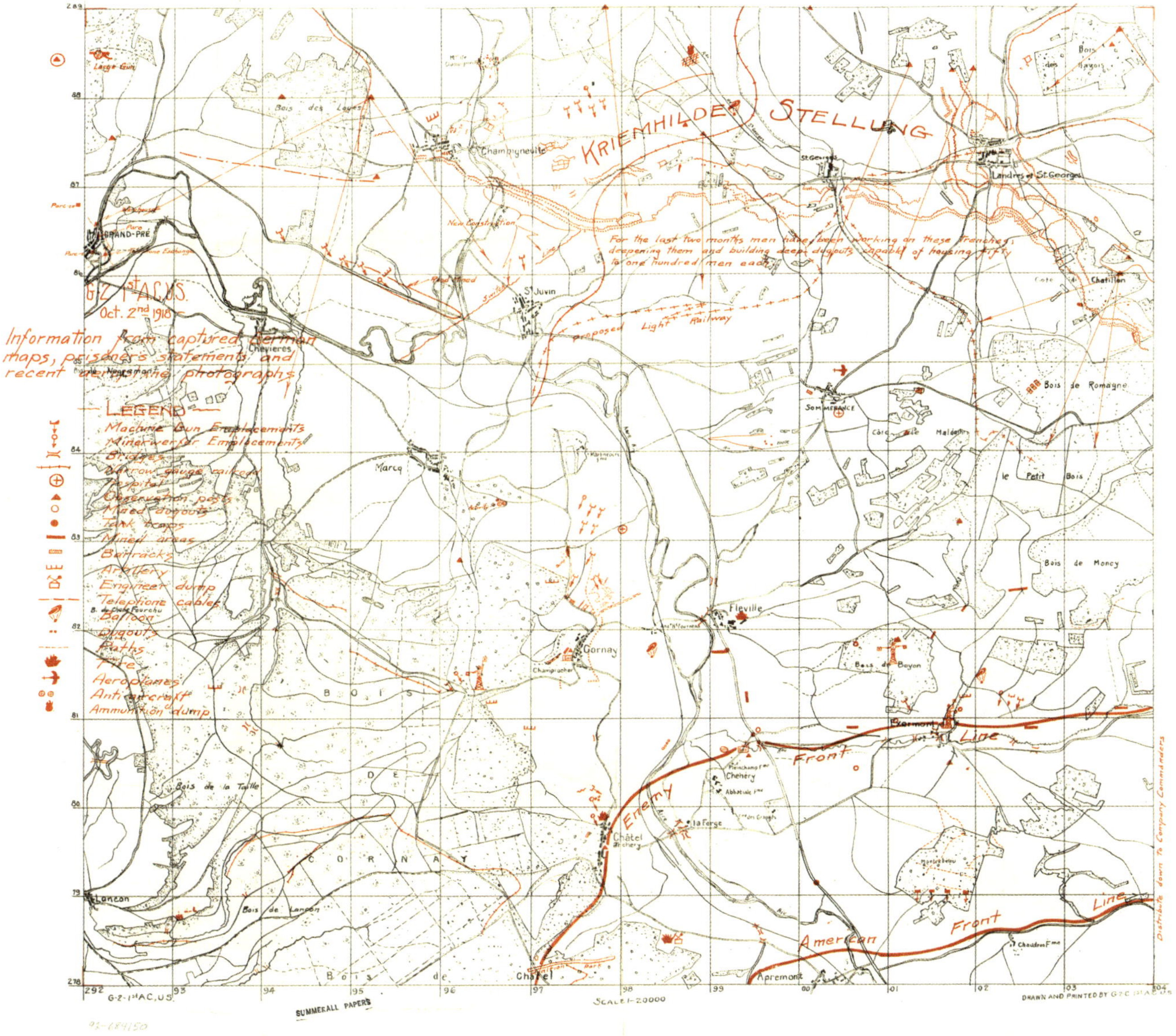

◀ 1918年第二次马恩河战役地图

美国人根据战利品里的德国地图、战俘的陈述，以及航拍图片绘制了这幅地图，地图描绘的是1918年10月2日在马恩河地区爆发的第二次战役。美国人在图中对英国和法国的测绘技术进行了模仿，尤其是模仿应用了他们的航空摄影技术。虽然德军在战场前线被协约国的一系列进攻击退，但是他们的抵抗力量依然强劲。协约国一系列攻击的战略目的是把德国拖垮，并粉碎他们的防御线，使他们无法巩固新的战线。美国于9月26日发起的默兹-阿尔贡（Meuse-Argonne）攻势由于敌军的防御工事过于坚固，遭受了惨重的人员伤亡。虽然他们在10月4日加强军力后发起了又一轮攻击，但还是没能摆脱伤亡惨重的命运，不过德国人最后还是被赶出了阿尔贡森林。这幅地图提供了德国后方地区的宝贵信息，而这些信息对于在战斗中取得突破至关重要。10月2日，德国最高统帅部在向德国主要领导人发出的简报中强调了西线的整体不利局势，这使得交战双方达成休战协议最终成为可能。

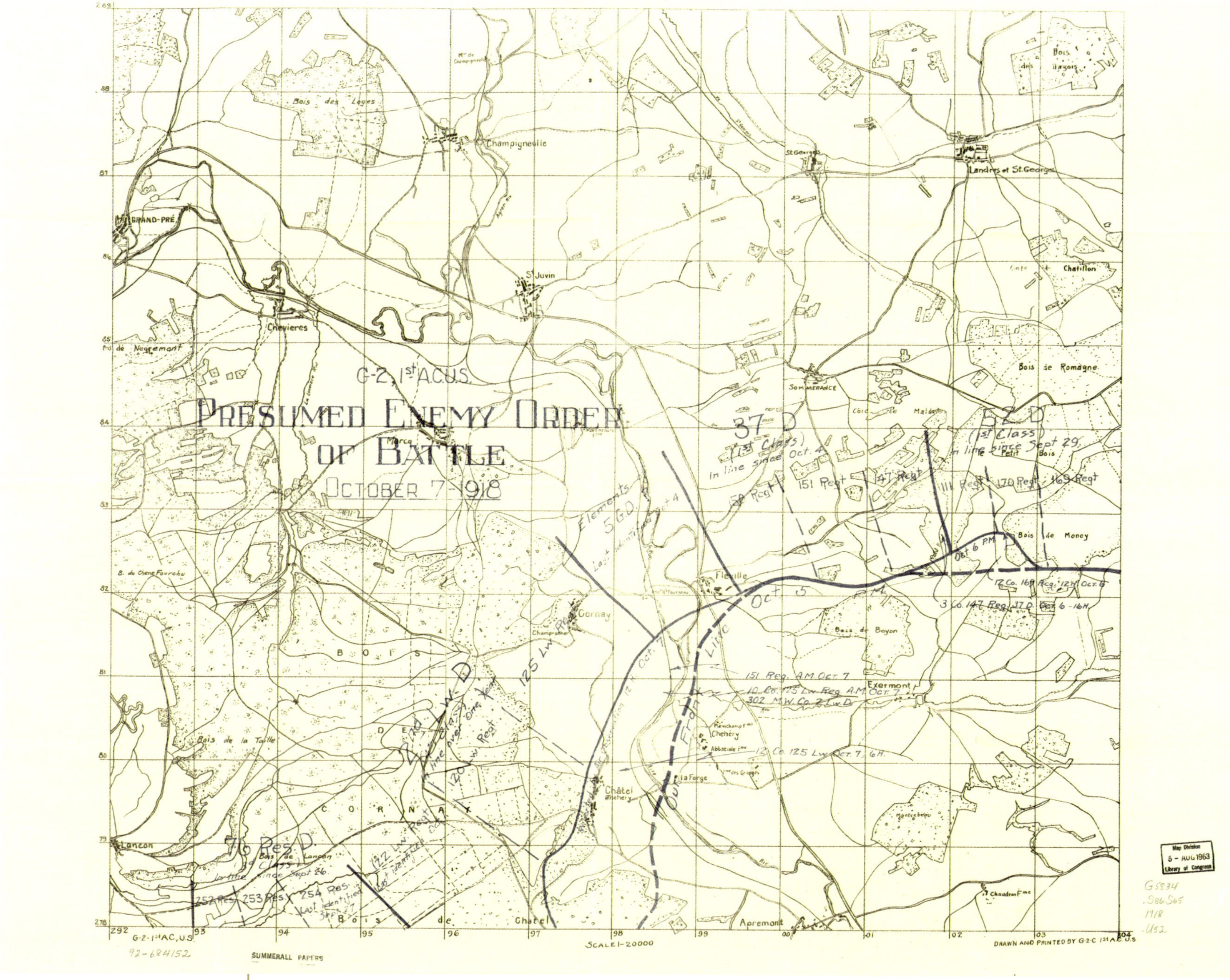

▲

有关敌人的信息（1918 年）

这幅 1918 年 10 月 7 日的美国地图整合了来自俘获的德国地图、战俘的陈述，以及最新航拍图片中的信息。这类地图从深度防御的角度揭示了德国所处的战略位置，从而对如何突破德国防线具有指导意义。美军在这一时期仍处于进攻状态。美军于 9 月 26 日发起的默兹 - 阿尔贡攻势由于敌军的防御工事过于坚固，遭受了惨重的人员伤亡，他们在 10 月 4 日加强军力后发起了又一轮攻击，然而还是没能摆脱这种代价惨重的模式，尽管德国人最后被从阿尔贡森林里赶出来了。11 月 1 日，美国人发起了最后一次进攻，并奋力穿过了默兹河。德国阵地的失守表明并不是所有德国防守位置都是无懈可击的。

1918 年达成休战协议后的西部战线地图

这幅地图显示了 1918 年 11 月 11 日休战协议生效之后，当天上午 11 时西线战场的作战状态。在此之前，德国国内对战争的支持力量已然瓦解，而德军在西部战线的连续防线也被突破了。许多协约国军官和士兵对突如其来的形势变化充满了信心。这不仅是由于当时协约国军队已经克服了堑壕战战术方面的问题，还因为他们大大提高了后勤水平和作战机制的效率。协约国军队重新对资源进行了配置，补充了大量的枪支，足够支撑他们在绵长的战线上面对持续的阻力开展作战行动。11 月 3 日，英军军官邓・福蒂斯丘（Den Fortescue）记录道：“相比于德国兵的抵抗，目前主要牵制住我们的脚步的是通信方面产生的困难。”福蒂斯丘还写道：“德国人在被缴获了大量枪械后，由于缺乏武器遭到了协约国军队火力的无情压制。”艾伦・汤姆森（Alan Thomson）中校在 11 月 11 日的笔记中写道：“在小号手发出停火号令后，我当时就为乔治国王欢呼了三声。士兵们聚集在院子里和我一样痛快地呼喊着，那是一个激动人心的时刻。”

第 六 章 **第二次世界大战**

THE SECOND WORLD WAR

全球性冲突

◀前页
1944年6月6日，第二次世界大战，奥马哈（Omaha）海滩的诺曼底登陆（D-day Landing）

在波涛汹涌的海面上，舰队搭载的美国第5军派出数万名士兵登陆奥马哈海滩，这支庞大的舰队由战舰和其他船只组成。

右页▶
1932年的上海地图

这是1932年日本侵华期间的上海地图，主要展示了法国和其他外国租界的分布情况，以及日本和中国的火力线。靠近前线的闸北镇被描绘成房屋被烧毁的状态。主地图则采取了倾斜角度较低的鸟瞰视角。从1932年1月下旬开始，日本人开始袭击上海。经过了初期的犹豫之后，中国在此后的大规模冲突中派出了曾接受德式训练的中国部队进行顽强抵抗，而日本最终在战斗中投入了超过5万兵力，以及数量达200架（艘）的战机和战舰。日军的轰炸火力造成的破坏是巨大的，而在日本两栖部队从长江登陆之后，便迫使中国军队从上海撤退了。最后，在国际调解之下，中国接受了上海的非军事化，同时日军撤出了上海的城市区域。

在第一次世界大战结束，第二次世界大战全面爆发前的间歇期（1918—1939），技术上的更新变革不断影响着战争地图的绘制，特别是航空摄影技术方面有了进一步的发展。在20世纪30年代，这些技术发展的成果包括彩色胶片和红外胶片的使用。因为红外线图像可以呈现出肉眼看不到的颜色，故红外胶片可以轻易分辨出被伪装起来的金属物品——这些金属物不像它们四周的植物一样能强烈反射红外线。而黑白胶片由于对比度比彩色胶片强，在某些地方有更大的作用，因此仍保留了它们的价值。

大规模的备战带来了地图技术的创新，最引人注目的当属英国的雷达技术。这使人们确信轰炸能力将是下一场大国战争分出胜负的决定性因素。当战场上空出现飞行器之后，战争地图便具有了三维空间的新属性，而雷达可以很好地反映这种新属性。空中力量的重要性使雷达成了军队防御能力的主要构成部分。随着精确地图在火炮打击中的应用，雷达也就担负起了精确定位的任务。然而，和炮兵部队相比，飞行器的定位和追踪都是动态的。因此，雷达成了在战斗空间中诠释这种动态属性的关键因素。

同时，地图也起到了鼓动公众情绪的作用。在纳粹政权煽动群众时，他们不断强调德国历史上曾与外族进行过的斗争，而这个主题在1933年纳粹接管德国之前便早已在地图册中存在了。

两次世界大战之间的歇战期里，并没有出现太多的军事地图作品，除了那些制图系统较为发达的国家之外，如英国和法国。这两个国家都积极地为境外新疆土绘制了地图，尤其是在动荡的中东地区——英国人绘制了伊拉克地图（1920）和巴勒斯坦地图（1936），法国则绘制了叙利亚地图（1925—1926）。

史无前例的测绘范围

第二次世界大战期间（1939—1945），地图的制造量和使用量比第一次世界大战时增加了不少。从作品的前后对比中可以看出，地图测绘范围也在扩大。英国地形测量局为盟军的各类军事行动绘制了大约3亿张地图，而美国陆军地图服务部（简称AMS）的地图生产量则多达5亿张。此外，其他许多相关军事制图机构也制作了大量地图，而地图产量的增加也带来了生产技术的相应提高。

军事地图短缺的困难迅速得到了克服。例如，美国在1941年12月正式参与第二次世界大战时，军事地图库藏短缺，美国政府不得不采用向社会“借图”的方式解决这个问题。随后，纽约公共图书馆向军队提供了大量地图。同时，政府还呼吁公众捐出个人地

NORTH

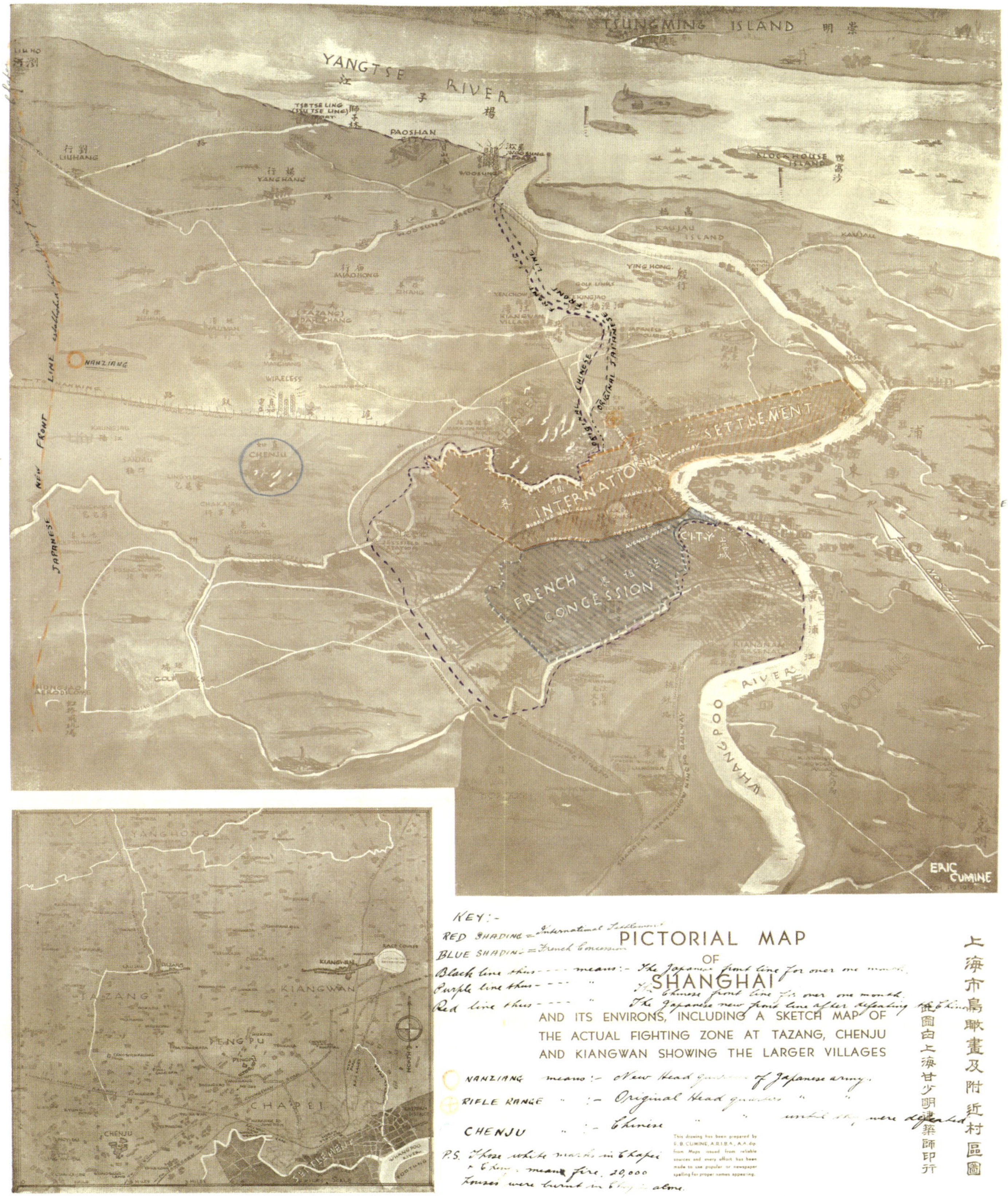

KEY:-

RED SHADING = International Settlement

BLUE SHADING = French Concession

PICTORIAL MAP
OF
SHANGHAI

Black line thus --- means:- The Japanese front line for over one month.

Purple line thus --- " The Chinese front line for over one month.

Red line thus --- " The Japanese new front line after defeating the Chinese

AND ITS ENVIRONS, INCLUDING A SKETCH MAP OF THE ACTUAL FIGHTING ZONE AT TAZANG, CHENJU AND KIANGWAN SHOWING THE LARGER VILLAGES

上海市鳥瞰畫及附近村區圖

此圖由上海甘少明建築師印行

NANZIANG means:- New Head quarters of Japanese army.

RIFLE RANGE " :- Original Head quarters " "

CHENJU " :- Chinese " " until they were defeated

This drawing has been prepared by E. B. CUMINE, A.R.I.B.A., A.A. dip. from Maps issued from reliable sources and every effort has been made to use popular or newspaper spelling for proper names appearing.

P.S. Those white marks in Chapei & Chenju means fire. 20,000 houses were burnt in Chapei alone.

SOUTH

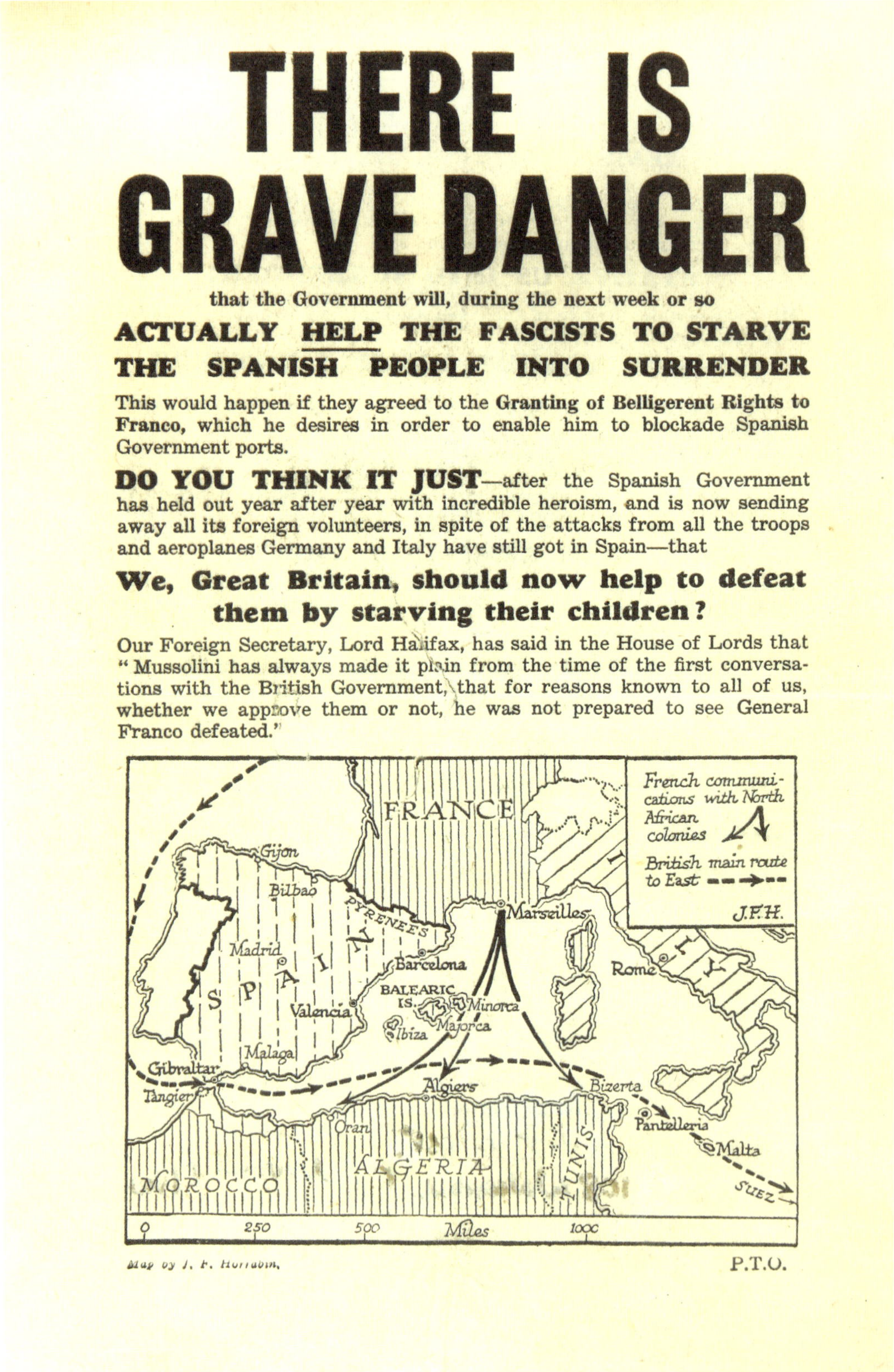

THERE IS GRAVE DANGER

that the Government will, during the next week or so

ACTUALLY HELP THE FASCISTS TO STARVE THE SPANISH PEOPLE INTO SURRENDER

This would happen if they agreed to the **Granting of Belligerent Rights to Franco,** which he desires in order to enable him to blockade Spanish Government ports.

DO YOU THINK IT JUST—after the Spanish Government has held out year after year with incredible heroism, and is now sending away all its foreign volunteers, in spite of the attacks from all the troops and aeroplanes Germany and Italy have still got in Spain—that

We, Great Britain, should now help to defeat them by starving their children?

Our Foreign Secretary, Lord Halifax, has said in the House of Lords that "Mussolini has always made it plain from the time of the first conversations with the British Government, that for reasons known to all of us, whether we approve them or not, he was not prepared to see General Franco defeated."

Map by J. F. Horrabin.

P.T.O.

▶

对英国政府的态度进行谴责的宣传海报〔詹姆斯・弗朗西斯・霍拉宾（James Francis Horrabin），1938 年〕

这是一个将地图用作宣传的例子。这张附有地图的海报批评了英国政府在西班牙内战中表现出来的态度。地图强调了西班牙的地理位置对英法贸易路线产生的威胁。地图制作者詹姆斯・弗朗西斯・霍拉宾是英国工党议员，是英国社会主义联盟全国委员会的成员，也是对英国奉行帝国主义政策的批评者。

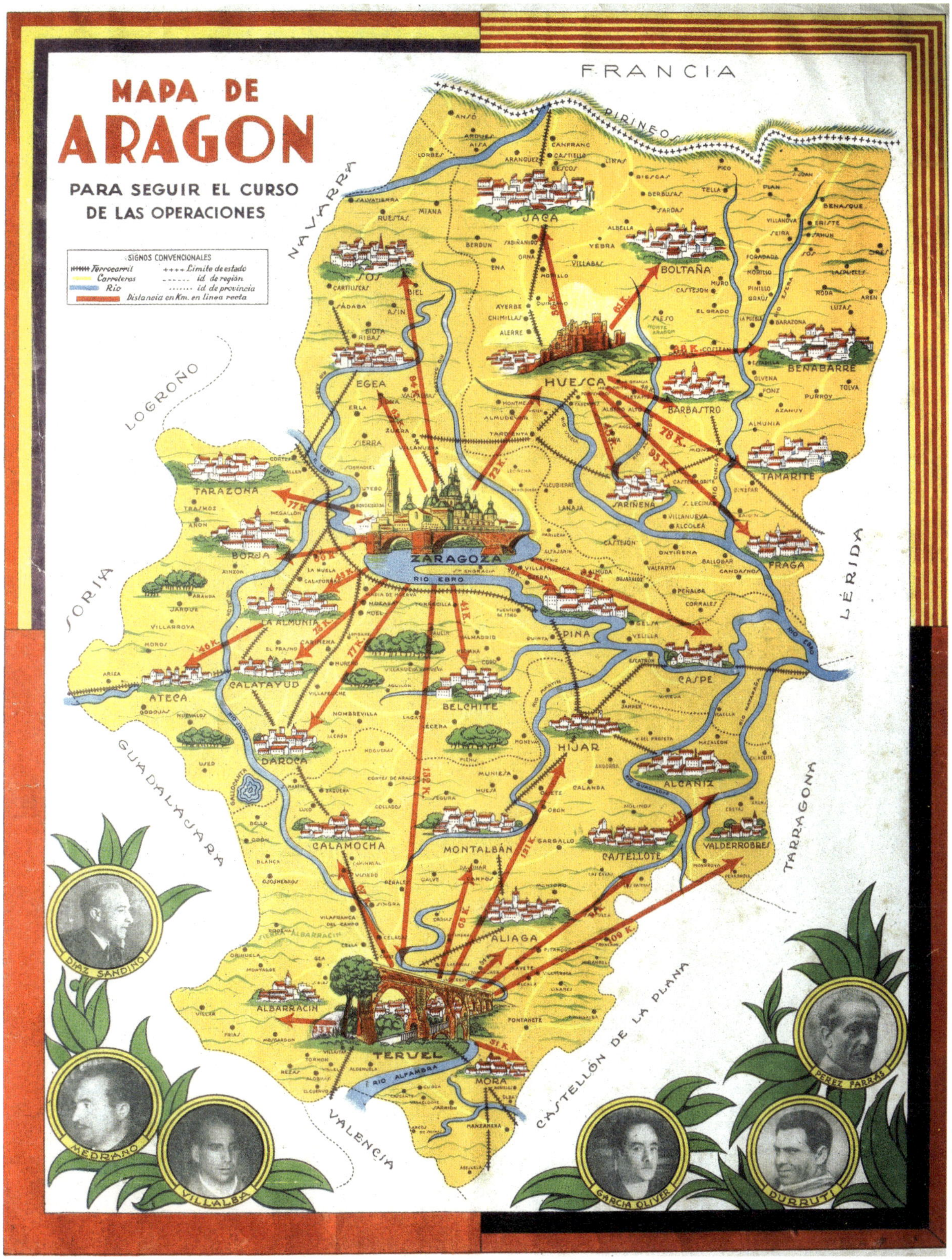

◀

1936 年阿拉贡（Aragon）的军事行动地图

西班牙内战（1936—1939）是一群西班牙右翼军官为推翻左翼政府而发动政变所导致的。这些右翼军官自称“民族主义者”，并声称对左翼政府采取苏联革命式的政策感到非常不满。和许多政变一样，“民族主义者”遭遇了强力镇压和抵制，但他们在部分区域的政变取得了成功，同时也导致了一场漫长、痛苦的意识形态内战。这幅地图描绘了共和党在西班牙内战初期的成功，展示了内战初期的阿拉贡省的大体情况。阿拉贡是少数几个被共和党支持者夺回的地区之一，从图中可见，这些支持者们正计划从主要城市向周边农村地区扩张。该地图清晰地传达着一种振奋人心的战争即将胜利的观感。地图周边的颜色分别取自共和国旗帜、加泰罗尼亚（Catalonia）旗帜和无政府运动旗帜的颜色。无政府运动曾在阿拉贡地区占得先机，其民兵在 1936 年的军事行动中发挥了关键作用。地图底端是无政府主义领导者们的照片。

图藏品：

> 陆军部和陆军测绘局正在寻找各类地图，包括城市规划图、港口规划图、地名辞典、旅游指南、地理杂志和北美大陆以外地区的地质通报，尤其需要的是在过去十年里购买到的商业地图和地理指南类书籍。

这种紧急情况很快得到了改善。军事机构不仅收获了数量丰富的地图，还掌握了根据最新状况和问题制作相关地图的大量素材。这些新状况包括美国可能要应对的潜在袭击等。由于具有丰富的石棉、煤矿和石膏矿等资源，斯匹次卑尔根岛（Spitsbergen）成了关键的气象情报来源地。

出于上述绘制地图的需要，拥有专业制图知识和技能的人员的薪金水涨船高。纽约公共图书馆地图区的管理员沃尔特・里斯托（Walter Ristow）成了纽约军事情报办公室地理和地图部门的负责人。阿明・洛贝克（Armin Lobeck）是哥伦比亚大学的地质学教授，他在 1939 年撰写了关于地貌学的研究著作。他的研究项目为 1942 年的“火炬行动”（Operation Torch）绘制了必要的地图和图表，该行动是在法属北非地区的一次成功的登陆行动。

洛贝克还为欧洲地区制作了一套战略地图。战时地图作品还有详细具体的地图和地图册等，如在 1942 年 6 月重新印刷的《斯瓦尔巴群岛地图集》（*Atlas of Svalbard*，1927 年首次出版）。

三个维度

空中和陆地、空中和海洋、陆地和海洋三种行动模式的协调，需要相关作战地图保有足够的复杂性，特别是在进行涉及这三种维度的区域性军事规划的时候。三维协调指挥主要在轰炸战、空中战术支援及伞兵和滑翔机空袭中有着重要战略作用。1944 年苏联军队的“巴格拉季昂行动”（Operation Bagration）作为一次攻击战，说明了在实战操作层面，需要及时捕捉并保有主动权，才能从战略上智取对手。这种技术操作十分讲究参战人员的协调配合，他们需要对战斗所涉及的地点和距离了如指掌。

同样地，远程轰炸（如美国在 1942 年至 1944 年对日本实施的战略轰炸）也需要用到精确地图，因为在大部分情况下，轰炸地点的距离几乎临近轰炸机的极限飞行距离。美国军事情报办公室在获取日本土地测量部门制作的《日本地图集》（*Atlas of Japan*，1931）及其他若干日本地图后，立刻制作出了可用的针对日本的军事地图。该办公室还在借鉴了 1937 年的《日本

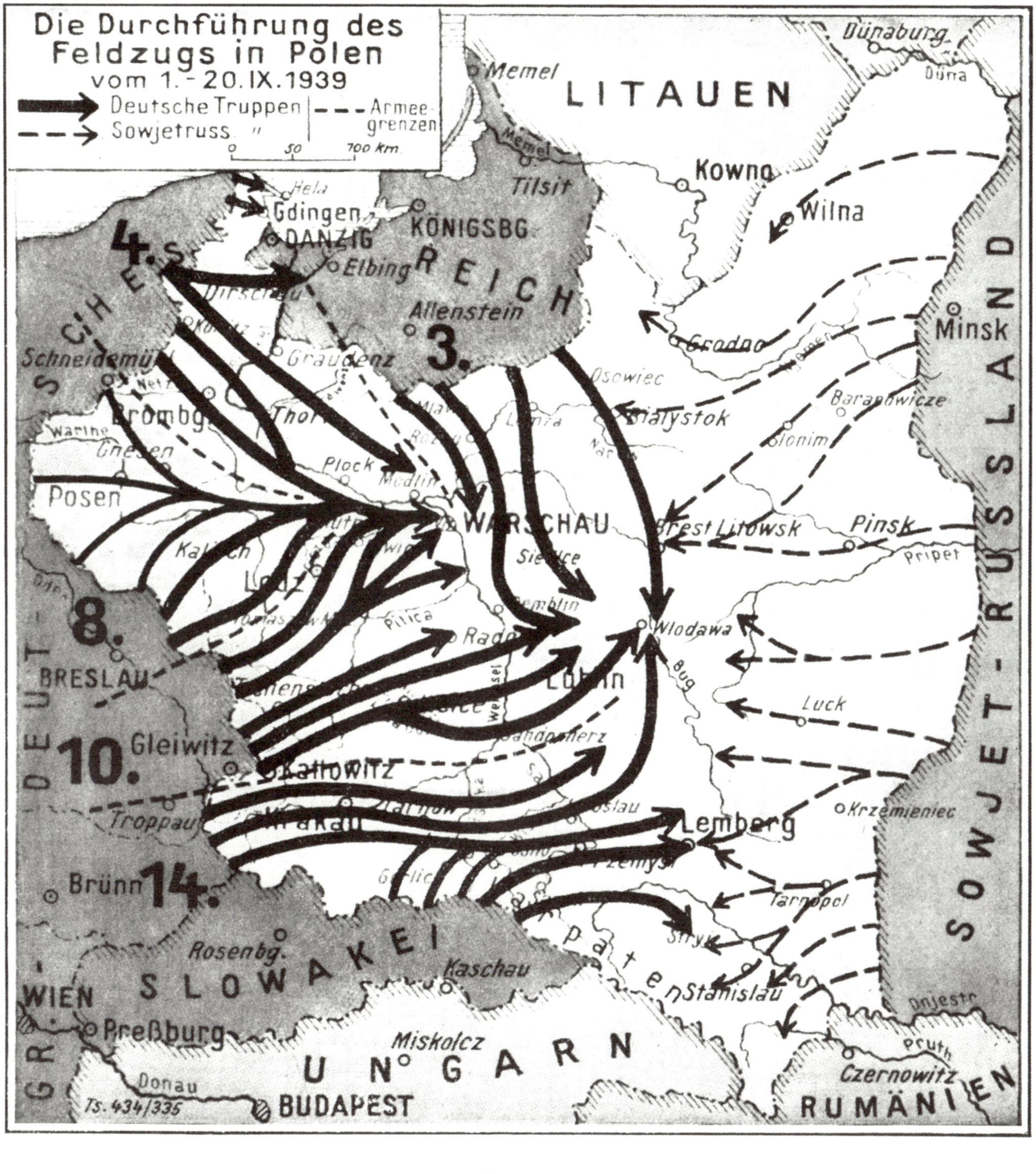

1939年9月德军突袭波兰战役地图

这是1940年出版的德国作品《元首的士兵》(*Die Soldaten des Fuhrers im Felde*)中的插图。在1939年9月1日德国发起的地面突袭中，波兰军队一击而溃。德国装甲部队对波兰部队进行了突破、分割和包围。9月17日，苏联对波兰东部进行了一次糟糕的入侵行动。德国和苏联的入侵共同表明波兰的防御极其脆弱。华沙当局于9月27日向德军投降，波兰军队于10月6日完全放弃抵抗。德国人杀害了7万名波兰军人，俘虏了69.4万人，而德国失去的兵力不到1.5万人。

1940年的"海狮计划"(Operation Sea Lion)地图

这幅由德国国防军规划师标注的地图，展示的是1940年德国预备入侵英国的行动计划。当年，对挪威的突袭并没有为德国人积累必要的战斗经验，而相比之下，英国显然是一个防御更严密、更具难度的袭击目标。德国人其实缺少专业设备，也缺乏必要的军事训练及两栖作战的经验。与1944年在诺曼底登陆的盟军不同，德军的入侵是临时发起的——入侵法国之战结束后，德军部队并没有足够的时间来进行补给或进行充分准备。德国人也无法像美国人在1994年时那样配备专用的坦克和登陆艇等设备。"海狮计划"中，德国入侵部队的最初计划是在海斯城（Hythe）和罗廷丁（Rottingdean）之间用降落伞进行着陆，然后打击英军的右翼力量，届时他们将会得到小型装甲部队的支持。该战役中，对海上战场的控制非常重要，而在这方面德军的战斗力较弱。

铁路地图》后，用手绘网格技术制作了日本地图板块的可视化索引，这个索引可以显示出每个独立板块的具体位置。

一般来说，为了给轰炸机提供协助，军队会根据摄影侦察和其他监视活动中取得的成果制作和补充地图作品。例如，为了引导轰炸机锁定英国范围内的攻击目标，德国人充分利用了英国地形测量部门制作的地图和空中摄影侦察得来的信息。地图和导航系统（基于地图信息发展而来的复杂的无线电系统）是用来协助战斗机进行夜间飞行的。轰炸机机组里的领航员是关键性的人物。

相机变焦功能的改进使得空中摄影技术得到极大发展，并被广泛运用。需注意的是，胶片识别器对胶卷的分析技术也得到了改进。摄影侦察技术对于军事规划来说很重要，1941 年德国对苏联发起的进攻就是很好的例子。这些技术发展起来之前，远程侦察任务是由高空飞行器完成的。1944 年 6 月，盟军攻入诺曼底之前，空中摄影技术已有两年多的发展，所绘制出来的地图作品也已非常详细。这些地图的完成还受益于从军事侦察中得来的详细的诺曼底沿海地区的地理信息。地图制作者们主要是在夜间完成了海滩沿岸特殊地区的测绘工作。这些海滩地图中包括了潮汐水平图和海岸防御地图。

与第一次世界大战相比，第二次世界大战时的地图更广泛地被应用于地面作战。在某种程度上，这是因为军事单位的机动性变强了，尤其是在西部战线，以及包括意大利和海上战场的东部战线。可靠的地图和制图技术使得军队可以在指定时间内到达地图上的特定地点，这种军事行进规划在第一次世界大战时曾出现过，而此时的军队行动更加灵活，更为机动。

此外，地图在军队内部的使用范围也得到了扩展。第一次世界大战时，普通士兵不像高级军官和士官一样能随时使用地图；而在第二次世界大战时，地图的使用已经在普通士兵中普及了。考虑到军队的大批士兵是通过征兵制度从社会上征集来的，这就意味着地图知识在社会上已得到了广泛传播。在美国，这种社会性的广泛传播早已因汽车驾驶的普及而发展了起来，这要归功于 20 世纪 20 年代和 30 年代美国汽车用户对《兰德・麦克纳利路线图》（*Rand McNally Road Atlas*）的喜爱和使用。

地图绘制技术的改进有着多种形式。例如，为了鼓励地图的准确使用，军事地图中广泛应用了可靠性图表。

媒体与控制

对于战争地图来说，保密一直都是至关重要的，第二次世界大战时的情况也是如此。除了地图的制作

▶

轰炸图（纳粹德国空军，1941 年）

该地图聚焦于利物浦市（Liverpool）。这是德国轰炸机执行夜袭英国的任务时使用的系列地图之一。地图上仅记录了较为明显的地理特征：城镇、铁路路线、主要道路、林地等。图中的荧光色可以帮助飞行员在夜间辨认图中的细节。用红色和黄色标注出来的区域是目标区域，这次攻击的目标集中于码头区，主要是为了给潜艇攻击提供协助，以迫使英国投降。1940 年末和 1941 年初的纳粹空军的策略重点正是利用空袭协助海上攻击，针对伦敦港区的空袭行动也是出于这个目的。奥尔德姆城（Oldham）外有一片区域用黄色圆圈做了标记，是为了提醒空袭驾驶员这是一个关押着德国士兵的战俘集中营。纳粹空军主要的绘图素材来源于航空摄影照片。英军的夜间防空技术比较糟糕，特别是在缺乏精确的雷达的情况下。1940 年 9 月，德国为了减少空袭耗损，多数采用了夜间攻击的模式，这就让英国人更难击中德国飞机，所以德国的大部分轰炸机都顺利完成了任务。尽管冬天的恶劣天气和日常事故还是给德国空军带来了许多损失，但德国飞机在冬季被击落的情况少之又少。然而，到了 1941 年春末，由于使用了雷达引导的“英俊战士”战斗机和新型地面防御系统，英国防御体系的作战效率得到了有效提高。

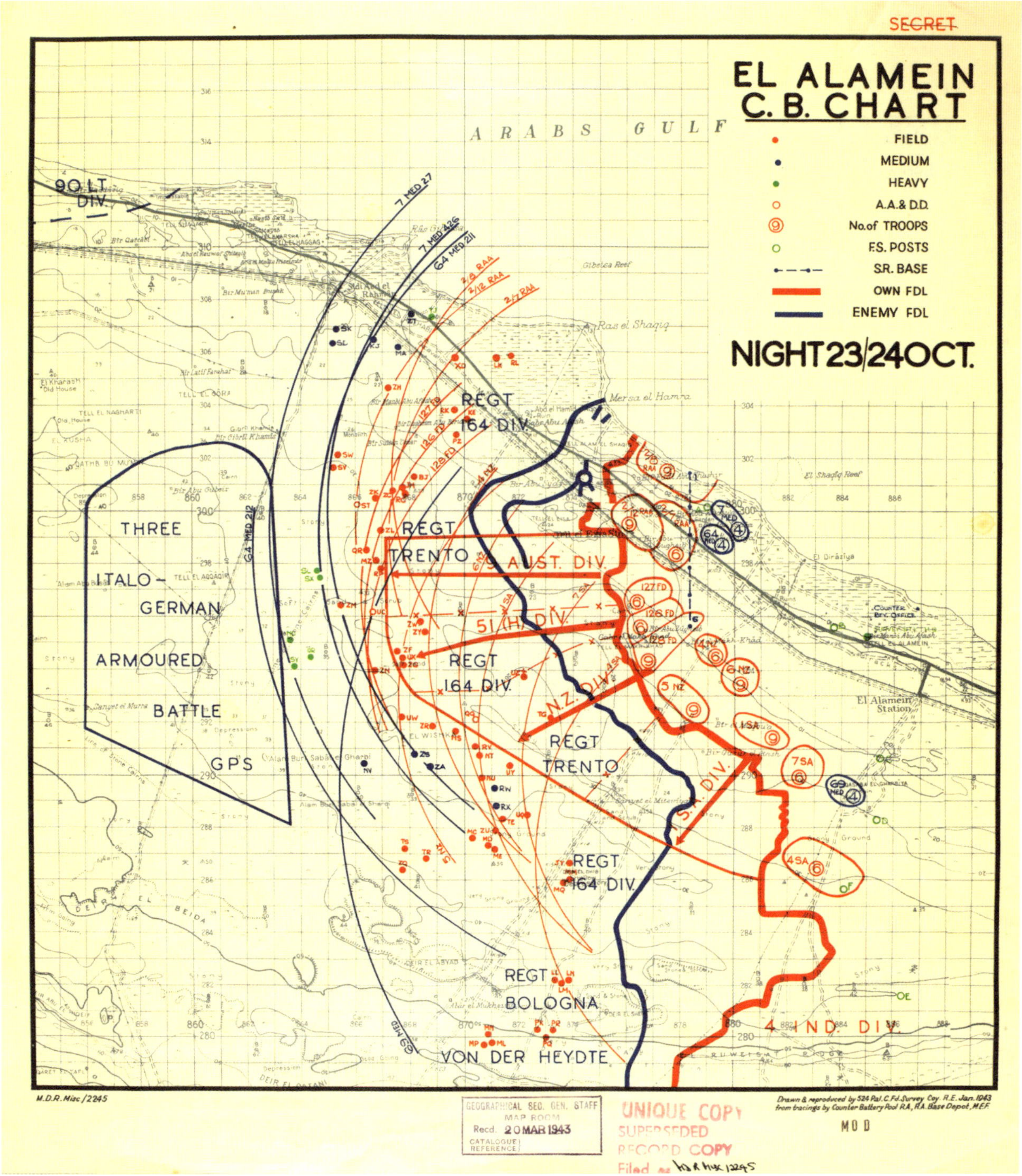

◀

“捷足行动”（Operation Lightfoot）地图（皇家工程兵测绘连队巴勒斯坦分队印制，1942年）

英国计划的第二次阿拉曼战役（Second Battle of El Alamein）行动——代号“捷足行动”——是一场精心策划的、针对静态防御的阶段式进攻。在这次行动中，英军的队形设计没有任何开放的侧翼。本次行动约于1942年10月23日至24日开始发动。伯纳德·蒙哥马利（Bernard Montgomery）中将计划进攻长达10英里（约16.09千米）的前线区域，并穿越雷区，向前推进英军的装甲部队，从而突破德意联军的北部防御工事。这一战役中，几次严重的失误导致了英军行动迟缓。然而，英军最终取得了成功。娴熟的指挥技巧，兵力充足的步兵、炮兵和坦克部队，以及火炮和空中优势力量的有效使用都确保了英军成功地实施连续打击。德意轴心国的战线于11月4日在英军袭击下被攻破。从制图学角度来说，英国人受益于他们战前对该区域的控制，以及充分的土地调查和测绘，埃及土地调查部也为他们提供了许多有价值的数据。战争期间，使用航空器进行测绘的埃及军事测量师及空中摄影技术的使用都对英国绘制敌方区域的地图有着重要意义。1942年，他们还制作出了协助交通运输的地形图。

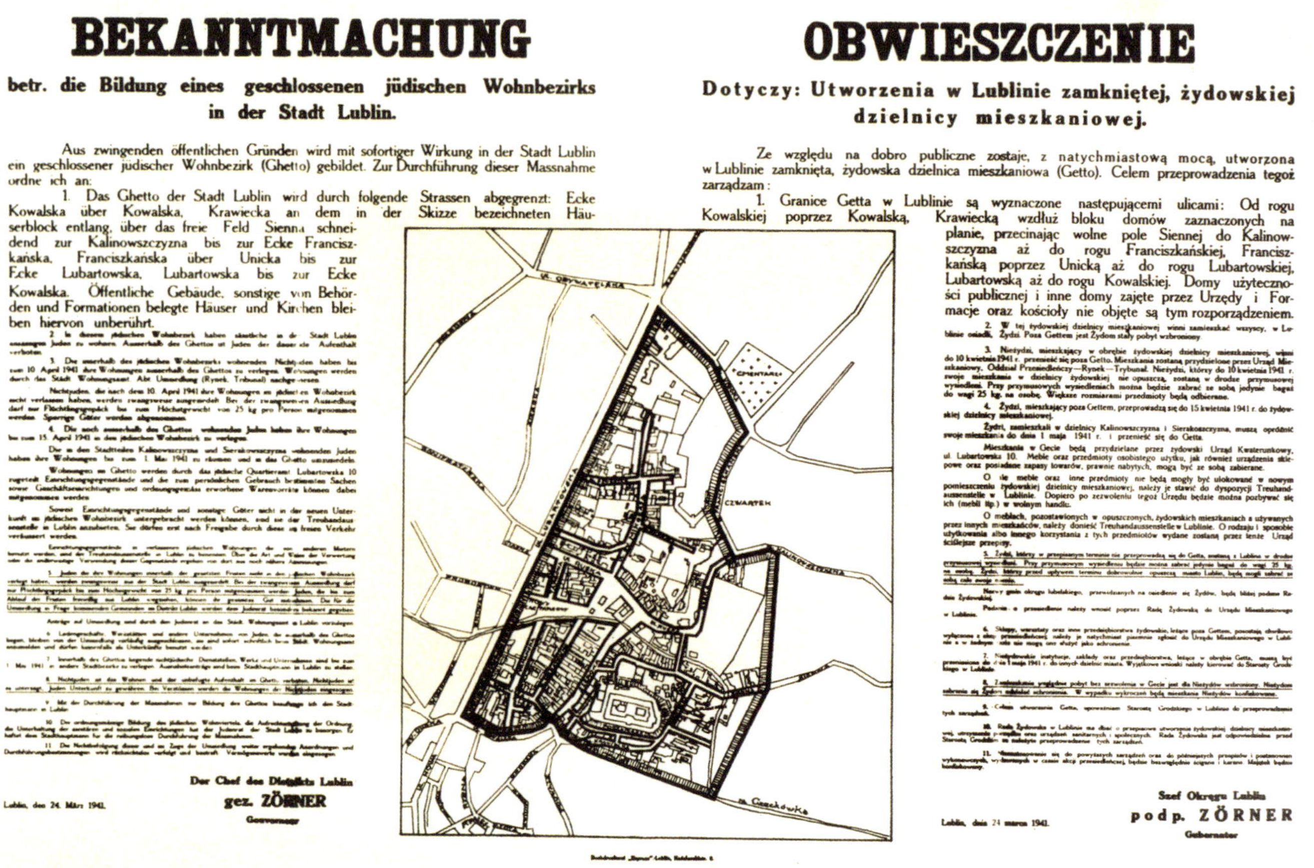

BEKANNTMACHUNG

betr. die Bildung eines geschlossenen jüdischen Wohnbezirks in der Stadt Lublin.

Aus zwingenden öffentlichen Gründen wird mit sofortiger Wirkung in der Stadt Lublin ein geschlossener jüdischer Wohnbezirk (Ghetto) gebildet. Zur Durchführung dieser Massnahme ordne ich an:

1. Das Ghetto der Stadt Lublin wird durch folgende Strassen abgegrenzt: Ecke Kowalska über Kowalska, Krawiecka an dem in der Skizze bezeichneten Häuserblock entlang, über das freie Feld Sienna schneidend zur Kalinowszczyzna bis zur Ecke Franciszkańska, Franciszkańska über Unicka bis zur Ecke Lubartowska, Lubartowska bis zur Ecke Kowalska. Öffentliche Gebäude, sonstige von Behörden und Formationen belegte Häuser und Kirchen bleiben hiervon unberührt.

Der Chef des Distrikts Lublin
gez. ZÖRNER
Gouverneur

Lublin, den 24. März 1941.

OBWIESZCZENIE

Dotyczy: Utworzenia w Lublinie zamkniętej, żydowskiej dzielnicy mieszkaniowej.

Ze względu na dobro publiczne zostaje, z natychmiastową mocą, utworzona w Lublinie zamknięta, żydowska dzielnica mieszkaniowa (Getto). Celem przeprowadzenia tegoż zarządzam:

1. Granice Getta w Lublinie są wyznaczone następującemi ulicami: Od rogu Kowalskiej poprzez Kowalską, Krawiecką wzdłuż bloku domów zaznaczonych na planie, przecinając wolne pole Siennej do Kalinowszczyzna aż do rogu Franciszkańskiej, Franciszkańską poprzez Unicką aż do rogu Lubartowskiej, Lubartowską aż do rogu Kowalskiej. Domy użyteczności publicznej i inne domy zajęte przez Urzędy i Formacje oraz kościoły nie objęte są tym rozporządzeniem.

Szef Okręgu Lublin
podp. ZÖRNER
Gubernator

Lublin, dnia 24 marca 1941.

▶
1941 年 3 月关押犹太人的卢布林（Lublin）犹太聚居区

波兰城市卢布林于 1939 年被德国人占领。卢布林有一个庞大的犹太社群，德国人把他们集中关押在一个犹太人居住区，以便对他们进行控制和剥削利用。卢布林及其他城市的犹太人被迫进行了大规模的迁徙，被集体驱逐到狭小拥挤的聚居区。聚居区里的食物非常有限，犹太人在恶劣的条件下被迫进行生产劳动，而且那里的供水和卫生设施十分简陋，供暖也不充足，甚至还有肆虐的流行病（尤其是伤寒）。德国人的最初目的就是驱逐并消灭所有犹太人，所以犹太聚居区最终在残忍的大屠杀中被清空了。1942 年，卢布林的犹太人被送到贝乌热茨（Belzec）集中营，在那里，他们被柴油机制出的一氧化碳毒死了。在卢布林附近的另一个集中营是马伊达内克（Majdanek）集中营。

之外，政府机构还将可能给敌军提供帮助的地图设为保密文件，禁止其在任何领域流通。在美国，地形图和海图属于保密文件。缺乏可用的地图使得在战斗中缴获的军事地图变得十分珍贵。1941 年，德军在“巴巴罗萨行动”（Operation Barbarossa）的初期阶段占领了苏联明斯克（Minsk）地图制造厂，随后他们在侵略苏联的战争中一度毫无阻碍，顺利占领了基辅（Kiev）和哈尔科夫（Kharkov）。

而后，苏联迅速完成了一幅比例尺为 1 ∶ 100 000 的伏尔加河西部地区的地图。这项绘图任务涉及 200 张新图表的制作，于 1941 年底全部完成。此外，苏联红军开发了一种操作灵活的制图系统，该系统可以根据最新的军事需求快速准备和印刷军事地图。这就需要在地图上套印特定的战术信息。为了支撑这些大规模的地图印制活动，苏联人改进了制图类培训教育，以及提高了对成品地图的质量的要求，其中包括采用统一的测地系统等。

正如第一次世界大战时一样，地图同时被用于提供新闻信息和进行宣传。报纸等纸媒上印刷了大量的地图，这些地图从各个方位全面记录和展示着前线战场的信息。实际上地图必须展示的关键要素就是前线的位置，其他应当展示的要素包括相关次要战线、用于显示前线变化的阴影部分和用于显示攻击方向的箭头符号等。这种地图绘制方法确保了战争类地图具有独特的制图重点。报纸上的地图中通常不会显示出战术层面的细节或例子，而战略层面虽是战争规划中较高端的层面，但是和实战操作层面相比，所受的关注比较少。

这些地图向读者介绍了他们知之甚少的地理区域，对于英国和美国公众来说，这样的区域就是临近苏联的东线战场。人们普遍认为，战争新闻应附有相关地图，这样的观念的形成在很大程度上要归因于世界大战的爆发，尤其是第二次世界大战。地图新闻代表了一种新的视觉信息宣传形式，它与新闻影片和电视宣传截然不同，但同时也为这二者铺平了道路。

然而，前线的概念在某些时候是不适用的。例如，在 1943 年至 1945 年期间，因为美国空军和海军的力量太过强大，有能力直接绕过太平洋西南部地区的拉包尔（Rabaul）、特鲁克（Truk）等许多主要日本基地，故这些基地无法成为前线区域。这是一些在地图上难以捕捉到的信息。同样地，从地图上也很难观察出 1941 年至 1945 年时秋天的降水、冬天的严寒和春天的融雪对东部前线道路的重大影响。

在较为知名的宣传地图中，有一幅法国维希城（Vichy）的地图，图中的英国被画成一只长得像丘吉尔的章鱼，它伸出触手打算攻击法国，却被击退了。这张特别的地图使法国民众开始关注和警惕英国在这一时期开展的全球扩张活动，这也是地图在宣传活动中灵活而巧妙的应用。

地图集再次盛行了起来，其中的代表作品有《战争地图集》（牛津，1939 年）、《地图上的战争》（伦敦，1940 年），以及《地图上的战争：纽约时报地图集》（纽约，1943 年）。空中飞行器的大规模运用也推动了空中视角制图和投影法的运用。

美国民众的参与

1935 年，思想比较前卫的制图师理查德·伊兹·哈里森（Richard Edes Harrison）为美国新闻业引进了地图的透视画法。他的直角投影地图和鸟瞰图将美国和遥远地域合并在了一张地图上，同时也反映出

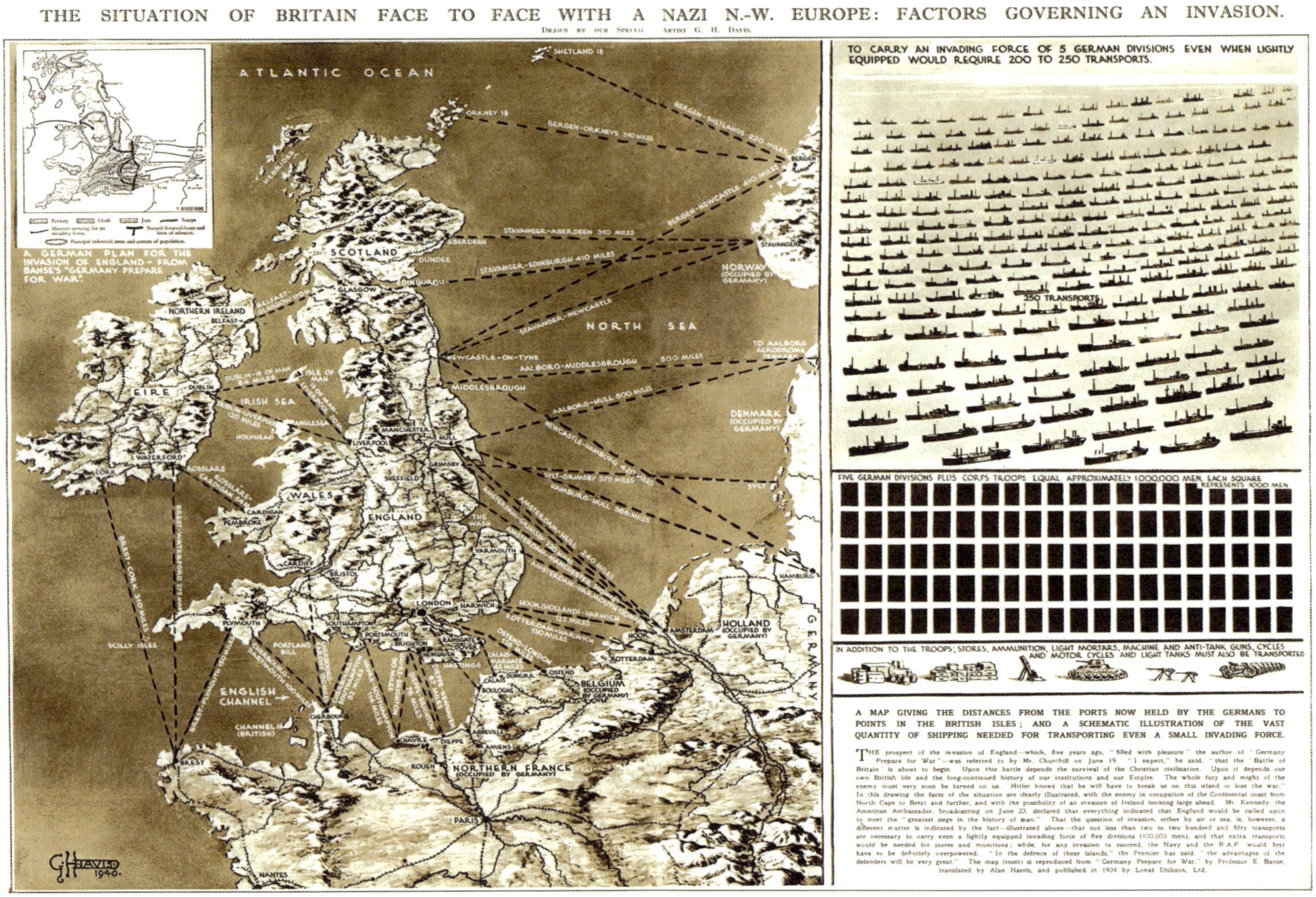

▲

英国直面西北欧纳粹势力的最新形势：影响入侵的相关因素〔摘自1940年的《伦敦新闻画报》（*The Illustrated London News*）〕

这幅地图发表于1940年6月29日的《伦敦新闻画报》上，它展示出了德国人控制的港口到不列颠群岛的各个据点之间的具体距离。图中包含所需的大量运输各种作战部队（甚至是规模最小的纳粹部队）的船只的航线示意图。希特勒最先是想要通过谈判达成和解的，他于7月19日提出了和平协议，同意保证大英帝国的领土完整。但温斯顿·丘吉尔则对谈判不感兴趣。7月16日，希特勒就已下令准备发动对英战争，但德国海军对自己的作战能力表示担忧，并寻求获得制空权，这也是希特勒所强调的。德国海军在挪威作战期间遭受的损失意味着，在英国强大的海军实力面前，它们对侵略战争的支援能力有所削弱。此外，德国空军只能设法阻止英国海军在白天的干预行动，而所有夜间试图穿越英吉利海峡的入侵舰队（白天无法回航）都会受到英国海军的袭击。实际上，除了未能获得空中优势之外，德国海军和空军最终都没能横渡英吉利海峡，而虑及当年入侵挪威的失败，德国军队的实际问题是缺乏足够的经验、资源和民众支持。右下方的图注认为，德国人在任何入侵行动中都面临着巨大而艰难的运输问题，而他们首先需要战胜的是英国皇家海军和皇家空军。旁边的插图取自埃瓦尔德·班斯（Ewald Banse）的《德国，准备战斗吧！》（*Germany, Prepare for War*，1934），这是该作者1932年的作品《世界空间与人民战争》（*Raum und Volk im Weltkriege*）的英译版。

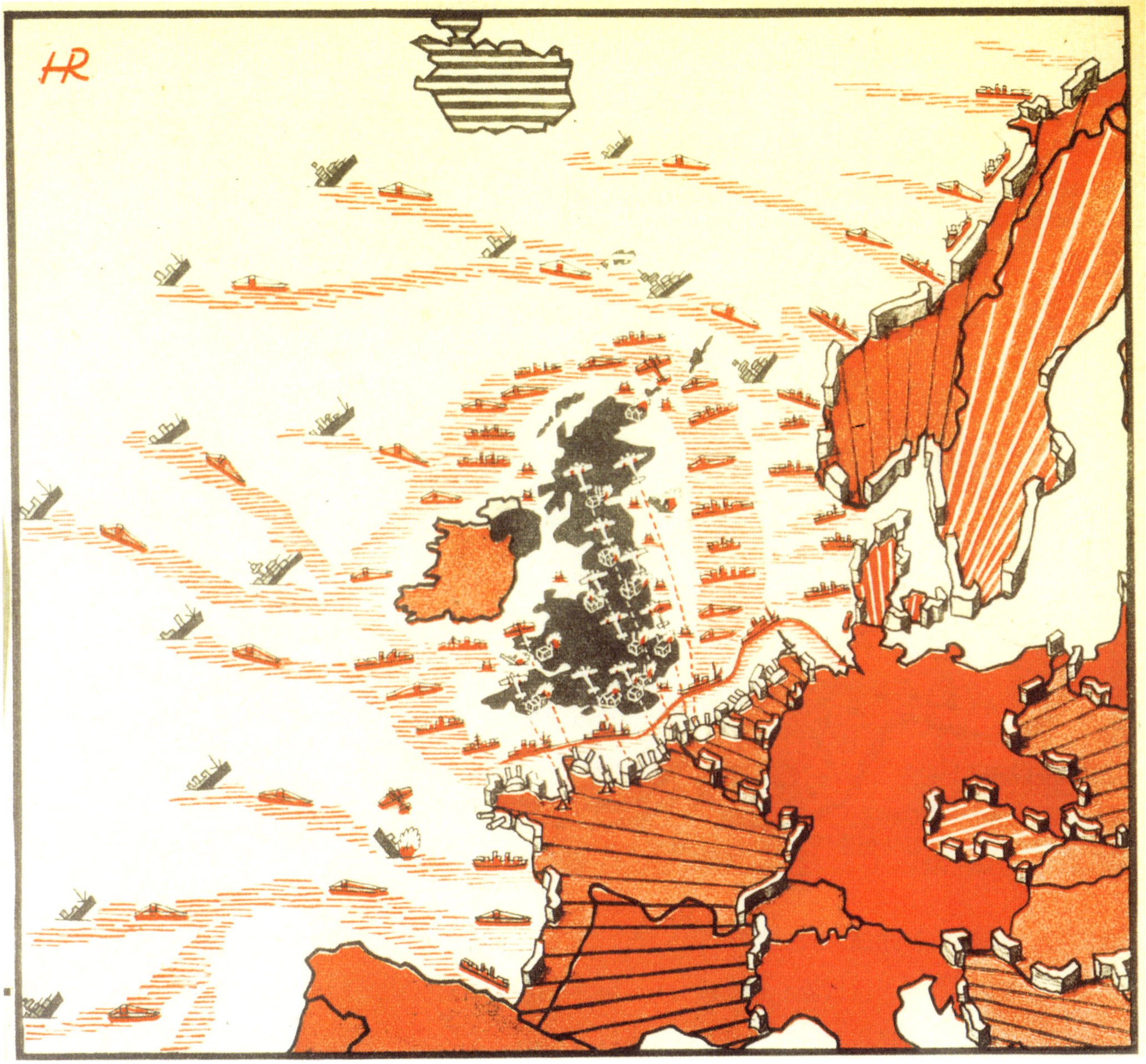

◀
德国的政治宣传图〔摘自法国版《信息论》(*Signal*)，1941 年〕

这幅地图强调了德国潜艇对英国商船和军舰产生的威胁，以及德国飞机给英国城市带来的威胁。1940 年，德国击败了挪威和法国后，英国的贸易航线大部分暴露在德国潜艇的攻击范围内，且规模远大于第一次世界大战时。潜艇对英国贸易路线的攻击是随机且不受约束的，此时的作战潜艇装备也比第一次世界大战时要先进得多。然而，在大西洋之战中攻击英国船只时，德国空军并没有为此准备充足的飞机和燃料。1940 年至 1941 年冬，德国的空袭力量聚集于伦敦，并于 1941 年 3 月至 4 月转为集中于英国港口。但在 5 月，德国轰炸机被转移至东部战线，准备在 6 月发动入侵苏联的战争。

美国的地缘政治影响和军事干预正在全球范围内扩张。事实上，1941 年日本偷袭珍珠港（Pearl Harbor）事件戏剧性地向美国人展示了飞行器的作用，并给美国人带来了一种崭新的空间观念。这种新的空间观念不仅体现了对新地缘政治关系的认识，同时也反映了新地缘政治关系的脆弱性。

《埃索战争地图》(*The Esso War Map*, 1942) 中强调了石油产品在战时的价值，其主题是“运输是取得胜利的关键因素”。它还有一个亮点章节——“扁平的地球”，展现了如何将球体“变成”平面地图。在这本书中的世界地图里，北美被置于中心位置，这就使得日本和德国看上去像是分别来自西方和东方的威胁性势力。这张地图还展示了旧金山（San Francisco）和火奴鲁鲁（Honoluln）等战略地点之间的海空距离。吸引

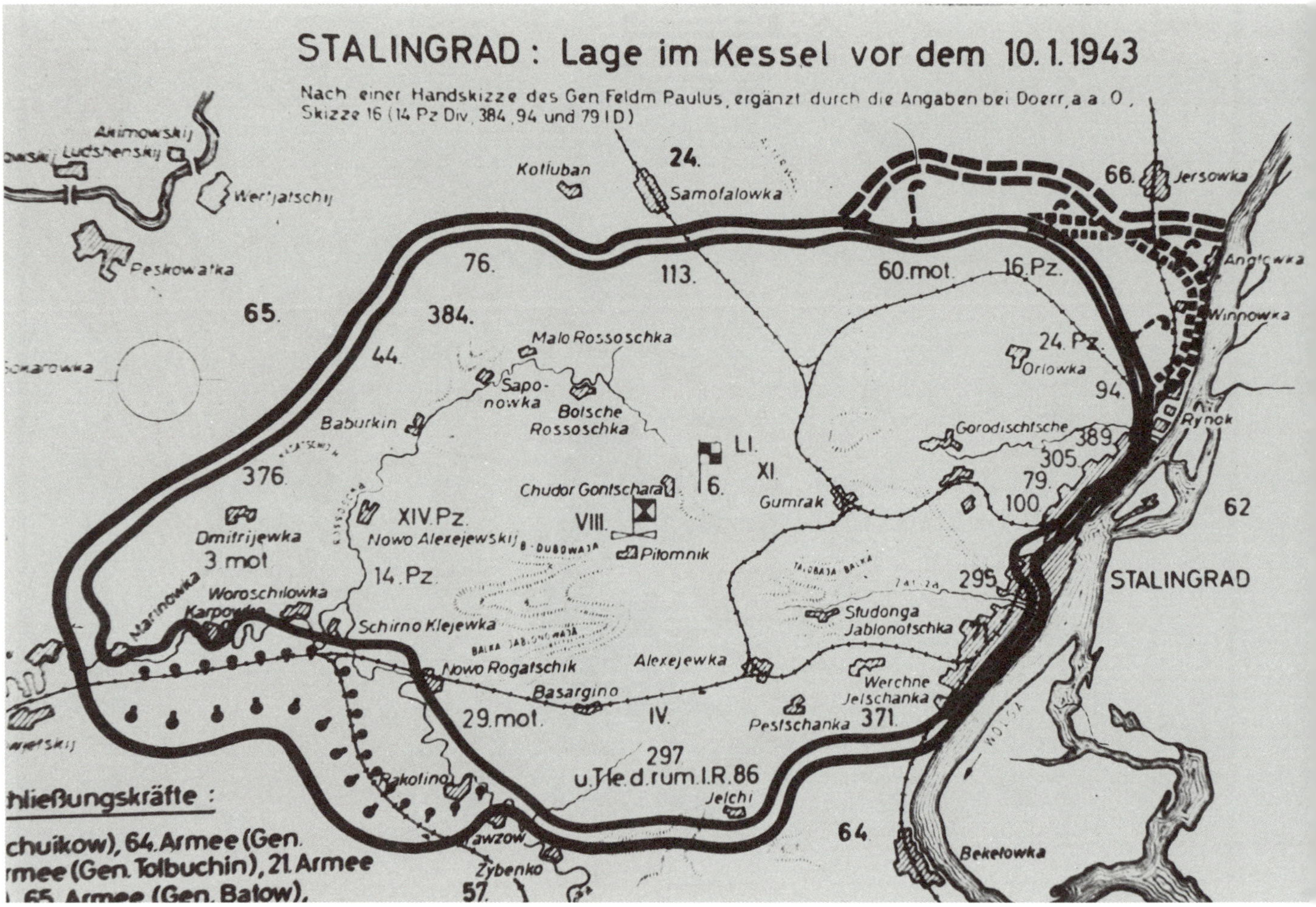

▶

斯大林格勒（Stalingrad）盆地地图：展示了1942年12月至1943年1月10日该盆地上的战斗情况〔基于德国第6集团军总司令保卢斯（Paulus）上将的草图绘制〕

从1942年8月下旬至1943年2月，在匈牙利和罗马尼亚军队的支持下，德国陆军第6集团军和第4装甲集团军为了占领苏联南部的斯大林格勒市，与苏联军队鏖战了5个多月。德国陆军在空军的支持下攻入了这座城市，空军的轰炸摧毁了该城的大部分地区。这张地图显示，在战斗末期，苏联反攻部队切断了德军的战线。斯大林格勒战役是第二次世界大战期间最具决定性的战役之一，也是德军的一次惨败。德军的损失是如此之大，以至于他们不得不从西欧战场调动增援部队以补充力量，这严重削弱了他们在欧洲其他地区的作战能力。

公众参与是该地图明确的主题和目的。

美国总统富兰克林・德拉诺・罗斯福（Franklin Delano Roosevelt）在1942年2月23日对全国发表的广播讲话中，引用了一幅世界地图来解释美国的全球战略。早些时候，他曾暗示广播听众可以从媒体渠道获取这幅地图。这就导致了相关地图的需求量大增，报纸出版业因此也增加了地图作品的印制。一年前，罗斯福声称他拥有一幅德国设计的拉丁美洲的秘密地图，并且英国人手中也有这幅地图的仿制品。

1939年9月9日，兰德・麦克纳利（Rand McNally）出版公司曾宣称，第二次世界大战开战的第一天，其纽约分店里的地图销售量激增，仅24小时内的销售量便超过1918年至今每年的地图总销量。这是公众对战争激增的关注度和兴趣所产生的影响。在珍珠港事件发生后，美军加入第二次世界大战战场，美国的地图销售又出现了一个小高潮。罗斯福从美国国家地理学会获取了他的大部分地图藏品，并在白宫建造了一个地图室。1942年的圣诞节，陆军参谋长乔治・马歇尔（George Marshall）上将赠予罗斯福一个巨大而又精细的直径为50英寸（约1.27米）的地球仪，上面有每个国家的详细地图。这个地球仪是在战略服务办公室的地图分室及战争部的联合监督下为

◀
1941 年的战时宣传海报

这是一张 1941 年纳粹势力设计的欧洲联合讨伐共产主义运动的海报，是为法国民众量身定做的。“巴巴罗萨计划”的提出，是为了激起和引导欧洲方面对德国军事野心的支持。纳粹德国的欧洲盟友及仆从国确实为其提供了宝贵的帮助，特别是芬兰人和罗马尼亚人对德国的侧翼的帮助。这张海报以“十字军东征”为主题，部分目的是吸引天主教力量的支持，德国由此获得了一些有名气的天主教神职人员和俗世修行者的支持。图中没有对法德边境进行具体描述，这是为了避免人们想起法国一年前在这里打的败仗。这幅地图意图暗示的是，向莫斯科进军并不困难。

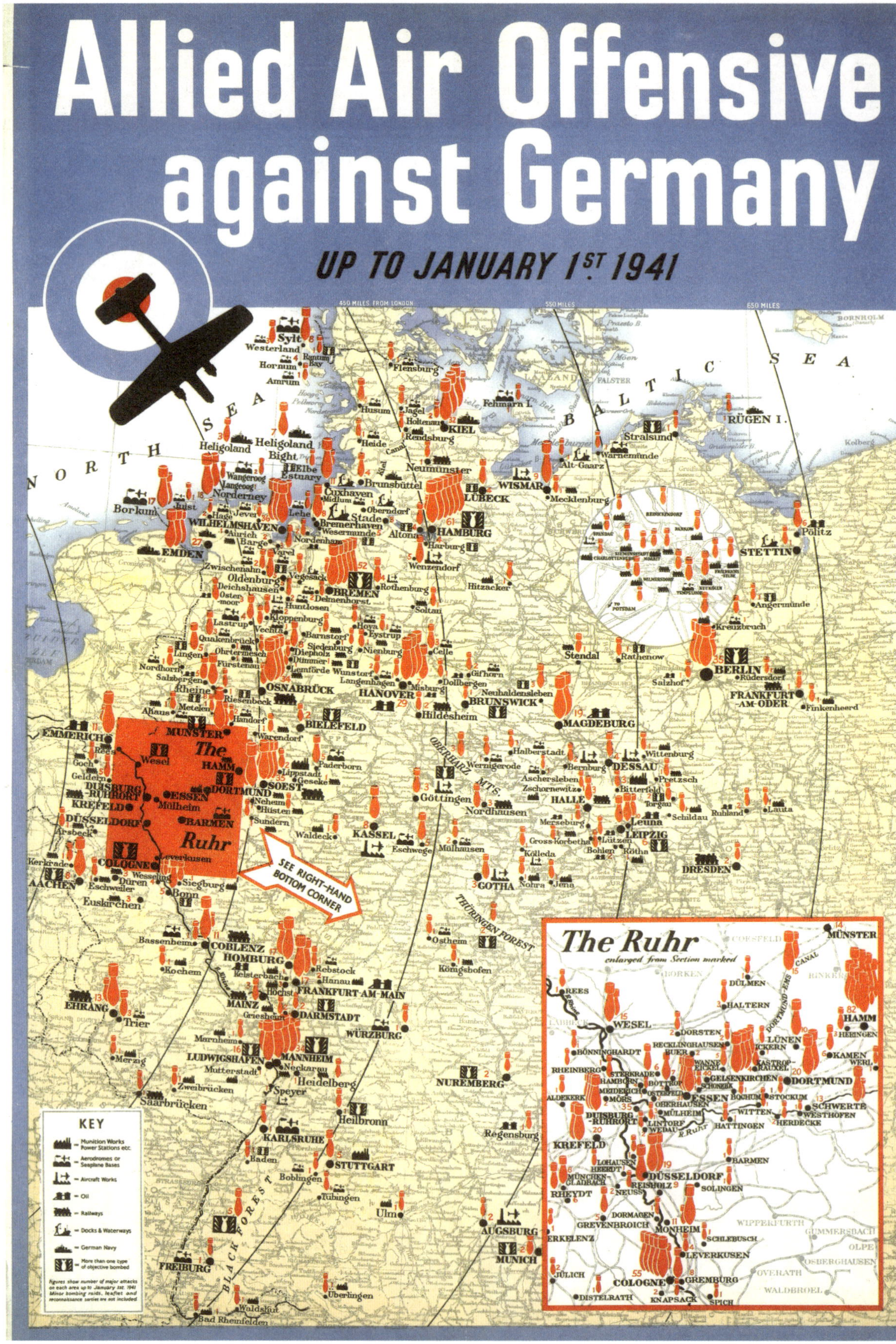

▶

1941 年 1 月 1 日前，盟军对德国发动的空袭

这张海报是为了向人们展示，战争中被炸毁的不仅是英国的城市。实际上，1940 年底，盟军对德国城市——尤其是柏林（Berlin）和曼海姆（Mannheim）的轰炸规模较小，造成的损失相较盟军所受的损失也要小得多。位于德国鲁尔地区（Ruhr）的工业基地及其他海军基地也遭到了攻击。事实上，英国皇家空军不仅缺乏足够的战斗机，还缺乏具备战斗效率的轰炸机——“汉普顿 I ”型和“布伦海姆”型这样的小型轰炸机速度不够快，防御能力也很差。实际上，小型轰炸机的概念并不成熟。这些小飞机分别在 1942 年和 1943 年被从轰炸战中撤出。英军损失了将近半数新造的“汉普顿 I ”型轰炸机。此外，“斯特灵”式和“哈利法克斯”式轰炸机也缺少如“兰开斯特”式轰炸机（四引擎版）那样强大的动力和载弹数量。1940 年德国占领了荷兰、比利时和法国，这也给英国轰炸机攻击德国制造了许多困难。此外，为其提供空中护航的必要性也没有得到适当的重视。图中，每个目标物旁边的数字描述的是进行过的主要攻击的次数。黑线代表从伦敦出发需要的里程数。

1942 年英国先锋部队的进攻海报

这张海报充分表现出了英国的战略地位——英国在当时是盟军空军的主要基地及战机制造中心。1942 年 5 月，随着“兰开斯特”式轰炸机正式服役，盟军开始实施空袭计划。1942 年的大部分空袭都是小规模的，主要袭击目标是德国鲁尔工业区的城市，尤其是埃森市（Essen）和多特蒙德市（Dortmund）。突袭行动对于建立一个有效的地面支援系统以支持轰炸行动，以及积累作战经验来说都很重要。1942 年 5 月 30 日至 31 日，盟军在针对科隆（Cologne）的战斗行动中派出了超过 1 050 架轰炸机。他们使用了轰炸机集群战术，将大量的战机汇集于某个热点地区，用数量优势来抵消防御力量。从图片说明中可以看出，英国的海军力量保证了“英军能保有源源不断的、庞大的补给来源”。

总统特制的。

对较远区域的交战情况的分析，以及对这些区域的地形特征的解释，给地图制作提出了新难题，但同时也为绘图概念的创新提供了机会。1943 年，美国电影《毁灭者》（*Man for Destruction*）里，扮演德国地缘政治学家卡尔·豪斯霍弗（Karl Haushofer）的男演员，在一幅以北极为中心的地图前解释全球的地缘政治关系。这是对影响全球的威胁的一种阐释，也表明此类地图已经帮助美国人找到了一种着眼于冷战的应对方案。理查德·伊兹·哈里森还绘制出了一幅以北极为中心的地图，美国在图中出现在一个比较关键的位置。

哈里森的《展望世界：世界战略财富地图集》（*Look at the World: the Fortune Atlas for World Strategy*，1944）是刊登于《财富》杂志上、由哈里森创作的地图作品的合集。地图集的前言里提到：“这本书将解释美国人为何总在陌生区域打仗，而贸易路线为何总是追随美国军队的脚步。”这些地图强调了世界战略的地理背景。哈里森的地图将地理环境置于国家界限之上，同时引入了一个球形维度，提供了一个自然界中不存在的空中视角，而这种视角捕捉到了地理位置之间的独特关系。他的代表作品有《欧洲西南部》《俄罗斯南方》《从阿拉斯加到日本》《从所罗门群岛到日本》等。地图集的第一版迅速售罄，哈里森的绘图技术也得到广泛传播。

战争的报道方式，尤其是许多生动形象的战争地

▶

1944 年进攻克里米亚

这张海报是为了庆祝苏联在 1944 年 4 月至 5 月间打败德国而发行的。为了区别图中的苏联军队和德军，海报使用了大小和颜色不同的字体及不同方向的箭头来标记两支军队。由于苏联军队占据了主动权，他们能自由选择袭击地点和突袭时间，被孤立的德军和德国的罗马尼亚仆从军直到战线被攻破时也未能做出任何实质性的反应。苏军征服克里米亚的战役仅花了一个多月的时间。在苏联的战时宣传里，他们鼓吹自己比 1942 年时的德国更快地占领了塞瓦斯托波尔。希特勒之前未曾理会罗马尼亚提出的从克里米亚撤军的要求。然而事实证明，他太容易接受先是克里米亚能被守住、再是塞瓦斯托波尔能被守住这样的保证了。

图，使得地缘政治充分形象化，并具有紧迫性。例如，《财富》(*Fortune*)、《生活》(*Life*) 和《时代》(*Time*) 杂志里的地图采用了十分形象的箭头，运动感十足，也让地图作品栩栩如生。呈现在美国读者眼前的战争看起来再也不是静止而遥远的事物，而是处在不断地变化之中。通过形象地展示行动图像并标明战争实际前进的方向，这些地图使读者仿佛身临其境。1943 年 5 月 16 日，《纽约时报》(*The New York Times*) 发表了一篇题为《阿留申群岛：北太平洋中至关重要的战略位置》(*The Aleutians: Vital in North Pacific Strategy*) 的文章，并配有一幅直角投影地图，描绘了从中国直到旧金山的整个阿留申岛链的地理情况。在这幅地图中，该群岛潜在的战略重要性显而易见，这有助于美国政府为局部的战略行动呼吁公众支持。战时新闻局随后出版的《为美国人民创作的地图集》(*A War Atlas for Americans*，1944)，提供了众多的透视图。至此，比起第一次世界大战时，制图学更具动态，也多了更多可能性，产生了许多生动、可用、易懂的地图作品。

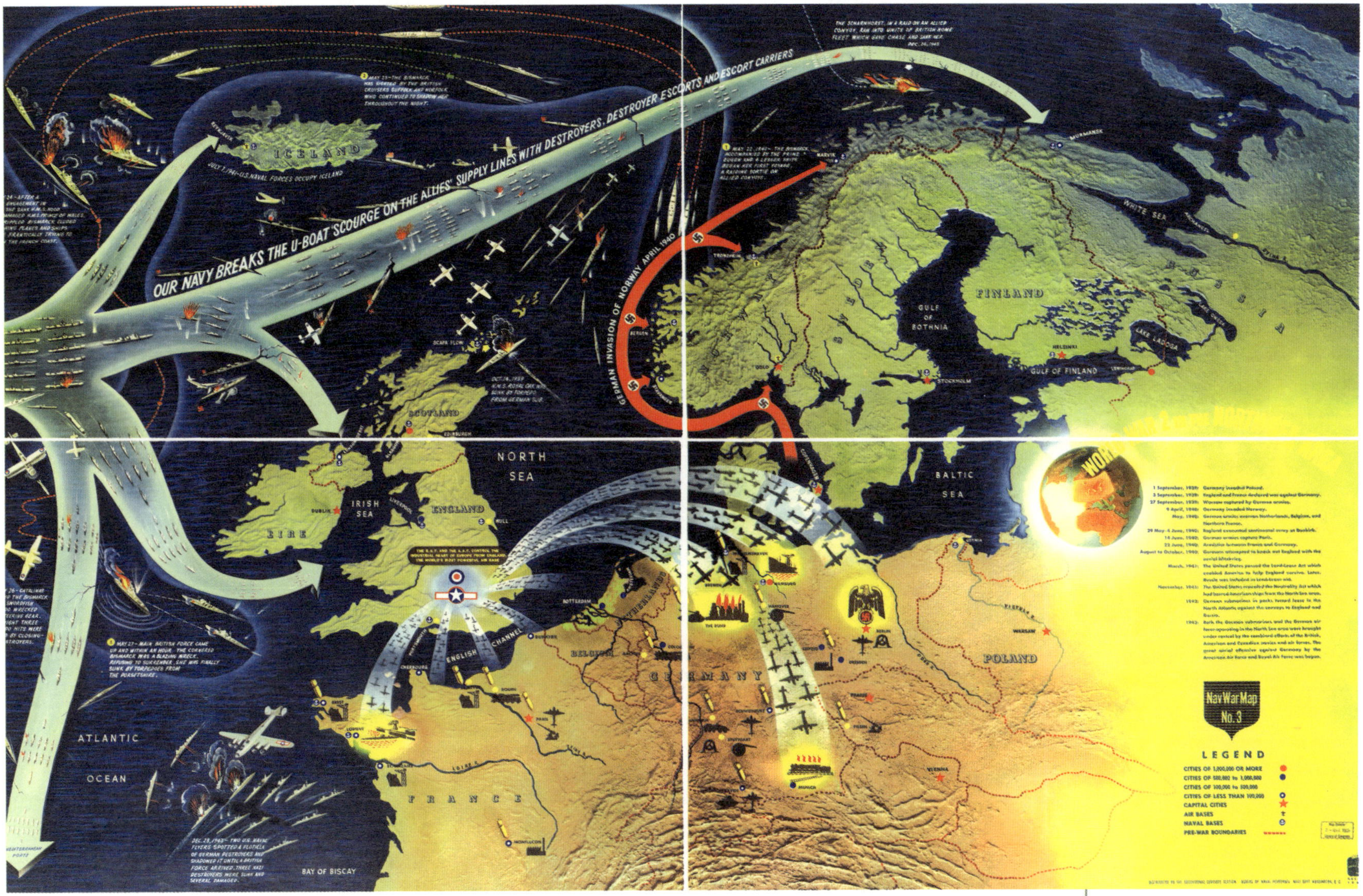

▲
美国海军战争地图（由美国海军人事局制作，1944 年）

这张地图向美国海军战斗人员解释了战斗的过程，它是由美国海军人事局教育服务处制作的。这幅鸟瞰图将海军和陆军航空队、英国和美国同时发动的军事活动细致地结合在了一起。图中无意间夸大了美国人的重要性，尽管并不是过分地夸大，但英国人在战斗中的作用更应受到充分的重视。

▶

1944 年的战争变化

这幅向澳大利亚大众展示盟军在欧洲的进军路线的地图，摘自 1944 年 9 月 10 日的悉尼《星期天太阳报》（*Sunday Sun*）。9 月 2 日，盟军收复了蒙斯城（Mons）；3 日，收复里昂（Lyons）；此前，还于 8 月 4 日收复了佛罗伦萨（Florence）。苏联未能及时派出援军，导致此时的华沙起义遭到了德国势力的残酷镇压。地图上没有记录盟军空袭的规模和范围，也未显示盟军围攻实力的实际强弱。不过这幅地图仍很好地解释了为什么人们普遍认为德国会在那一年被击败，但这一观点低估了德国人在撤退时保持的凝聚力和抵抗能力。英国军事评论员 J. F. C. 富勒（J. F. C. Fuller）在 9 月 10 日的《星期日画报》（*Sunday Pictorial*）上称，“目前，补给能力和战斗力不足是我们前进之路上的关键影响因素”。事实上，此时所有盟国都面临着严重的后勤问题。

SUNDAY SUN
Week end MAGAZINE
SPECIAL SUPPLEMENT
SUNDAY, SEPTEMBER 10, 1944
SCALE OF MILES
Symbol of the crusade to liberate Europe, worn by Supreme Allied Commander of the British and American Expeditionary Forces, General Eisenhower and his staff.
North Sea
Baltic Sea
SCOTLAND
ENGLAND
LONDON
EIRE
NORWAY
SWEDEN
DENMARK
HOLLAND
BELGIUM
FRANCE
PARIS
GERMANY
BERLIN
POLAND
CZECHOSLOVAKIA
AUSTRIA
HUNGARY
RUMANIA
YUGOSLAVIA
SWITZERLAND
CORSICA
SARDINIA
ROME
THE WAR IN EUROPE
Wresting Europe from the Nazis: This four color map shows graphically how the Allies on all fronts are rescuing Europe from its Nazi conquerors. Areas in red mark the Allied progress, yellow the areas still held by the enemy, green the neutral countries. Swift advances have altered the whole shape of the war in a few dramatic months.

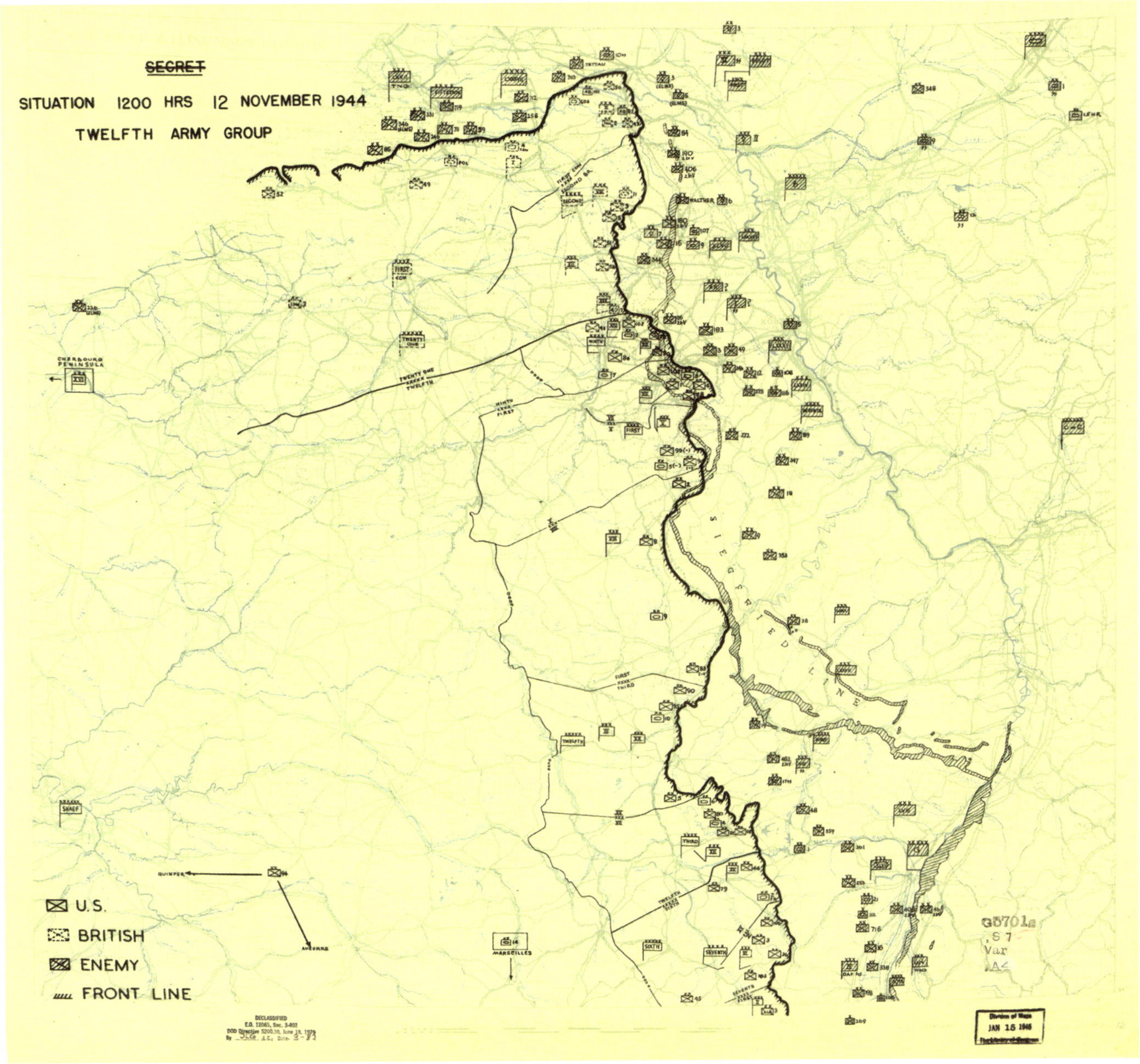

▲
1944 年的法国战役（第 12 集团军群，1944 年）

这幅地图显示了 1944 年 11 月 12 日美国第 12 集团军群的具体部署情况。在奥马尔·布莱德雷（Omar Bradley）上将的带领下，这支部队在进军法国的过程中发挥了关键作用，但它随后在许特根森林（the Hürtgen Forest）进行扫荡行动时停滞不前。这次行动导致美国第一先行部队伤亡惨重。德军在许特根森林等系列行动中表现出来的战斗素质表明，早期在诺曼底（Normandy）的失败没有摧毁德国的战争实力。盟军希望在那一年结束战争，然而事实证明条件还不成熟。德国军队的抵抗力量过于强大，以致外界对于盟国战略和行动决策的质疑和辩论也愈加强烈。后勤因素和疲劳行军影响了盟军的行动，而德国的补给线也因在撤退时缩短简化而成了有利因素。然而，1944 年的战役也表明，美国、英国和加拿大的军事能力、战斗力和战斗效率都得到了极大的提高。

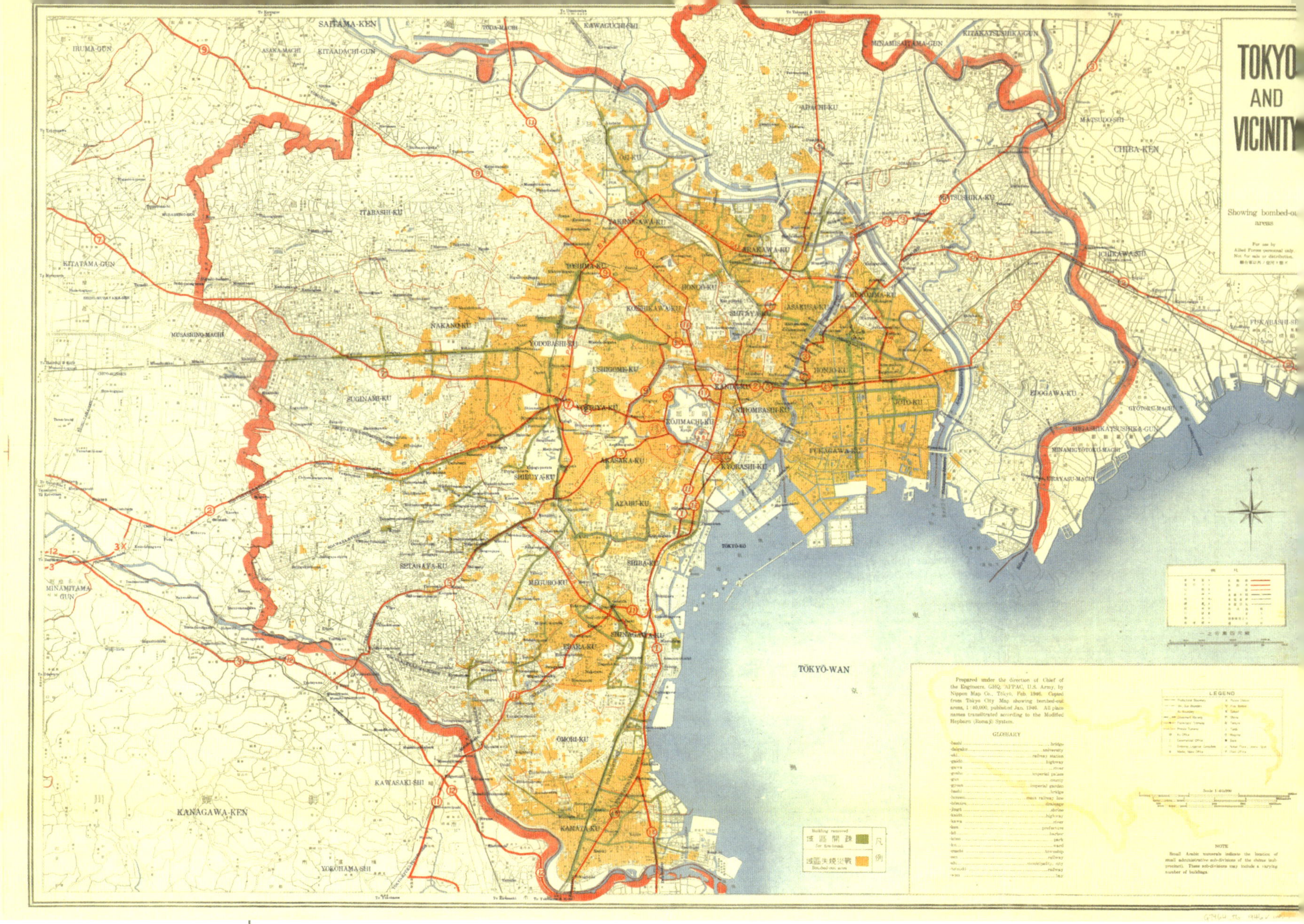

▲

1945 年空袭东京（Tokyo）

这幅 1946 年的地图显示了东京在 1945 年的空袭中遭受重创的地区。最初的空袭都是远程袭击，并且缺乏战斗机的掩护，因此美军轰炸机不得不在高空进行轰炸，这导致他们的轰炸效果不佳。空袭的其他阻碍因素还有多云的天气、高空中的强风、B-29 轰炸机的可靠性问题（包括发动机着火和其他机械故障）等。然而，这些问题都及时得到了充分的解决，使得美国能卷土重来，针对日本本土实施大规模的轰炸行动。从 1945 年 2 月起，日本的几个主要城市都遭到了夜间低空轰炸，这给日本本土带来了毁灭性的打击，因为许多日本民居的建筑材料都是木料和纸制品，在被燃烧弹轰炸时极易起火，另外还有城市聚居人口密度较高等因素。自 1945 年 4 月 7 日起，从刚刚占领的硫黄岛（Iwo Jima Island，距离东京 3 小时飞行航程）基地起飞的美军战机可以为 B-29 轰炸机提供掩护，后者则可以从距离更远的塞班岛（Saipan Island）基地起飞。从 1944 年 11 月起，B-29 轰炸机就已加入轰炸。这些空袭的目的是打击日本的制造业，摧毁日本的工业城市。除了一些明确的攻击目标外，日本工业城市的工人居住地也是攻击对象。日本防空体系有着缺乏拦截战机和高射机枪的弱点，这让美国的袭击任务更容易执行，并使 B-29 轰炸机能通过移除航空机枪来增加有效载荷。虽然当时的日本人已经开发了一些令人印象深刻的拦截战机，特别是三菱 A6M5 和 N1K2-J“紫电－改”战斗机，但它们的产能较为有限。

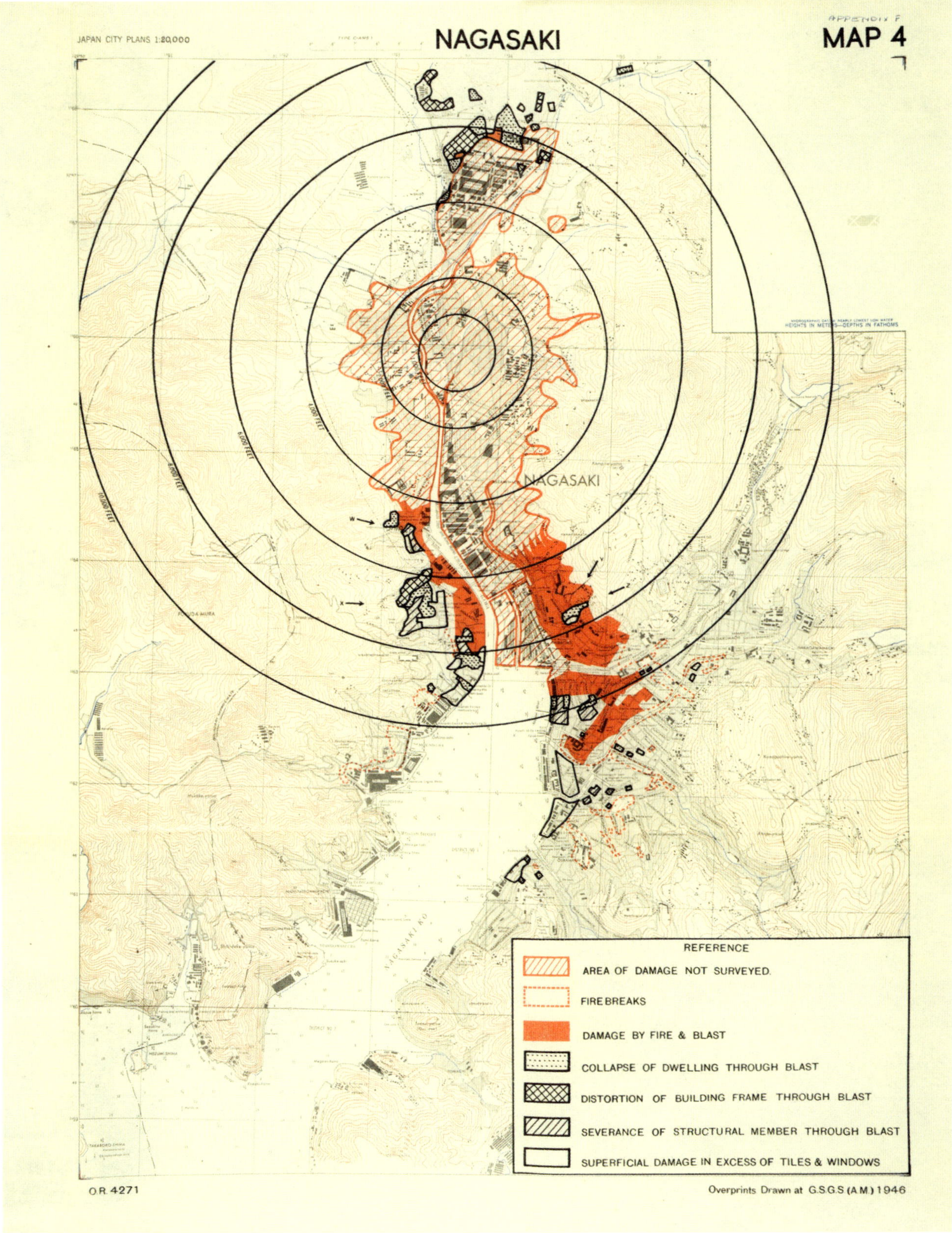

◀

长崎（Nagasaki）原子弹爆炸造成的损害（原子武器研究所，1946 年）

这幅地图摘自 1946 年英国代表团所作的报告，这是一份关于广岛和长崎原子弹爆炸的具体影响的报告。1945 年 8 月 9 日，继广岛之后，长崎成了第二颗原子弹袭击的目标，而这两颗原子弹带来的巨大影响最终导致日本投降。投在长崎的第二颗原子弹威力大于投在广岛的第一颗。日本军队在广岛被炸之后曾拒绝相信日本被投放了原子弹，仍然打算继续作战。日本并不知道，当时美国的能力有限，根本无法快速部署更多的原子弹。

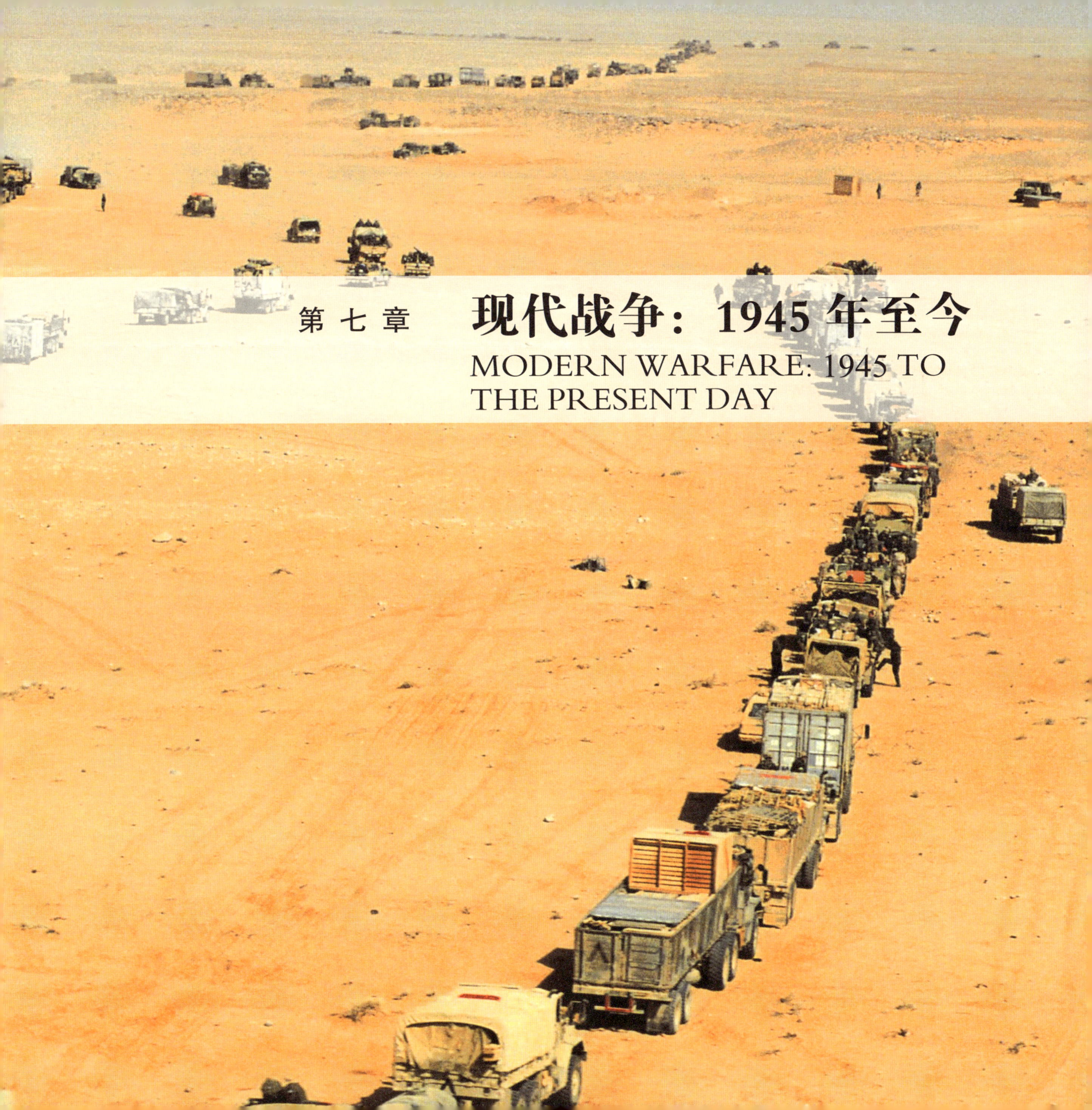

第 七 章　现代战争：1945 年至今

MODERN WARFARE: 1945 TO THE PRESENT DAY

从第二次世界大战到现今

◀ 前页
1991 年 2 月 24 日第一次海湾战争图

法国军队乘坐装甲车穿过沙漠进入伊拉克。他们保护了美军突击队的左翼，并以少量伤亡为代价迅速击败了伊拉克的第 45 步兵师，俘虏了众多伊拉克士兵。

右页 ▶
中亚地区图（部分）（美国中央情报局制，1958 年）

这幅中亚地形图是利用瑞士的“岭谷技术”绘制的，基础地形图（形状起伏和低地着色）是用熔融的铝芯把两张纸板粘在一起制成的。这些纸板的成品都附有同一幅地图的手稿作品。这些地图展示了复杂的手工地形测绘技术，但现在，该类技术的地形渲染工作已完全由计算机完成。

共产主义阵营和西方资本主义阵营之间的角力，使得“冷战”一词无论是在意义层面还是修辞层面，都能始终明白无误地呈现在地缘政治术语中。像第二次世界大战时一样，来自地缘政治的挑战使得备战状态获得了人们的支持，局势一触即发。此时的地图中往往会表现出一种威胁感，美国和苏联都把自己描绘成被对方的联盟体系有计划地、有颠覆目的地包围和威胁着。这样的主题不仅在政府官方出版物中可以明显看到，在其他社会组织的出版物中也频繁出现。在苏联及其社会主义阵营中，国家的主导作用有助于解释这种紧密的一致性。而在美国，政府的态度和私营部门所宣扬的观点同样在立场上高度一致。这在印刷媒体上表现得尤为突出。

地图投影

在美国运用了投影方法的标准化地图作品中，威胁的概念是显而易见的。1898 年出现的范德格林投影（Van der Grinten Projection），延续了墨卡托投影（Mercator Projection）中夸大温带地区面积的做法——地图中的格陵兰（Greenland）、阿拉斯加（Alaska）、加拿大和苏联看上去都远比其实际面积更大。从 1922 年至 1988 年，美国国家地理学会主要使用范德格林投影法进行地图绘制，学会所制的地图是美国教育机构的主要教材，也是报纸和电视媒体所用的地图制品的基础，是公共制图的最终标准。在范德格林投影地图中，庞大的苏联似乎对整个欧亚大陆构成了威胁，是全球范围内最需要受到遏制的优势力量。

然而，在对美国的态度做出负面评价之前，有必要指出的是，苏联的扩张主义确实也是一个严重的威胁。苏联带来的地缘政治挑战尤为突出，因为它既是一个欧洲国家，又是一个亚洲强国。西方国家在对苏联的地理描述中准确捕捉到了这层意思。

同样地，苏联人使用了一种明显带有敌意的地图图像和地理语言，让美国看上去像个上蹿下跳的、咄咄逼人的国家。简而言之，尽管“回卷”政策在 20 世纪 50 年代早期曾遭到美国人的拒绝（部分是为了应对苏联 1949 年发展起来的核武器），但苏联还是继续使用着以前的套路来描绘美国人。似乎这样的激进政策对于苏联来说，既是手段也是目的。

冷战双方都以地图的形式反复呈现着一种威胁感。为了继承罗斯福总统在“炉边谈话”里使用地图的传统，约翰·F. 肯尼迪（John F. Kennedy）在 1961 年 3 月 23 日的新闻发布会上谈及老挝（Laos）的情况时，也用到地图作品来阐述他的观点。老挝在 1954 年前是法国殖民地。1961 年时，苏联和越南支持下的巴特寮（Pathet

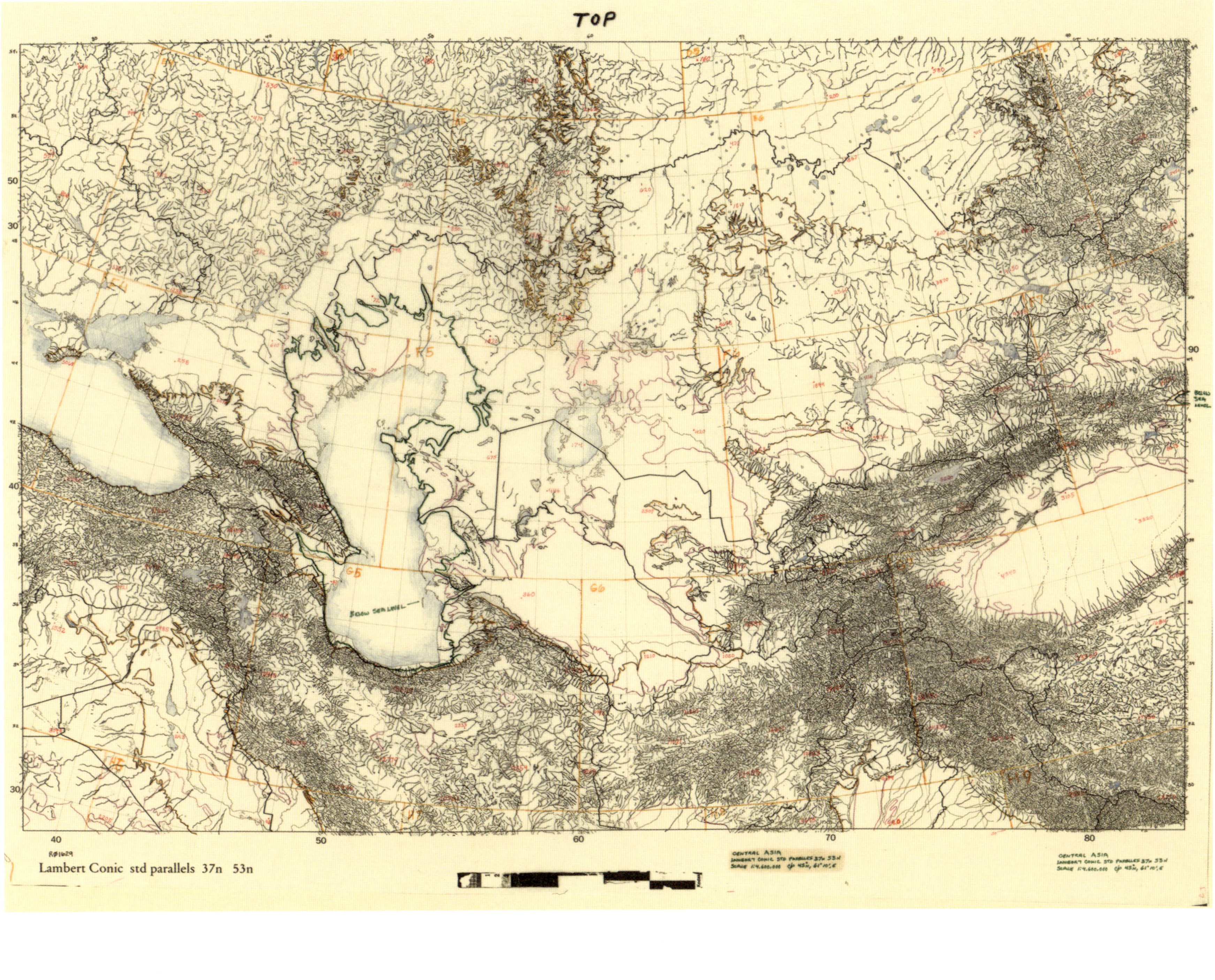
TOP
Below Sea Level
Lambert Conic std parallels 37n 53n
CENTRAL ASIA
SCALE 1:4,600,000
40
50
60
70
80
90

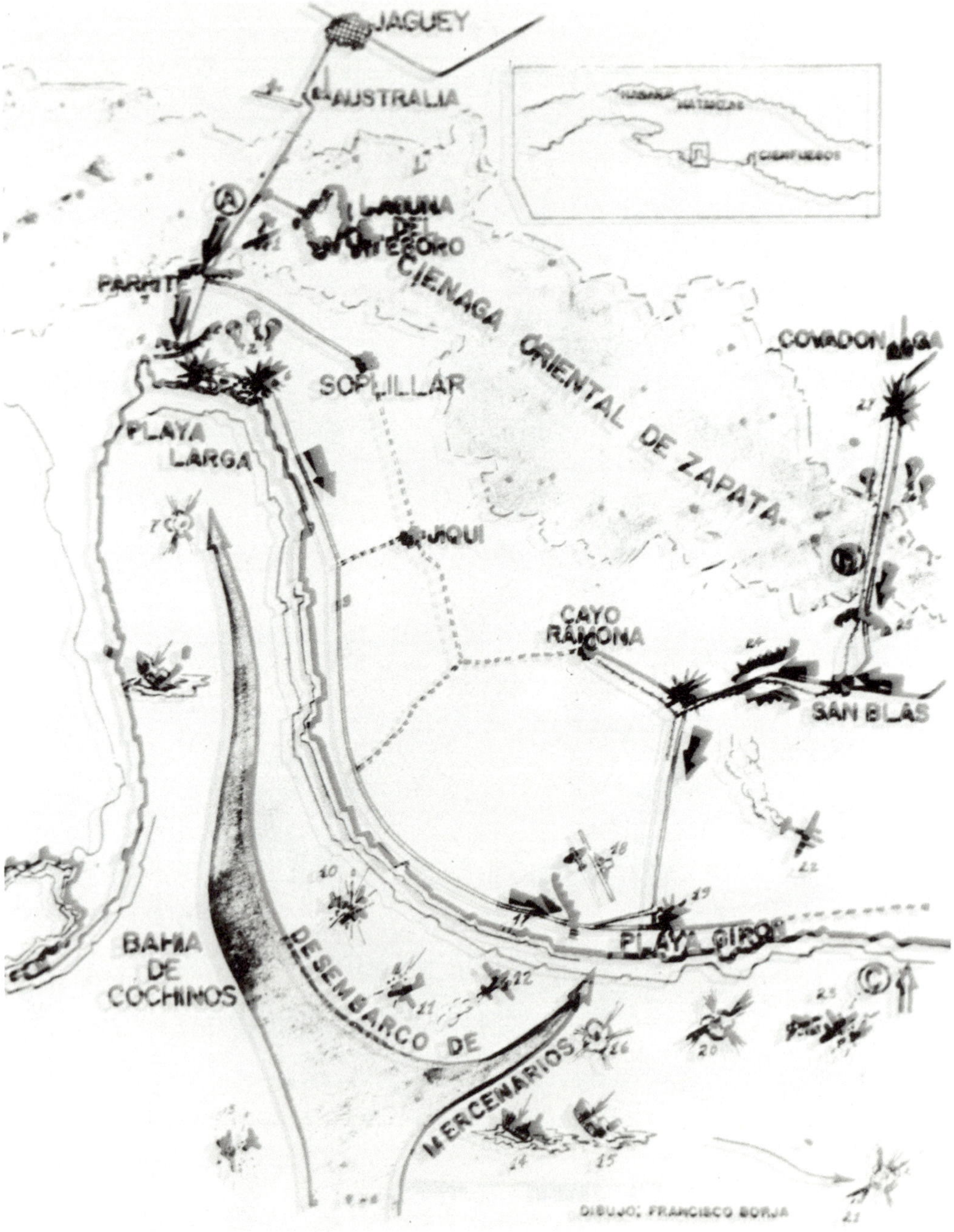

1961 年美国支持下的对古巴的侵略

新成立的卡斯特罗（Castro）政权是通过起义得来的。在推动社会经济革命的过程中，他们的政策，尤其是资产国有化政策遭到了反对和抵制。然而，1961 年 4 月，约翰・F. 肯尼迪（John F. Kennedy）总统未能向 1 300 名经中情局训练过的反共流亡者提供必要的空中支援，这被认为是入侵古巴"猪湾"（Bay of Pigs）彻底失败的主因。在实战中，入侵者糟糕的军事规划和强大的古巴政府军力量也是导致入侵失败的重要因素。当入侵者的船只于 4 月 17 日登陆时，他们遭遇了毁灭性的空中打击，而第二天美国人为滞留的入侵部队开辟补给通道的轰炸机也大部分被击落了。在物资无法送达，而古巴政府军持续施加巨大压力的情况下，入侵者最终投降了，古巴获得了反侵略的胜利。

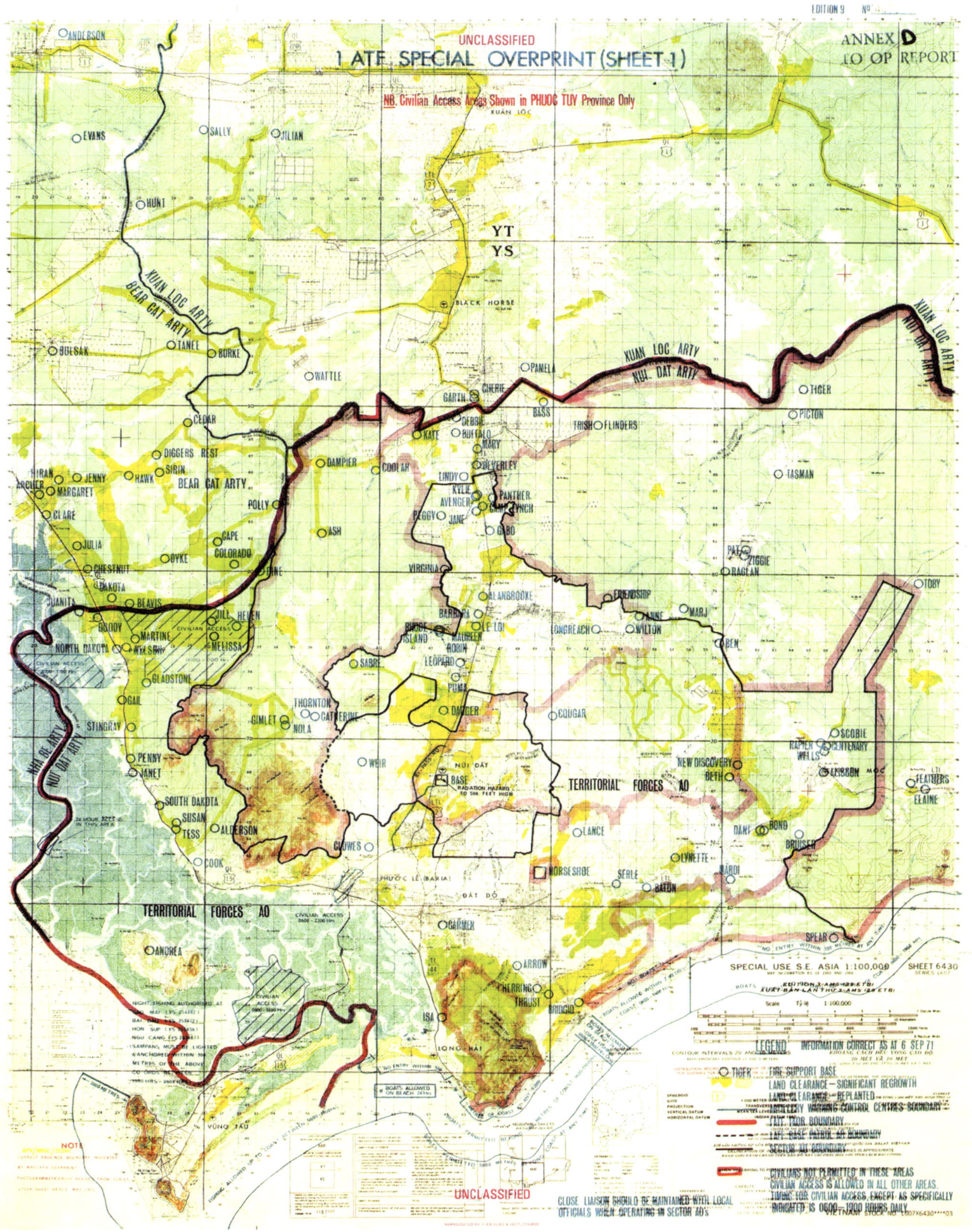

◀
1971 年越南战争地图

这是一幅当时的越南福绥省（Phuóc Tuy Province）的地图，它作为单张基本地图，被嵌套在比例尺为 1 : 100 000 的 6 430 页的东南亚特制地形图 L607 系列地图册里，覆盖范围为澳大利亚努伊・达特（Nui Dat）基地周边地区，并套印了巡逻区及其边界、火力支援点、开荒程度、炮兵预警中心的边界、民用通道和海岸禁区等内容。地图上使用的是修改后的地名。该图于 1971 年由澳大利亚皇家测绘兵制作。

▶
1970 年越战中的澳大利亚努伊 · 达特基地防务图

这张地图显示了战场周边的电线走向、巡逻区及其边界、掩体、战略要点、无线电桅杆、塔楼、地下掩体和地面掩体等配置情况。它的基本草图于 1968 年完成，红色细节部分一直更新至 1970 年 5 月 1 日。该图由澳大利亚皇家测绘兵完成，并在背面写着“未经第 1 澳大利亚特遣部队副司令授权的情况下，不得带出第 1 澳大利亚特遣部队基地”。

Lao）势力发动了进攻，目的是对抗老挝保守党政府：

> 这三幅地图显示了共产主义力量在去年 8 月的军事行动中占领的地区，右上角的彩色部分是当时被共产主义者控制的地区。而后，1960 年 12 月，也就是 3 个月前，红色的区域扩大了——从 12 月 20 日到 1961 年 3 月底，共产主义者在这个国家控制了更大范围的区域。

地图对红色的使用使得威胁感更加生动且戏剧化，老挝地图上还描绘出几个邻国〔泰国（Thailand）、柬埔寨（Cambodia）、南越（South Vietnam）和缅甸（Burma）[①]〕对它的威胁。由于多米诺理论（共产主义分阶段扩张的理论）正在发挥作用，在此次事件中，美军正是基于这个理论，在冲绳（Okinawa）基地驻扎了近万名美国海军陆战队士兵。

冷战对地图测绘提出了特殊要求，而这种技术上的要求不仅仅与武器装备相关。冷战中，两个主要的大国集团都对地图的通用性提出了重点需求，因此，北约制定了一个地理政策——在北约地图上采用通用横轴墨卡托投影（Universal Transverse Mercator，UTM）网络。随后，北约大力发展了数字信息交换技术。

① Burma，缅甸的原英文国名，现改为 Myanmar。——编者注

调查与测绘

此时，战争地图的绘制受到了监视技术与信息技术变化发展的极大影响。摄影侦察技术在第二次世界大战中继续得到了应用，战后地图的绘制则使得主要大国的空间意识得到了增强。在英国，殖民地政府在 1946 年建立了殖民地调查署（后来的海外调查署）。调查署在 10 年内运用航空摄影和地面测绘技术绘制了面积达 90 万平方千米的非洲地图。在战争期间，摄影侦察专业技术的飞速发展令人印象深刻，该技术在战后被用于调查测绘鲜有人迹的广阔区域。这种技术对于调查地形复杂、难以涉足的地区尤为有用。航空摄影可以比地面调查更快地获取精确的信息，而且不用依赖当地的人力资源，但它仍然是一个较为缓慢的过程。相比之下，后来的卫星测绘则是更加全面的测绘手段，并为最精确的目标数据提供了技术基础。

英国为了在冲突中保卫自己的国家利益，派出了他们的实地调查中队，开始绘制详细的殖民地地形图。在肯尼亚（Kenya），英国人画出的地形图是为了更好地应对“茅茅”运动（the Mau Mau Uprising）；在 20 世纪 50 年代马来亚（Malaya）的“紧急时期”，英国人在打败当地的共产主义者时，也使用了自己绘制的当地地形图；英国人在婆罗洲〔Borneo，即加里曼丹（Kalimantan）〕的对峙行动中也是如此。同样地，法国人于 1956 年至

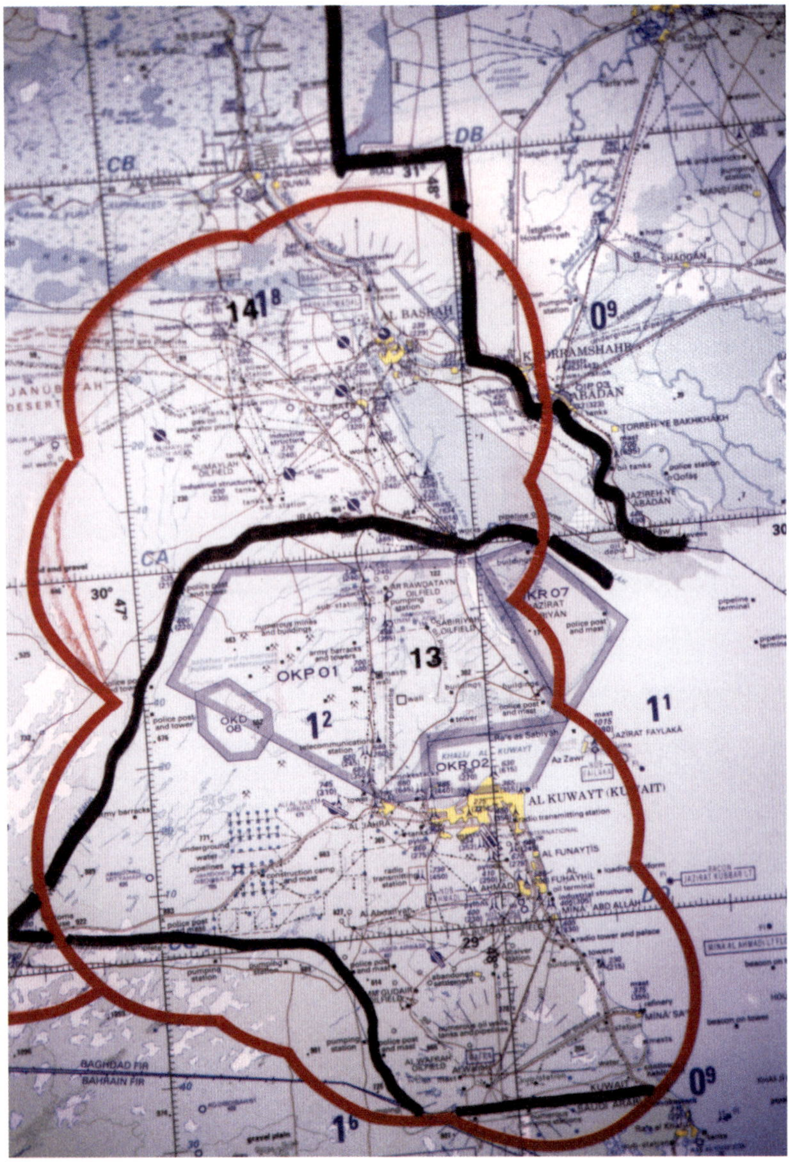

◀
"五环模式"简图（1991 年 2 月 19 日）

1982 年，以色列用其独特的方法，成功地在战斗中击败了叙利亚人。而后，美国人借用了以色列的经验，利用诱饵让伊拉克人将雷达功率开到最大，最终使其暴露在了火力攻击之下。从某种程度上来说，空袭行动运用了约翰 · A. 沃登三世（John A. Warden Ⅲ）空军上校提出的"五环"目标理论。该理论认为：每一环对应不同的行动级别和不同类别的打击目标；可通过打击敌方的战略重心、指挥和控制系统，从而造成敌方整个系统的瘫痪来迫使对方屈服。但是，在 1991 年的空袭中，美国除对平民以外的其他各环都实施了空袭，涵盖了伊拉克的所有武装力量。美国人确信，至少其中一环会彻底瓦解。而事实上，空袭几乎使所有通信设备都失效了，但产生的战果却不甚理想：伊拉克政府没有垮台，联军的地面进攻更加势在必行。在技术层面，美军采用了数字摄影测量法，为针对伊拉克具体目标的巡航导弹创建了地形模型。

大规模的空袭使得伊拉克的地面防御系统在联军地面进攻开始之前就已经失效，并逐渐开始瓦解。这对伊拉克军的冲击力之大，从 8.7 万名投降者及 15 万逃兵身上可见一斑，而他们的阵亡人数则不足 1 万人。伊拉克组织统一而协调的防御的可能性已不复存在了。这比设备大规模毁坏的影响力更大：伊拉克军队失去了行动的能力。这表明了空中力量的独特能力可以提供纵深攻击，带来的直接战果就是完全扰乱并摧毁了前线及其他战区的伊拉克部队。结果，伊拉克的后方已经没有支援部队了，也就不能随时准备替换和增援前线部队。这次战斗共计摧毁了底格里斯河（the Tigris River）和幼发拉底河（the Euphrates River）上的 17 座桥梁。

◀ 2002 年“沙漠之春”（Desert Spring）演习的准备阶段

2002 年 12 月 18 日，“沙漠之春”演习中的美国第 3 步兵师的士兵正在进行准备活动。美国人关注的是伊拉克，这是一个明确的打击目标，他们时常发起挑衅，而且有着正规的武装力量。这与和无形的恐怖主义斗争大不相同，后者是对西方战争传统的巨大挑战。美军的行动风格因其机动性和对战斗主动权的把握、维持而受到广泛的称赞。

1962 年间在阿尔及利亚（Algeria）也积极进行了地图绘制行动，当时他们正在对抗当地的起义活动。此时，在非洲殖民地的葡萄牙人也在做着同样的事情。1982 年，当英国人把阿根廷军从马尔维纳斯群岛（Malvinas Islands）赶走时，他们遭遇到了地图匮乏的情况，而缺乏数字技术更是使得他们寸步难行。当时，所有可卖的马尔维纳斯群岛地图被迅速销售一空。同样的情况还发生在 2001 年英国于阿富汗驻军的时候。

随着喷气式飞机的使用，侦察机的飞行范围大大扩展了。美国的波音 RB-47 侦察机是 B-47E 轰炸机改良过后的高速高空机型，它于 1953 年进行了首次飞行，其航程约为 4 000 英里（约 6 437.38 千米）。然而，苏联的喷气式战斗机的服役对美国的这些新机型构成了威胁。同样对美国飞机构成威胁的还有经过加强的苏联地面防空火力。随后，美国人研制了 U-2 机型，并于 1955 年进行了首飞。U-2 侦察机的飞行高度可达 8 万英尺（24 384 米）以上，且获得的图像十分精确，为美国的目标选择和战略规划提供了大量的情报。

▶
2003 年英军部署到伊拉克之前，英国军方为他们的高级军官提供联合军种计划和作战指示

2003 年，在英国军队部署到伊拉克之前，军官们聚集在地图旁参加高级军官备战计划会议。在这次进攻伊拉克的战争中，英国扮演了一个次要的角色，但因为美军的部署规模相对较小，可能存在着超负荷运转的风险，故英军的角色同样十分重要。在地面行动中，12.5 万兵力的美国作战部队是至关重要的作战力量，相比之下，英军仅有 4.5 万兵力。英军在战场南部地区发挥了关键作用，但也由于其在南部投入了过多兵力而无法向北部战场提供支援。英国为联合作战行动专门设置的常设联合总部于 1996 年成立。

人造卫星系统

人造卫星系统补充了侦察机的信息来源。1957 年苏联发射了第一颗人造卫星之后，美国、法国和日本陆续使用火箭将多颗人造卫星送入了轨道。轨道卫星具备获取地图素材的巨大潜力，也为图像的无线电发送和建立全球电信系统提供了可能。1960 年，美国最早的军事摄影侦察卫星“发现者 13 号”发回了第一批侦察照片，摄影技术与地图绘制从此紧密相连。按固定时间规律传回的卫星图像使得实时绘制地面变化成为可能，同时还可以侦测到其他国家的导弹发射基地的建设等。位于高空中的卫星是很难被击落的，飞行器则不然。1960 年，曾有一架从巴基斯坦白沙瓦（Peshawar）飞至挪威博德（Bodø）的 U-2 侦察机，在斯维尔德洛夫斯克

（Sverdlovsk）上方 7.5 万英尺（22 860 米）的高空被苏联的地对空导弹击落了。卫星提供了飞行器不具备的频繁飞越领空的可能性，从而也提供了更多的数据。1960 年，由美国卫星拍摄的第一张照片被胶卷返回舱送回地球。当年，美国创建了旨在协调美国间谍卫星运行的秘密机构——国家侦察局。卫星的存在使得在小尺度范围内绘制世界地图成为可能。

美国于 1961 年创建了国家影像判读中心，目的是协助中央情报局的科学技术部门进行照片分析的工作。对于美国陆军测绘局来说，摄影侦察同样是很重要的。该部门在越南战争时向美军送去了大量的战争地图。有了洛克希德的 SR-71“黑鸟”侦察机之后，美国人大幅提高了他们的侦察能力。该机型能在超过 8.5 万英尺（约 25 908 米）的高空以比导弹更快的 3 马赫（约 1 020 米每秒）的速度飞行，并能在 1 小时内提供 10 万平方英里（约 258 999 平方千米）的侦察信息。相比之下，朝鲜的面积仅约为 47 500 平方英里（约 12.3 万平方千米）。此外，无人机还从越南带回了高分辨率的照片。1972 年，越战还未结束时，国防部制图局（Defense Mapping Agency，DMA）成立了。在需要大量信息技术帮助分析取得的信息的同时，军方还因使用数字制图技术和制图信息应用技术而受益匪浅。

这些技术的使用使得在制图过程中需要采取保密措施，这对于军方的保密工作来说是很重要的一个方面。制图方可以通过故意改变地图上的地理位置，或者抹去信息，来造成地图信息歪曲的假象。冷战期间，这些做法在东欧国家比较常见，其他国家也零星出现过此类操作。例如，美国政府从地图上抹去了如北美航空航天防御司令部等联邦军事基地，同时还减少了非军事用途的全球定位系统（GPS）无线电信号的使用。英国地图也采用了与此类似的伪装手段。使用地图来进行目标定位与常规的伪装计划是相互联系的，对地图信息的有意歪曲是伪装计划的关键要素。

军方在拥有空中侦察带来的大量数据后，不得不积极改进数据编译和运用系统。而大量的信息分析需求为计算机系统的发展提供了主要推动力，也带来了计算机的更新换代和快速发展。同时，计算机系统在新的制图技术中也起到了重要作用。在计算机能力发展方面，美国比苏联更加成熟，尤其是在图像关联技术和空中三角测量技术上，美国通过此类技术发展出了数字地形图测绘法。

卫星信息技术也成了增强武装力量的基石，美国国防部以 1978 年发射的第一颗导航卫星为基础，开发了全球定位系统。自动瞄准和射击技术同样依赖于精确的测量数据。例如，制导炸弹和导弹等“智能”武器可以利用精确的地图，按照预定的路线来打击目标，

右页 ▶
应对伊拉克暴乱（2006 年）

美国和伊拉克的指挥官在联合新闻发布会上宣布，他们的部队将分区域进行巴格达（Baghdad）地区的平乱战役，图中的一名美国步兵军官正在研究战役地图。这次暴乱规模较大，且兼具韧性和复杂性，这严重挑战了美国在伊拉克的控制权，并引发了艰苦的巷战。美国人在镇压行动中变得更加有效率了，部分原因在于他们发现了敌军所遵循的战斗规律。在战斗中敏锐地发现了伊拉克宗教派别之间的分歧后，美军便采用信息技术来区分对手，从而进行更准确的打击。这和美军最初在伊拉克作战时的情况相比已有了很大改进——战争刚刚开始时，他们甚至无法正确定位预备打击的对象。

此时的武器被设置在一个预定的参考坐标网格内。巡航导弹也使用预设了飞行路径的数字地形模型。美国 BGM-109 第三代“战斧”巡航导弹，以其改良过的准确性和 GPS 独立导航功能，在 1995 年 9 月的波斯尼亚（Bosnia）行动中第一次使用时，打击准确率便超过 90%。苏联计划让自己的全球导航卫星系统比肩美国的 GPS 系统（随着苏联解体，俄罗斯继承了该计划），该系统于 1995 年开始运作，在 1996 年达到了 24 颗卫星的完整设计标准。

在 1991 年的第一次海湾战争（the First Gulf War）中，仅美国国防测绘局就为美军制作了超过 1.1 亿张地图，依靠着数码摄影技术，美国人使用巡航导弹对伊拉克进行了精确有效的打击。此外，精确定位装置与美国卫星起到了互补作用，使得 GPS 系统更为有效。在与伊拉克军进行战斗时，盟军坦克成功地使用 GPS 定位系统达到了战斗目的。

此外，卫星信息数据有助于摄影地图的快速制作。地理信息系统提供了战场的实时二维和三维图像。现代武器毁灭性的攻击力，以及使用时对地面景观造成的重大影响，使得精确定位（尤其是在城市环境中的定位）变得十分重要。

地方层面

除了高规格的数字地图之外，更多的普通地图被用于地区层面的战斗，这里特别但又不仅仅是指那些缺乏尖端武器的国家之间的战争。与此有所关联的情况是，在 20 世纪的前三分之二的时间里，世界上大部分地区都存在精确地图匮乏的情况。因此，1963 年至 1966 年，英国在印尼婆罗洲的“对抗”（低级冲突）中使用的地图里，印尼阵营的大部分区域是空白的——这部分地区曾是英国的领地（1963 年时成了马来西亚领土），而英国人还来不及重新对其进行测绘以制作地图就被印尼人夺回去了。

新的独立国家都迅速建立起了自己的地图测绘机构，这些机构中相当一部分都是基于帝国主义时期的测绘机构建立起来的，如成立于 1954 年的埃及军事司令部等。在大多数国家，军事测绘是非常机密的，如印度在与中国和巴基斯坦交界处进行的军事测绘等。印度军队的地图是由总参谋部下属测绘部门编制的。作为更加广泛的冲突形式的一个方面，地图也被用来维护领土完整和宣示主权，例如东南亚各国边界的界定。地图还可用于对所属地进行重命名、重新标注景观环境等，以色列地图上抹掉的阿拉伯村庄就是很好的例子。

现代挑战

在暴动中，由于暴乱分子无法使用现代设备进行测绘，导致他们没有可用地图而对行动造成很大限制。他们的地图获取渠道也十分有限。此外，在叛乱和镇压叛乱，确切地说就是在恐怖主义和反恐怖主义的斗争中绘制地图是很困难的，这也是迄今为止仍困扰某些国家的问题。在此类战争中，领土主权的概念受到非常规军事力量的挑战和威胁。这些力量寻求在民众中进行活动，这么做不仅是为了做好掩护和获取物资，同时还是为了对抗当局在人口密集地区实行的权威控制。

要制作出这种双方势力共存的地图是极其困难的——这些区域的情况十分复杂。这些区域的军队或巡逻警队的行进路线是非常随机的，他们有时可以不受阻碍地移动，有时又会遭受狙击和伏击，且必须考虑到地雷区的情况。简单来说，就是双方对自己的阵地以外的领土都没有绝对控制权。空中补给和空袭都会使局势进一步复杂化。此时的战斗前线可被理解为"溶解"的前线，或不存在的前线。

当今世界的大多数冲突都是以国家内战的形式出现，例如阿富汗、伊拉克和叙利亚等国的长年战乱。内战的情况纷繁复杂，不能简单地用尖端的军事能力来处理。无论是武器方面，还是军事信息的获取或者制图方法，内战都不像传统战争那样正规。同时，目前为止尚未有迹象表明这一情况正在得到改善。现代战争已经充分证明，对地理信息的理解虽在战略、战役和战术层面上非常有用，但在强加意志方面却没有多大帮助。然而，这才是冲突的目的所在。诚然，在

▶
2015 年，伊拉克对战 ISIS

2015 年 2 月 26 日，伊拉克国防部长哈立德 · 奥巴迪（Khaled al-Obaidi）在萨拉丁（Saladin）的塔西地区（Taci District）视察军事部队时，向军官展示战术细节。伊拉克军队此时正准备对极端恐怖组织伊斯兰国（ISIS）的武装力量采取军事行动。
在伊拉克，由什叶派（Shi'a）主导的政府对逊尼派（Sunni）少数族裔的厌恶和苛待，使后者产生了民族内部仇恨，并导致伊拉克政局不稳，因而伊拉克也就无法在 2014 年 6 月〔ISIS 向摩苏尔（Mosul）进军前〕对 ISIS 进行军事压制。ISIS 在伊拉克夺取了资金和装备，并加快了从暴乱状态过渡到所谓“事实上的国家”的步伐。

某些方面，创造一个人们“已知”的虚假存在的土地和人民的概念是十分容易的，地图便可以起到较大的误导作用。各方势力都纷纷将地图作为“展示”他们“解放过”的领土的宣传工具。这些地图是一种重要的公共关系工具，但也会误导别国的政治领袖。例如，阿富汗对和平地区的圈定是高度可疑的，即使在评估敌对因素并不困难的情况下。

与此同时，大国间的冲突表明，战争可能采取多种不同的形式，因此，各国对地图的需求可能迥然不同。这些需求于 21 世纪第二个十年的中期涌现了出来：最初是在中日关系紧张时，中国和日本及其盟国之间出现了紧张态势；而后，在 2014 年俄罗斯和乌克兰之间的危机升级后，俄罗斯表现出向爱沙尼亚、拉脱维亚和立陶宛扩张的倾向，这就很有可能导致与

◀
数字地图在伊拉克的应用（2015 年）

2015 年 4 月 11 日，在易卜拉欣·本·阿里（Ebrahim Ben Ali）地区，一名亲政府的巴德尔旅旅长在巡视与 ISIS 武装分子战斗的作战前线时，正在查看平板电脑上的一幅地图。易卜拉欣·本·阿里位于伊拉克的安巴尔省（Anbar）。什叶派民兵和伊拉克政府军正准备对安巴尔的 ISIS 武装力量发起进攻——2014 年，ISIS 武装占领了安巴尔省的大部分地区。

北约组织的冲突。新的战争形式更加强调用于常规冲突和战争的地图的制作，而这种常规制图又往往受到新技术发展的影响，尤其是网络战争的影响。实时制图是为了缩小不同的监视系统、决策系统和发射系统之间存在的误差，但这种制图方式的通信系统有可能受到网络攻击，而对卫星或计算机实施攻击的威胁性之大，可以使制图系统瞬间陷入空白的状态。具有讽刺意味的是，比起两次世界大战和冷战时期易受敌军攻击的空中侦察系统，此时的高级数字制图系统更加脆弱，更加容易被敌军直接攻击。

这种情况当然不是静止不变的，目前我们还不清楚无人机和微型无人机能使军方的侦察能力增强到什么程度，而网络战争的有效性也有待考证。尽管如此，在 21 世纪的第二个十年，军事绘图技术得到了充分应用，同时也清晰地展现了其动态发展与脆弱性兼具的特点。

▶

2014 年叙利亚艾因阿拉伯（Ayn Al-Arab）地图

2014 年 10 月 10 日，联合国秘书长叙利亚问题特使——斯塔凡 · 德米斯图拉（Staffan de Mistura）在日内瓦（Geneva）联合国办公室举办的新闻发布会上，展示了被库尔德人（Kurds）称为“科巴尼”（Kobane）的艾因阿拉伯地图。他敦促土耳其人允许库尔德人穿过土耳其国土进入叙利亚，以避免艾因阿拉伯遭受 ISIS 武装分子的攻击。尽管美军空袭导致 ISIS 武装人员伤亡惨重，但他们仍成功占领了叙利亚边境的部分主要城镇。而土耳其政府和库尔德人之间的紧张关系使问题变得更加复杂。

致谢

我想首先感谢我的编辑莉萨·托马斯（Lisa Thomas），她是一个冷静理智而又高效的人，总能给我提供许多帮助。我们曾一起编著过《世界历史地图册》（*Atlas of World History*），我非常高兴地看到这本书的团队至今仍然运作良好。感谢索尼娅·布罗迪（Sonja Brodie）对本书进行的校对，珍·维尔（Jen Veall）充满创意的图片研究，以及妮古拉·莉迪亚德（Nicola Liddiard）简练优雅的版面设计。海科·亨宁（Heiko Henning）对前期草稿的评论使我受益匪浅。同时，我还要感谢解答了一些具体问题的英吉文·戴（Yingeong Dai）、迈克·多布森（Mike Dobson）、斯潘塞·莫比（Spencer Mawby）、大卫·帕罗特（David Parrott）、卡斯滕·彼得森（Karsten Petersen）、考希克·罗伊（Kaushik Roy）、唐·斯托克（Don Stoker）、斯塔格·斯文宁森（Stag Svenningsen）、肯·斯沃普（Ken Swope）和哈罗德·坦纳（Harold Tanner）。

图片出处说明

作者和出版商对以下版权所有人允许复制和使用版权图像表示感谢。我们已尽一切努力与版权所有人取得联系，如名单有任何误漏，请尽快与我们联系。

文前4 Print Collector/Getty Images
文前6至正文01 Heritage Images/Getty Images
02 Zev Radovan/www.BibleLandPictures.com/Alamy Stock Photo
03 Corbis
04 De Agostini Picture Library/M. Seemuller/Bridgeman Images
05 Hulton Archive/Getty Images
06-07 © Reproduced with the kind permission of the Holkham Innys Collection
08-09 Imagno/Getty Images
11 © RMN-Grand Palais (domaine de Chantilly)/René-Gabriel Ojéda
13 Bibliotheque Mazarine, Paris, France/Bridgeman Images
14 Bibliotheque Mazarine, Paris, France/Archives Charmet/Bridgeman Images
17 Images@Alteamaps.com
18 Photo Scala, Florence
20 © The British Library Board
21 Bibliotheque Nationale, Paris, France/Archives Charmet/Bridgeman Images
22-23 © RMN-Grand Palais (Château de Pau)/René-Gabriel Ojéda
24 Images@Alteamaps.com
25 Korean Army Museum
26-27 DEA / G.Nimatallah/Getty Images
28-29 Bibliotheque Nationale, Paris, France/Flammarion/Bridgeman Images
30 Private Collection/Bridgeman Images
31 © The British Library Board
32 N/A
34 Heritage Image Partnership Ltd./Alamy Stock Photo
36 Alex Ramsay/Alamy Stock Photo
38-39 Images@Alteamaps.com
40-41 Hessisches Staatsarchiv Marburg
42 Bibliothèque nationale de France
44 Private Collection/Bridgeman Images
45 Imagno/Getty Images
46 akg-images
47 Bibliotheque Nationale, Paris, France/Archives Charmet/Bridgeman Images
48-49 © The British Library Board
50 Museo Correr, Venice, Italy/Bridgeman Images
51 MS Russ 726, Houghton Library, Harvard University.
52-53 DEA / A. Dagli Orti/Getty Images
55 INTERFOTO/Alamy Stock Photo
56 Images@Alteamaps.com
59 Images@Alteamaps.com
60 Reproduced by permission of the National Library of Scotland
62-63 Images@Alteamaps.com
64 Images@Alteamaps.com
66 Private Collection/Bridgeman Images
67 © British Library Board. All Rights Reserved/Bridgeman Images
68-69 Library of Congress
70 Courtesy of the National Library of Ireland
73 Bibliotheque Nationale de Cartes et Plans, Paris, France/Archives Charmet/Bridgeman Images
74 Kyujanggak Institute For Korean Studies
75 Library of Congress
76 © The British Library Board
78 akg-images
82-83 akg-images
84 Staatsbibliothek zu Berlin/bpk
85 Staatsbibliothek zu Berlin/bpk
86 akg-images
88 Images@Alteamaps.com
89 © The British Library Board
90 British Library/akg-images
91 Library of Congress
92 Library of Congress
93 Library of Congress
94 Time Life Pictures/Mansell/The LIFE Picture Collection/Getty Images
95 Library of Congress
96 Library of Congress
96 Library of Congress
97 © The British Library Board
98 © The British Library Board
99 © The British Library Board
100-101 Universal History Archive/Getty Images
103 © RMN-Grand Palais (musée des châteaux de Malmaison et de Bois-Préau)/Gérard Blot
104 Library of Congress
105 © The British Library Board
107 National Army Museum, London/Bridgeman Images
110 © The British Library Board
111 Fine Art Images/Heritage Images/Getty Images
112 Images@Alteamaps.com
114 MAP RM 343, http://nla.gov.au/nla.obj-231230934, National Library of Australia
115 Heritage Image Partnership Ltd./Alamy Stock Photo
116 © The British Library Board
117 MAP RM 364, http://nla.gov.au/nla.obj-231238361, National Library of Australia
119 MAP RM 366, http://nla.gov.au/nla.

obj-231238767, National Library of Australia
121 DEA Picture Library/Getty Images
122 MAP RM 375, http://nla.gov.au/nla.obj-231242233, National Library of Australia
123 Pictures From History/akg-images
124 Library of Congress
125 Library of Congress
126 Library of Congress
127 Library of Congress
128 Library of Congress
129 Library of Congress
131 Library of Congress
133 MAP NK 6574 A, http://nla.gov.au/nla.obj-230867595, National Library of Australia
134 MAP Ra 148 [Plate 11], http://nla.gov.au/nla.obj-230868270, National Library of Australia
135 akg-images
136 MAP RM 359/2, http://nla.gov.au/nla.obj-231236931, National Library of Australia
137 © The British Library Board
138 Library of Congress
141 Science & Society Picture Library/Getty Images
142 MAP RM 2349/6, http://nla.gov.au/nla.obj-231801893, National Library of Australia
143 Bibliotheque Nationale, Paris, France/Bridgeman Images
144 The National Archives
145 Library of Congress
146 Album/Documenta/akg-images
147 Niday Picture Library/Alamy Stock Photo
148 © The British Library Board
149 Library of Congress
150 The National Archives
151 © The British Library Board
152 Library of Congress
153 Library of Congress
154-155 Ullstein Bild/Getty Images
157 MAP G7831.S6 [1905], http://nla.gov.au/nla.obj-92730161, National Library of Australia
159 MAP G6851.S65 [1913?], http://nla.gov.au/nla.obj-234558179, National Library of Australia
161 Private Collection/Bridgeman Images
162 © Illustrated London News Ltd./Mary Evans
166-167 Library of Congress
167 bpk
168 The National Archives
169 © The British Library Board
170 MAP RM 4782, http://nla.gov.au/nla.obj-232524042, National Library of Australia
171 Chronicle/Alamy Stock Photo
172 John Frost Newspapers/Alamy Stock Photo
173 Photo12/UIG
174 Popperfoto/Getty Images
175 MAP G7501.S65, http://nla.gov.au/nla.obj-234266143, National Library of Australia
176 Fototeca Gilardi/Getty Images
177 Library of Congress
178 Library of Congress
179 Library of Congress
180-181 Universal History Archive/Getty Images
183 MAP G7824.S5A4 1932, http://nla.gov.au/nla.obj-233795656, National Library of Australia
184 The National Archives
185 Album/Oronoz/akg-images
187 Past Pix/Getty Images
188 © IWM (COL 238)
190 © The British Library Board
191 © The British Library Board
192 akg-images
194 © Illustrated London News Ltd./Mary Evans
195 akg-images
196 akg-images
197 Roger Viollet/Getty Images
198 The National Archives/SSPL/Getty Images
199 The National Archives/SSPL/Getty Images
200 Album/Prisma/akg-images
201 Library of Congress
202 MAP G5701.S7 1944, http://nla.gov.au/nla.obj-234713882, National Library of Australia
203 Library of Congress
204 MAP G7964.T6 1946, http://nla.gov.au/nla.obj-233357691, National Library of Australia
205 The National Archives
206-207 Gilles Bassignac/Getty Images
209 Library of Congress
210 Sputnik/akg-images
211 MAP G8021.R1 1971, http://nla.gov.au/nla.obj-236169716, National Library of Australia
212 MAP G8021.R1 1970, http://nla.gov.au/nla.obj-242208596, National Library of Australia
214 Mark Reinstein/Corbis
215 Ron Haviv/VII/Corbis
216 © Crown copyright. IWM (OP-TELIC 03-010-01-052)
219 Ahmad Al-Rubaye-Poo/Getty Images
220 Ali Mohammed/Anadolu Agency/Getty Images
221 John Moore/Getty Images
222 Fabrice Coffrini/AFP/Getty Images

图书在版编目（CIP）数据

地图中的战争史．陆战篇 /（英）杰里米・布莱克著；陈蔚译．-- 长沙：岳麓书社；海口：海南出版社，2025.8.-- ISBN 978-7-5538-2205-1

Ⅰ. E19-64

中国国家版本馆 CIP 数据核字第 20245L0Z49 号

DITU ZHONG DE ZHANZHENG SHI・LUZHAN PIAN

地图中的战争史・陆战篇

［英］杰里米・布莱克（Jeremy Black） 著　陈蔚　译

监制 丨秦青
责任编辑 丨刘书乔　田丹　责任校对丨舒舍
封面设计 丨利锐　审图号 丨 GS（2024）3904 号
岳麓书社、海南出版社出版　邮编丨 410006　570216
地址 丨湖南省长沙市爱民路 47 号
海南省海口市金盘开发区建设三横路 2 号
承印丨北京市雅迪彩色印刷有限公司
开本 丨 787 mm × 1092 mm　1/12　印张 丨 19.5　字数丨 373 千
版次 丨 2025 年 8 月第 1 版　印次 丨 2025 年 8 月第 1 次印刷
书号丨 ISBN 978-7-5538-2205-1　定价 丨 168.00 元

如有质量问题，请致电质量监督电话：010-59096394
团购电话：010-59320018